张晓林　主编

河南小小说
二十家

郑州大学出版社

图书在版编目（CIP）数据

河南小小说二十家／张晓林主编. -- 郑州：郑州大学出版社，
2024.6

（21世纪河南作家系列研究工程）

ISBN 978-7-5773-0135-8

Ⅰ.①河… Ⅱ.①张… Ⅲ.①小小说－小说家－人物研究－
河南－现代 Ⅳ.①K825.6

中国国家版本馆 CIP 数据核字（2024）第 024096 号

河南小小说二十家

HENAN XIAOXIAOSHUO ERSHI JIA

策划编辑	李勇军		封面设计	孙文恒
责任编辑	孙精精		版式设计	孙文恒
责任校对	暴晓楠		责任监制	李瑞卿

出版发行	郑州大学出版社		地　　址	郑州市大学路40号（450052）
出 版 人	孙保营		网　　址	http://www.zzup.cn
经　　销	全国新华书店		发行电话	0371-66966070
印　　刷	山东华立印务有限公司			
开　　本	710 mm × 1 010 mm　1 / 16			
印　　张	23		字　　数	331 千字
版　　次	2024 年 6 月第 1 版		印　　次	2024 年 6 月第 1 次印刷

书　　号	ISBN 978-7-5773-0135-8		定　　价	68.00 元

21 世纪河南作家系列研究工程

编委会

（以姓氏笔画为序）

21 世纪河南作家系列研究工程

缘起

20 世纪 90 年代，就有人感叹文学的衰落，可是 30 多年过去了，文学仍然是一道亮丽的风景线，一代又一代的作家、诗人、评论家前赴后继，因了文学是人类精神的本源，是我们的日常，是生命本身。所以，我们不能避而不谈；所以，对文学的梳理就变得重要，这种梳理能使我们清醒；所以，也就有了"21 世纪河南作家系列研究工程"的全面启动。我们集结了理论与批评的智者，对 21 世纪以来有创作实绩和文学追求的河南（河南籍）作家、诗人、评论家进行研究，展现河南（河南籍）作家、诗人、评论家的创作现状，来提升、改善我们的精神面貌。

这项工程将以"河南小说二十家""河南小小说二十家""河南散文二十家""河南诗歌二十家""河南评论二十家"等专题的形式，在文学期刊陆续推出，由作家生活照、作家简介、相关研究论文、创作谈及主要作品构成"研究小辑"，并结集出版。

河南省文艺评论家协会

河南省小说研究会

河南文艺出版社

郑州大学出版社

2022 年 6 月

总序

墨白

远在20世纪90年代，就有人感叹文学的衰落。仿佛是瞬间，时光已进入21世纪20年代，30年过去，文学仍然是人类精神的本源，是我们的日常，是我们生命本身。现在，我们驻足回望，虽然世界有许多不尽如人意，但对文学的梳理仍然十分重要，因为这种梳理能使我们清醒。

最初，对21世纪河南文学现状的梳理由高校发起：从《平顶山师专学报》（《平顶山学院学报》的前身）率先开设"河南作家作品研究"到《郑州师范教育》的"中原作家作品研究"，从《周口师范学院学报》的"周口作家群研究"到《中州大学学报》的"河南作家评论专栏"，从河南大学的《河南大学学报（社会科学版）》到《汉语言文学研究》；从郑州大学的《郑州大学学报（哲学社会科学版）》到《语言知识》，从郑州师范学院中原作家研究中心的"中原作家研究论丛"到信阳师范学院（信阳师范大学的前身）的"中原作家群研究资料丛刊"，均结出了丰硕果实。当然，还有《中州学刊》《南腔北调》《莽原》等等，均表现出对河南当代文学现状的关注与研究。

所以，也就有了"21世纪河南作家系列研究工程"的全面启动。由河南省文艺评论家协会、河南省小说研究会、河南文艺出版社、郑州大学出版社共同发起的这项文学研究工程集结了中国当代理论与批评的智者，对21世纪以来有创作实绩和文学追求的河南（河南籍）作家、诗人、评论家进行研究，展现河南（河南籍）作家、诗人、评论家的创作现状，来提升、改善我们的精神面貌。

这项研究工程以"河南小说二十家""河南小小说二十家""河南散文二十家""河南诗歌二十家""河南评论二十家"等专题形式，分别在《大观》《牡丹》《躬耕》《快乐阅读》等文学期刊陆续推出，每个研究小辑均由作家生活照、作家简介、相关研究论文、创作谈及主要作品构成，最终结集出版。

现在，展现在我们面前的"21世纪河南作家系列研究工程"丛书就是其研究成果。其入选的小说家、散文家、诗人、评论家均以2015—2022年八年的河南文学作品选及进入21世纪以来在《收获》《当代》《花城》《十月》《人民文学》《小说评论》《南方文坛》等国内重要文学期刊所发河南作家的作品为依据。《河南小说二十家》由墨白主编，《河南小小说二十家》由张晓林主编，《河南散文二十家》由李勇、王小朋主编，《河南诗歌二十家》由张延文、李大旭主编，《河南评论二十家》由墨白、卫绍生主编。

任何事情都不是孤立的，"21世纪河南作家系列研究工程"是在21世纪中国文学的大背景下展开的，与21世纪中国文学有着千丝万缕的联系。这里，仅以《河南小说二十家》为例。《河南小说二十家》分为"河南小说二十家"与"河南小说二十家（存目）"，其中选入"河南小说二十家"的小说家分1960年代、1970年代、1980年代、1990年代四辑，展示出不同年代出生的河南作家的创作实力。之所以把宗璞、白桦、张一弓、田中禾、孙方友、刘庆邦、周大新、张宇、李佩甫、朱秀海、行者、墨白、刘震云、阎连科、柳建伟、邵丽、李洱、乔叶、梁鸿、计文君放到"河南小说二十家（存目）"里，是因为这些作家都已有了相对全面的研究成果，这里我们只为读者提供每位作家创作及研究成果的索引，其目的是更完整地展现21世纪前20年河南文学的现状。

"21世纪河南作家系列研究工程"是21世纪中国文学现状的一个缩

影，任何关注这个时期中国文学现状的人都无法避开这个强大的事实。

2023 年 11 月 5 日，于郑州

《河南小小说二十家》序

张晓林

迟迟未能敲击键盘，因为这个序不好写。

在河南编一本小小说选集容易，但要编一个"二十家"的选本，却有些困难。因为这二十家，选谁，怎么去选，我是颇踌躇一番的。有人说，河南是小小说的发祥地，代表着中国小小说创作的整体水平。也的确如此，从 20 世纪 80 年代以降，高手如云，风格纷呈。以笔记小说著称的孙方友、以乡村生活见长的王奎山、以一篇《书法家》而成名的司玉笙等人，在国内小小说界卓有影响，可称为河南小小说的第一代代表人物。此后，一大批小小说作家涌现，代表人物有：刘建超、程习武、安庆、赵文辉、胡炎、奚同发、金光等。稍晚，又有更年轻的一茬接续而上，渐为人所熟知，譬如侯发山、江岸、赵长春、左海伯、张国平、陈小庆、莫小谈等。

对于小小说，一些专业作家也时有"客串"，譬如墨白、冯杰、乔叶、赵大河等，偶尔为之，却也出手不凡，成为河南文坛另一道风景。还有部分小小说作家，真正踏上文学之路后，已不满足于单一的小小说创作，他们步入了更广阔的领域。譬如安庆、赵文辉、冉小雨等，都转向了中、短篇小说的创作，且都取得了不凡的成绩，拟定名单时，也就没考虑他们。本来，已经把奚同发纳入"小小说二十家"中，《大观·东京文学》2024 年第 1 期也发了他的小辑，可是后来还是拿掉了，因为他加入"小说二十家"当中去了。小小说是小说家族中的一员，既然如此，就不能鱼和熊掌兼得了。还得提到秦俑，最初拟定的名单中，我首先考虑了他。2019 年，在常德的一个颁奖会上，刘建超、秦俑和我达成一个共识，在《大观·东京文学》开设"当代河南小小说作家研究方阵"栏目，选定了七人：墨白、刘建超、金光、江岸、非鱼、秦俑等。每人 3~5 篇原创作品，然后配发一篇万余字的作家论。为此，杂志社特邀时在河南大学读研究生的刘敏撰写评论文章。秦俑的一组小小说在《大观·东京文学》上发表后，其中的一篇获得了《小说选刊》年度大奖，理所当然应该入选《河南小小说二十家》。但是，在我看来，秦俑更应该是个小小说事业家。小小说创作是他的副业。

河南有着一支庞大的小小说队伍（不仅河南，全国也是如此），这与小小说的特性有关。这一特性和这个时代相适应，就是节奏快、门槛低，凡是有点文学素养的人都可以涉足其中，甚至不需要什么文学根基，只要怀揣着一个作家梦的，就可以去过一把"作家"瘾。运气好了，甚或也可以圆了自己的那个"作家"梦。我曾有一个朋友，本是跑小买卖的，常来找我闲聊，走时都要顺走两三本新出的杂志，说回去打发时间。忽然心血来潮，他也要写小小说。对我说，他读了《大观·东京文学》上的小小说，认为没什么难的，他也能写。果然，下次再来，就带两篇小小说让我看，写得还真像那么回事。可以说，只要你愿意，人人皆有可能成为小小说作家。这是小小说的优势，它有着广泛的群众基础。任何事物都有两面性，小小说优势明显，但缺陷也不容忽略。创作上的准备不足、相关知识的欠缺，使得一部分小小说流于肤浅、雷同，甚至满足于编造故事的层面。因此，小小说发展到今天，大部分小小说作者亟须解决的问题，就是增加自身的文化底蕴和必需的文学素养。

这就可以说，小小说门槛虽低，但想真正登堂入室，也并不容易。小小说作家能脱颖而出，自成一家，有着一种风格，其难度不比中、短篇小说小多少。相反，在幽默和机智方面，小小说要高于中、短篇小说。

《河南小小说二十家》中所选入的二十家，除上面提到的诸家在全国小小说文坛已颇具影响外，其他几位入选者尽管面孔有些陌生，但就其小小说作品看，其成就也不亚于前者，只是作品还不广为人知而已。读李广贤的《诱惑》《神叉》诸篇，我有一种感觉，他的创作充满叩问和探寻，有一种令灵魂震颤的魔力。尤其《诱惑》一篇，所揭示的，已不仅仅是人性的痼疾了，而是上升到了更幽微的深处。曹洪蔚的小小说有着浓郁的地域色彩，题材多带有传奇性，所选的两篇小小说——《铁塔行云》《州桥明月》——都打上了古城的标签。更重要的是，他也写出了古城的精神，这一点很难得。在河南小小说作家队伍中，张国平算得上一位老作家了，在20世纪90年代的几次小小说笔会上我都碰到过他，他的人，他的作品，都给我留下了深刻的印象。这里选的两篇作品，都有些笔记的味道，故事讲得很微妙。《谁是跷王》中，随着那对核桃"吧嗒""吧嗒"坠落在地，答案已经揭晓。一篇小小说，一个细节活了，便整个都活了。一幅画要有点睛之笔，一篇文章也同样如此。左海伯是一名基层检察官，他写小小说，是从芝麻绿豆中参悟了为文之道，他的"三爷"系列，也的确让我们感受到了绿豆的清爽和芝麻的幽香。

二十家中，有三位是女作家，非鱼、红酒和平萍。她们有一个共同的身份：职业女性。但她们的小说风格迥异，非鱼的小小说写得肆，纵横捭阖，才华是从泉眼中冒出来的；红酒的小小说写得典雅，古意盎然，这可能与她出生于古都洛阳有关；平萍的小小说写得很犀利，很硬朗，和她的警察身份相吻合，但不冷酷，有一种温情氤氲在字里行间。

小小说现今能够大行其道，除了我前面提到的原因，还有一点至关重要，它符合中国人的口味。

可以说，小小说并不是什么新兴文体，古已有之。在《山海经》中就已初具雏形，到《世说新语》渐显轮廓，应称之为小小说的鼻祖，只是古代文人称它为"笔记"，目之为"小说家者言"。然后，一路走来，这一文体为历代文人所青睐。隋唐五代，很多文人都曾"染指"这一文体，牛僧孺的《玄怪录》、李德裕的《次柳氏旧闻》、李隐的《大唐奇事记》等，不胜枚举，无不与《世说新语》相衔接，演变过程、传承脉络都很清晰。宋人笔记中，有一部分已经是很成熟的笔记小说了。我读《全宋笔记》中的《青琐高议》《中吴纪闻》《广清凉传》等，这一感觉尤其明显。譬如《温琬》《桑维翰》《流红记》一些篇目，几乎与清人的笔记小说不分伯仲。不得不说，笔记小说在清代走向繁荣，《聊斋志异》《夜雨秋灯录》以及或前或后涌现的大批作品，就是今天我们所谓的小说集，其中许多篇目就是今天所谓的小小说。和今天的小小说相比，除了语言上的差异（一为文言，一为白话），在叙事、构造和手法的运用上，完全没有两样。

小小说这一文体不仅古已有之，国外亦有之，且有文体意识、有规模的创作，要早于国内。譬如日本作家川端康成，在他真正步入文坛之前，就写了不下100篇的小小说，自诩为"练笔"，大都创作于1946年以前。在中国现当代作家中，尚无先例。这些作品，被川端康成称为掌小说。20世纪80年代末，经叶渭渠翻译介绍到中国，名之曰《川端康成掌小说百篇》，由生活·读书·新知三联书店出版。稍后，无论掌小说也好，一分钟小说也罢，也就是现在的小小说，或者微型小说，或者微小说，尽管叫法不同，其实就是同一种东西，就像古时的文人，有名，有字，还有号，且往往不止一个。明清之际，文人更换名号成为风尚，多者能达200余个，像夷门篆刻名家周亮工，名号换得再多，人却还是这一个人。

早在2000年前后，我就提出，小小说作家要有两种眼光：现代意识不等于要排斥传统文化，相反，小小说作家恰要在传统文化上多下些功夫。尤其是年轻一代的小小说作家。江山代有才人出，一些"90后""00后"小小说作者慢慢会成为河南小小说的生力军，他们身上有许多优点，大多科班出身，受过良好的专业训练，年纪轻轻就完成了文学积累，他们当中，肯定会有大作家诞生。但我们不无遗憾地看到，"60后"这代作家仍是河南小小说界的生力军，从"70后"到"80后"，河南的小小说渐有式微的迹象。也许，这与新媒体时代对纯文学的冲击有关。

初编选《河南小小说二十家》之时，在排序上，我更多地考虑到作品的因素，题材、表现手法以及对小小说的突破上，而忽略了更重要的一面，即史的价值和作家所处时代的差异。初稿递上去，整套书的策划人、著名作家墨白先生提出了一个新的选编方案，按作家出生年代的顺序来编排，就是现在的这个面目。我认为这样编《河南小小说二十家》是最好的选择，因为它能清楚地让我们看到河南小小说的发展轨迹。

2024 年 3 月 13 日于围庐

目录

1950 年代

1960 年代

1980 年代

1950年代

范子平

范子平，1955年生，河南新乡人，中国作家协会会员，河南省小小说学会副会长，新乡市小小说学会会长。发表小小说300余篇，多篇被《小说选刊》《小小说选刊》《微型小说选刊》《读者》《青年文摘》《视野》《写作》《中华文摘》《中外文摘》《文化博览》《教育博览》《语文教学与研究》等转载，收入《中国小小说300篇》《那人那事：小小说卷》等百余种选本。获第六届小小说金麻雀奖。出版有小小说集7部，长篇小说《机关这些事》出版后，被新华网、中国青年网、中国经济网等重点推荐。

我童年的卫河

　　我的童年，打记事起，大半是在卫河畔的合河村度过的。一提起合河，都知道那座明代修建的石拱桥。古桥在村子的北口，古桥下就是生机勃勃的卫河水。中间的一大孔下河水最深，远看好像一块巨大的碧玉，带着几道略显泛黑的皱褶，静静地俯伏在那里。走近了看，又觉得是扯不完的绿缎子，源源不绝从桥洞口拽出来，平滑地向东倾泻过去。桥的东边，河道豁然开朗，开阔的河滩上长满丛丛荆棘和灌木杂草，到秋季时，枝叶斑驳，红绿黄相间，十分好看。从河滩向河流走去，先是一汪浅水湾，再就是稍微露出水面的沙岛，再往里就是湍急的河流了。

　　卫河是我们小孩子的圣地，我们经常是一放学就到河滩去，在灌木丛里采野花、摘树叶、抽毛芽、逮蚂蚱、掏螃蟹……总之有干不完的"活计"，说不尽的乐趣。我们的队伍里，除了低年级的小学生，还有没上学的孩子，这里边就数我们胡同里的邻居麦香最懂事。麦香蜡黄的瘦脸，毛茸茸的黄头发，穿着打了补丁的蓝方格粗布衣服，和我年纪一般大，但她是一个盲女。刚开始我很纳闷，没有眼睛咋走路呢？我学着闭上眼睛，但一种恐惧感马上就开始折磨自己，走不了五步就再不敢迈步了。可麦香敢，她耳朵和鼻子特别灵，敢在胡同里井边洗菜打水，会在家里做饭洗衣，在河滩的草棵子里来来往往竟也跑得开，有时也能抓住在草叶露水珠上爬来爬去的蚂蚱，总伴着开心的笑声："是笨头笨脑的青扁担！"我说："你真中！"麦香却恨恨地说："俺不认字！"我暗笑，想，你没眼睛咋会认得字呢！我就炫耀地讲起了老师上课的故事，讲我们学的功课，她仰起脸听，一动不动。我只说一遍，她就会大声背诵："秋风起了，天气凉了，一群大雁往南飞，一会儿排成个'一'字，一会儿排成个'人'字。"我看见草棵子上有几朵刚绽开的小花，我揪下两朵给麦香插到发梢上，说："插上花，你可好看！"没想到，麦香黄瘦的脸上顿时一片粉红，说："真的？真的？"就挺挺胸摆摆头，一副表演的样子。中午头上，她头戴小花心满意得地领着弟妹回家。

听说麦香生下来时不瞎，是刚一岁时患眼病耽搁的，没多久她娘也患病死了，她爹就说她克母，她从小就不受待见。后来有了继母，又有了小妹妹小弟弟，更外待她，老是让她干这干那，可吃饭得先紧着弟弟、妹妹。没想到我的两朵小花给她带来了厄运，到家她就挨了打——继母说头戴白花就是咒她死，掠下小花摔地上踩个粉碎，还拿起擀面杖把麦香腿都打肿了，有一段时间麦香就没出门。我也因此挨了母亲的吵骂，心里着实内疚了好几天。

慢慢就淡忘了，毕竟是 9 岁的孩子家，再说转眼明亮的夏天到了，到浅水湾游泳又成了我们棒打不散的课外作业，成天一放学就三五成群到河边去。浅水湾里的水清澈透底，离岸不远的地方隔三岔五还孤立地长着小草，那绿茸茸的小草把狭长的叶片伸出水面，却又舍不得似的向水面亲吻下去，和倒影相连画成一个椭圆的环。水草附近总有豆芽大的小鱼，银灰色的，成群结队向着一个方向很潇洒地游动，倏尔一动，又一起转身朝着另外一个方向游，像是有口令似的。这里的水不过一米多深，正好是我们的乐园，大家扑通扑通跳进去，狗刨腿，钻没影，打水仗，正玩得痛快，听见谁喊我，搭眼一瞧，岸上站着麦香。

我有些扫兴地出来，说："你也想下水呀？"麦香说："你再给我采两朵花，给我插发梢上。"我害怕地说："那不挨打呀？"麦香说："花儿只有白色的吗？"我胆战心惊地采了两朵小红花，麦香接过来嗅了嗅，自己认真地编进发辫里。她要我给她再讲讲卫河上来来往往的帆船。我挠了挠湿漉漉的头，说："你看，船当中立着大帆大布篷，风吹着帆带着船跑得飞快，把河水犁出一条大沟拖在船后，白生生的浪花冲向沟两边像撒珍珠一样，再后边就是晃荡的绿色波纹了。"麦香说："上船都是在码头？"我很奇怪，说："那当然是，这儿再往东不就是码头？那边岸上一排老柳树拖一溜密匝匝的树荫，再毒的日头也凉快着呢！从岸上沿着搁板就上到船上了，我还上过呢。"

麦香好一晌才说想趁哪天黄昏偷偷跑到船上藏起来，跟船往海边去，还说她偷偷捡瓜子卖，攒了三毛六分钱，给弟弟、妹妹留下六分，三毛带上，还得带点红薯干路上吃。我问她去海边干啥，她微笑了，说要去找娘，找亲娘。死人也能找？我一下子愣了。麦香说她亲娘没死，是受不了爹打往海边跑了；说老做梦梦到娘；说到海边挨村问，不信找不到娘；找到娘，她娘就会给她治眼，治好眼就会让她上学。

麦香说得兴奋，两颊红红的，飞满了朝霞一般，她还从口袋里掏出一小把她采的紫蛋蛋果让我吃，那黄豆大的紫蛋蛋果酸酸的甜甜的，但那一会儿我吃得很沉重。

没过多久，我家就搬走了，一走再没回过合河村。但好多年来，我一静下来，碧绿的卫河水就滔滔涌来，河岸边总站着童年的麦香，麦香还穿着那件打了补丁的蓝方格粗布衣裳。麦香到底去没去找她亲娘呢？一直到现在我也不知道。

特效药

他是市卫生局局长，却患上了顽固性肠炎。

腹痛，低烧，大便不正常。一犯病，就坐"皇冠"到市人民医院。顶头上司去看病，医院能不尽心？医院院长总是亲自组织力量检查和会诊，还从省城请来了肛肠病权威来帮助治疗。确诊是慢性肠炎，却极难摆治。封闭，涮肠，吃药，打针，输液……十几元一支的瑞士产头孢菌素，几百元一支的德国产抗菌新药 NTE……法子想尽，好药用遍，那顽固的肠炎时轻时重，却总不见痊愈。他为此忧心忡忡，常暗自叹息。

病果然影响了他的仕途。组织部来考察班子，他的学历、业务能力、工作业绩都没说的，年龄也未到岗，就因为"身体不好"这一条，就把他给"撸"了下来，成了"正县级调研员"。

他不是心眼狭小的人，何况国家对退下来的干部待遇不薄。可是，猛一下离开权力，离开了下级的簇拥和请示，心里总有些不舒服，他决定回老家住两天，调节调节郁闷的情绪。

老家很偏远，坐火车转汽车又靠侄儿的电动车，他才回到阔别几十年的小山村。大约是旅途劳顿，到老家的当天晚上，肠炎又骤然加剧了。腹痛如煮，下坠，他额上直冒虚汗。可他们村连个卫生员也没有。侄儿用电动车驮他到邻村一位人称"小李仙儿"的乡村医生那里。

"小李仙儿"不过是个二十多岁的毛头崽，却摆出一副手到病除的神医架势。听他申诉病情后，用手在他腹部随便按了几按，也不开药方，撕下一角旧报纸，裹了一包药片叫他回去服用。

他诧异地捏捏那药包："就这一样药？什么药？"

"小李仙儿"大大咧咧地向外摆摆手："别问啥药。包好！不好我一倍二赔你钱。"

他半信半疑，不过也只好这样将就吃了。吃两片，没多久便觉得腹痛轻些；又吃一两次，腹痛竟消失了，大便也正常了。还真有特效，那些外国进口的高级药，也没有这般立竿见影。

回城后，他迫不及待地把这黄亮亮的糖衣药片送到医院去化验鉴定，原来是大小药店到处都有的、普普通通的土霉素片！才五分钱一片！听了他的叙说，化验的医师说："看来你身上的肠炎病菌对土霉素特别敏感。"他顿时感到有些奇怪：过去他看病，那么多经验丰富的名医，那么多忠诚热情的下属，怎么就没有人想到这最常见的、几分钱一片的土霉素？

难忘当老师的日子（创作谈）

回首以往，曾经年轻过，曾经红火过，曾经风光过，那是当老师的日子。

1975 年的新乡县七里营高中，被改制成"河南五八八六农业大学"，校牌就是挂这个——一九五八年八月六日是毛主席视察七里营的日子。原来的高中呢，下放到几个原来较大的初中点办。就在这一年，经当时的县文教局局长阎庚斋先生（父亲的老领导和挚友）推荐，我到春庄学校教高中班，月薪 36 元。一个 1972 年毕业的高中生——人都心知肚明，那个年头的高中能学多大一点知识，还来教高中班，能教好吗？上班前，七里营人民公社教育办公室主任罗梦忠先生曾约谈我。我信心满满，说没有问题。我的保证像不知天高地厚的吹牛，让罗主任一时半信半疑，谆谆告诫我说这班学生不好带，在初中时就是把班主任气走了的，一定要从实际出发。后来他多次在全乡教师大会上表扬我——当然那就是后话了。

我的自信来自胡乱读书的兴趣。在那个特殊时期，父亲的一些旧书（包括"运动"初期被撕烂的），胡乱塞在床下，我趁父亲不在时钻到床下，拣出来拂去灰尘视若珍宝，读了《中国文学史》《修辞学发凡》《中华活页文选》《屈原与楚辞》《聊斋志异》等。至于《红楼梦》，我是做了一本厚厚的读书笔记的。高中时期语文考试，我总是班上第一名，唐诗宋词也能熟背几百首。以后的人生随波逐流，但不管当农民还是当工人，总还保留着胡乱读书的习惯，没有规划，没有目标，更没有"高大上"，只是一点点可怜的爱好，胡乱打发体力劳动之余的时间而已。现在有机会来教书，自觉心里还不是太空虚。

于是我就成了春庄学校首届高中班的班主任，教授语文课。学生50来个，来自春庄和周边的几个村子，年龄有大有小，小的比我小五六岁，大的比我还要大上三四岁。我虽然初来乍到，但初生牛犊不怕虎，敢干。当时印发的语文课本薄薄的几十页，除了领袖文选就是当时的报刊社论与通讯报道什么的。我只花了一两个月就通完课文。剩下的时间呢，自己设计，开设形式逻辑、语法修辞、中国诗歌史、中国小说史、中外名著评析等课程，并设计了课外练习，亲自刻印了发给学生。可以骄傲地说，当时是全县的唯一！学生简直把上语文课当作过节，我的课从没一个调皮捣蛋的。40多年过去，还有几位男生打听了我的手机号码，发来短信说想来看望老师，还有一位后来当了医生的女生——都是毕业后从未联系过的，发表文章回忆这段经历以"感谢师恩"。半年后一次文友聚会，编发此文的日报编辑也是朋友，他说起此事，还以为我事先知道呢。

1981年是我生命中的又一个节点。当时我已经调到新乡县七里营中学，以民师身份和高中毕业生一起参加高考，考上师专中文系（定向），不仅在同类考生中总成绩第一名，且语文单科成绩在全县乃至全新乡地区（2市14县）所有参加高考的考生中分数最高——也算对语文水平的一次实践检验吧。但身体竟那般不争气，大学报到的前一天夜里，因为连续压水浇地而咳嗽带出了血，一时惊慌失措，又没有出血自救常识——本来应该立即静卧，我却一溜小跑去学校后院上楼找校医，未果，又在乡医院与学校之间骑车疾行折腾了几个来回，迅速发展成肺部大出血，随之肺结核大爆发。那是我的至暗时光，一连几个月高烧不下，卧床都不会翻身，整日昏昏沉沉，日夜在生死线上挣扎。幸而老天垂怜，转院后遇到了好的医生，慢慢好转过来，步履蹒跚地走出了医院大门。转了一圈回到起点，还当代课教师，这是命。再说当时那个模样，也只有"老东家"还肯接收啊，我心里感激。学校说你还教高三复习班吧。但在开始上课的前一天又摔倒，竟昏迷过去，脸颊上也摔出一道伤口。自知身体虚弱，但代课的工作来之不易，为了谋生和糊口，第二天仍坚持去上课。这是大病后的第一节课，没有带书，更没有教案——我教高三复习班十几年，基本没写过教案，只带着脸颊上涂了药的伤疤，捏着两截粉笔上了讲台。这之前有别的老师带领复习，我到讲台上才问学生，复习到哪里了。学生说该复习《林黛玉进贾府》了，我便从这篇课文的高考知识点讲到《红楼梦》的故事脉络和人物，再讲到选择课外阅读对高考的重要性，一讲两个半小时，中间没有课间休息。这是一个文科复习班，可有理科班的复习生也从后门拥过来听，都是站着听，挤得满满的，没人说话，甚至没人咳嗽。讲课结束，我扔掉粉笔头就走，走出教室老远，教室里才爆发出议论的喧哗声。那一课竟成为我们学校跟兄弟学校争夺高分复习生的武器之一，校长为此找到我家去鼓励。40 多年过去，当年的学生再见面时，还常于大庭广众之下兴奋地说到那节课。

是的，教师是大众职业，兢兢业业几十年如一日坚守，有时也免不了平庸，但如把钻研创新当成信仰，在此基础上产生悟性，那情况就大不同。我 30 多岁就被推选为新乡市中学语文教研会理事、新乡市中学语文核心组成员、新乡市中招语文命题组成员等，并被《河南招生报》《中学生学习报》等多次约写有关高考复习的文章，就是因为我常想，当好老师要有担当、有激情、有正义感，还要有充足的自信，能敏锐捕捉教与学活动中产生的美与爱的萌芽，因势利导没准儿就会放出灿烂的光芒。被多家选刊和选本转载的《上大学去》《杀手锏》《欧文的试验》《好女孩，坏女孩》《鹅老师粒粒》《女儿的班主任》《景老师小传》《最后一课》等小小说里的老师，就是在各自环境里演绎了生命的价值，体现了人性的温暖，也是我的精神家园，是生活的真实显露残酷时文学给我的救赎。

谢谢这些小小说的原发报刊和选刊的编辑，谢谢广大读者，是你们让好老师的形象天下流传，也许会对推动社会进步起到一点点作用吧。

范子平小小说的艺术特色（评论）

江 岸

范子平小小说创作涉猎的题材比较广泛，他的作品有农村题材、城市题材、官场题材等。无论哪种题材，他都能信手拈来，驾轻就熟，把握到位。这无疑和他丰富的人生阅历和扎实的文学功底分不开。

阅读范子平先生的作品，我感觉有如下几方面的艺术特色。

一是深入骨髓的幽默感。阅读他的作品，每每让我嘴角不由自主地往上挑，露出会意的微笑——我被他作品中浓厚的、冷峻的幽默元素逗乐了。幽默是一种智慧，能够把幽默表现在文学作品中，更是一种难得的大智慧。小小说作家里，有幽默细胞的不算少，被杨晓敏老师专门撰文论述过的就有很多位，如秦德龙、沙黾农、杨崇德、汝荣兴、刘玉堂、展静等。范子平的幽默，有自己独到的路数和迥异的表现形式，不全部是隆冬寒风似的刺骨凛冽，更有春风化雨般的温情脉脉，多数时候是讽刺，是批评，是挖苦，却也不乏善意的调侃，是鲜活的生活场景的再现。比如，《上大学去》完全是一篇表现真、善、美的小小说，但其中充满幽默成分：成年老师王敬民是侄儿或孙子辈儿，几个调皮捣蛋的学生却是叔叔或爷爷辈儿；王敬民上课，以讲故事引入正题，很受欢迎，但课后布置作业并在课堂上批评学生就让这些学生恼火了。作品里下面这个细节很精彩：

王连喜就喊：过来，过来，我是爷爷我叫你。王敬民无可奈何，因为我们村就一个族，村里老人对辈分还挺重视的。我们几个就越发调皮，齐喊：现在是四个爷爷一个叔叔集体处罚，王敬民马上来！王敬民只好过来按照我们的要求把腰弯下，我们伸出食指弯成一个圆，每人在他头上弹了一下。王敬民夸张地哎哟着，说：你们这些捣蛋虫！他没说下去，我们毕竟是长辈，他没有办法。

读这样的段落，感觉既生动传神又温馨有趣，他将传统道德影响下的不一般的师生关系拿捏得极有分寸，写得非常耐人寻味。

二是运用自如的现代派手法。范子平先生受现代派表现手法影响很深，汲取了充足的养分，将人的变形和异化融进自己的小小说创作里，形成了比较前卫的小小说风格。这样的特色明显表现在《我童年的卫河》和《蝈蝈儿张》这两篇作品里。他写农村题材，写对儿时的农村生活的回忆，文学味道特别浓厚，绵密的叙述，细致的铺排，准确的描写，农村生活的味道一下子凸显出来了。他将人物的变形和异化水乳交融地写进农村题材的作品里，加深了对主题的揭示，传达出更具感染力的艺术效果。

三是夸张手法的大胆运用。他善于将一些普通的生活场景，通过夸张，甚至是极度扭曲的夸张手法的运用，变为令人不可思议的现象，从而达到在揭示真相的同时，导致现象本身和真相之间出现极度的反差，由此实现讽刺或者渲染的目的。如《欧文的试验》，欧文教授在实验中明明混合的是普通又平常的空气，由于他的权威性和提前曲意预告实验结果，使得聆听讲课的研究生们开始表演了。他们的反应一个比一个强烈，令人忍俊不禁。这篇作品简直就是现代版的《皇帝的新装》，对集体无主见的知识群体的讽刺显而易见。在《村主任的方术》中，吴寨村的村主任仅仅因为将准备盖新楼的一摞红松方木对准邻居黑丑的东屋后墙，经过搭盖方木帆布上的雨水天长日久的冲刷，竟然让"黑丑的东屋轰然一声倒塌了"。在黑丑试图找人劝说村主任的过程中，收受了黑丑好处的村副主任、村会计、治安主任次第粉墨登场，但是，他们在村主任的淫威下，不仅不帮黑丑说好话，反而信口雌黄，添油加醋，给黑丑扣了一顶顶不实的大帽子。

随着黑丑房子的倒塌，这些基层干部在人民群众心目中的形象也"轰然一声倒塌了"。

四是反讽和对比的交叉运用。《别墅的力量》从三个不同身份的人观看价值上千万元的别墅写起。因为观看了别墅，尚有卑微生活目标的市二药厂的车间统计员刘桂感觉与自己的生活差距太大，失望透顶，从此一蹶不振；但是，"那片气派不凡的别墅群"把"成天又是懊恼又是沮丧"的市文化馆的画匠刘琛惊醒了，他奋发图强，成了"世纪之交有影响的写意流派山水画家之一"；更加令人震惊的是，曾经的市委书记司马珞因为"心理开始不平衡"，犯下"受贿罪和巨额财产来源不明罪被判处死缓"。通过三个人截然不同的生活境况的对比，道路选择的对比，最后结局的对比，揭示了人生的真谛。别墅的力量确实太大了，它一定也会使我们每个人产生深深的触动，在灵魂深处爆发强烈地震，从而使我们的人生道路不可捉摸。这篇作品警示和励志的作用同时存在，以这种反讽刺痛着我们麻木的神经。

总之，通过阅读范子平先生的作品，可以得到很多艺术享受和生活感悟。期待他在今后的创作中，百尺竿头，更进一步，带给我们更多的惊喜。

司玉笙

　　司玉笙，原籍河南省夏邑县，1956 年生于开封，在新疆长大。河南省小小说学会副会长。第六届小小说金麻雀奖得主。当过农场知青、小学教师，服过兵役，当过机关职员。1978 年 10 月加入中国共产党。自 1978 年 8 月开始发表作品，迄今已发表中篇小说、短篇小说、小小说、散文、随笔、杂文、报告文学等千余篇。其中有百余篇获奖。200 多篇小小说先后被《小说月报》《读者》《青年文摘》《作家文摘》《小小说选刊》《微型小说选刊》转载和入选各种选本。《"书法家"》《高等教育》《老师三题》《中国算盘》《文具盒》等被选为大学教材或被改编成电视剧，并有数十篇被译介至海外。已出版个人专集 9 部。2002 年被中国作家协会授予"中国当代小小说风云人物榜·中国小小说星座"称号。小小说集《高等教育》被中国现代文学馆永久收藏。

指头上的旋律

那根食指颤了颤，便竖了起来，是右手唯一的。

爸，你又想什么啦？

戴着氧气面罩的患者瞄了瞄陪护的女儿，依旧挺着那根手指。

医生，您看看我爸是怎么啦？

值班医生来到患者的病床前，仔细地瞧了瞧，一手搦起那根手指轻掖进被窝里。遮严了，又拱出。如此几次，医生无奈地对陪护者笑笑，说，老人家的这根手指头可真硬。

女儿说，我爸今天也不知怎么了，老是突出这根指头，平常不是这样啊。

那……阿姨呢？

哦，我妈回家了，说是拿什么东西，想必该回来了。

说话间，怀里抱着一个纸箱的阿姨进来了，开口道，朝鲜雪地里的那场战役下来，你爸右手四根手指都被冻坏，就剩这一根了。

我说，我经常见我爸用那一根手指往前指或者像扳枪机似的勾动，一见人就收起来了，原来是这啊。

你爸从来不让说他在战场上立功的事儿。你爸说过，这根手指头不停地搂火才保住……眼看军旗被爆炸震歪了，他上去顶正，几根手指又被炮弹皮啃得露出了白茬。还说，别看右手只有一根指头，要是上战场，还能杵来犯者一个大窟窿。

我爸这一辈子就忘不了上战场……

老了，在家就好听军歌、老歌，一遍又一遍，比吃饭睡觉当紧。

阿姨从纸箱里拿出一个老式收音机，带出耳塞给患者插上。一拨弄，老者的眼睛便炯炯发亮，双唇微动。

阿姨，让我们也听听！

这不影响人家？

不，好歌能治病……

医生拔出耳塞插头，激越的军歌声顿时充满整个房间。隔壁也有人跟唱起来，声音渐高。

歌声中，那根指头一耸一耸的，似乎和着旋律在打拍子。

未拆的家书

那时候他还在县城读高中，爹就经常给他写信，用的都是他剩下的作业本。同学见了，戏言道，又接到谁的情书了？

啥情书？是我爹不放心，隔不几天就来一封。

你爹真好，对你关心有加……

好，好——有话不能当面说吗，非得动纸动笔的？

回到家，他见到爹第一句话就问，你平常那么会过，我娘多花一毛钱你就吵，这一张邮票八毛你就不心疼了？

别说八毛，就是八块也得邮过去让你看看——咱爷俩用你娘的话说是冤家，一见面就抬杠，谁也说服不了谁，这些话就只有写在纸上了……

这都啥年代了，你还用纸用笔，倒退得也忒厉害了吧？

就是再倒退，你也是俺儿！

娘在一旁劝道，恁爷俩多天不见了，一见面还是顶……唉，不能不说这些吗——俺给恁擀面条去！

过了若干年，他大学毕业后，考入一个大机关，同学们都很羡慕。他说，这都是我父亲教导我的，要靠自己、凭本事、做实事……

进了大机关，爹还是经常给他写信。他一忙起来，有时就忘了拆。可他并没有忘记报恩爹娘，隔三岔五地往家里打电话问寒问暖，有机会就回家看看，给父母带去好吃好喝的。

父亲看着那些花花绿绿的大包小箱子，就问，小儿，这都是你花自己的钱买的？

爸，您就别问了，该吃的吃，该喝的喝。

啥爸，俺是你爹——你要是花自己的钱，往后别再这样弄喽，你爹娘有一碗面条就够了；要是别人送的，俺劝你还是绝了吧——爹不会害你！

儿子似笑非笑，说了一句，反正你是看不惯我。说完，捋捋头发走了。

自这以后，儿子带回的东西越来越高档，父亲就越发叨叨。儿子前脚走，父亲后脚就将那些礼品什么的分送给孤寡老人和贫困户。人家接了东西，都夸他有个好儿子，他就摆摆手，说，别夸、别夸，夸毁了！

过了些日子，儿子打电话告诉父亲母亲，说是谈好对象了，瞅个空儿带回去让二老看看。

接了电话，当娘的就慌着屋里屋外地收拾。当爹的说，看把你急得——还怕咱儿找不到媳妇？

不几天，儿子带回来一位漂亮姑娘，一身香水气。一照面，爹就不住地咳嗽，那姑娘就用异样的眼光扫了未婚夫一眼。娘慌忙赔个笑脸说，好闺女，你大叔上了年纪，嗓子眼有毛病——俺给恁擀面条去！

饭后，俩年轻人走了，老头儿就走回屋里，伏在小桌上写信，边写边叹气。

你又想写啥哩？——闺女来了也不给人家一个好脸看，你是想咋？

俺是怕，怕呀！

这太平盛世、晴天朗日的，你怕个啥？

怕咱儿走到邪道上去。

你个糟老头子，人家巴不得自己的孩子有出息，你是盼儿子出事，天底下哪儿有你这样的爹？

有出息和当官发财是两码事，你懂个啥——老天爷都看着哩！

到了冬季，儿子结婚的吉日定好了，小两口一定要二老参加他们的婚礼。到了办事的头一天，老两口便去了。

下了火车，一出站，接他们的是一个小伙子。

俺儿呢？他咋没来？

领导忙，派我来接您老人家——车在下面等着哩。

到了新房，儿子真不在。儿媳妇极热情地接待了老两口，一口一个爸、妈地叫着，引着他们看一个个房间。

想都想不到有这么好——到天上去了！

妈，人家有本事的，两套、三套房都有……

听着听着，老头儿就不住地咳嗽，一声比一声高。

参加这个婚礼回来，老头儿似乎瘦了，寡言少语，每天就是趴那儿写信。信一封一封寄出，儿子的电话却越来越少，到后来就没音儿了。

老两口再次与儿子相见是在监狱的会见室——儿子因犯贪污受贿罪获刑六年。

此处相见，三个人都是泪流满面。

儿啊，收到爹给你寄的那些信没？

太迟了——好多我都没来得及拆。

不是信迟了，是你没那心了——那会儿你刚提了个啥官儿——哦，你说是副处级——回家就不认人了，头抻到天外，说话的腔儿撇得连爹娘也听不懂，走路都不知咋走了，背着个手晃来晃去的……还有你那媳妇，就知道票子、房子——当时俺心里就想，毁、毁，这孩子被毁了！

儿，好好改造，早点出来——娘还给你擀面条吃！

一阵寂静。

于这寂静中，儿子突然扑通跪下，一声高腔扬出铁窗——

爹——娘啊！

信封里的儿子

那时候他不识字，班长就一笔一画地教他。时间长了，他就离不开班长了。班长问他是哪里人，他就哭了，说俺也不知道俺是哪里人，就知道家离老黄河不远，爹娘走得早……

班长说，我家离老黄河几十里，爹去世得早，我娘辛辛苦苦拉扯我兄妹仨……兄弟，这队伍就是咱的家……

1950 年秋，部队来到东北整训。入朝作战前的誓师动员大会上，阵阵口号声中，人人热血沸腾，会后纷纷写了请战书或决心书。他比葫芦画瓢地将班长的照抄下来，就是名字不一样。班长一看，笑了，说，刘兴根、刘敬根，念不好就念成一个人了。

他也笑了，说，咱俩就是一个人。

趁着休息日，班长说，出国前咱去街上照个相，也留个念。

于是就去了。过了两天，照片取出来了，是黑白的。单身的一人一张，一寸；两个人的合影也是一人一张，两寸。他第一次见照片，不禁叫了起来，咋跟活的一样！

班长说，这相片可金贵哩，花去我半个月的津贴，得放好。

在他的注视下，班长将自己那两张照片塞进一个早已写好地址的信封里。这信封纸质坚韧，正面有红框。

揣着这照片，两个人跨过鸭绿江。随部队急行军到了指定区域，放眼一望，满目冰山雪岭，林木间寒气重重。战斗一打响，阵地上一片火海硝烟，残枝碎石乱蹦。激战中，班长被一颗炮弹炸成重伤，融化的冰雪和冒着热气的鲜血糊了一身。奄奄一息的班长看看他，说，兄弟，这信封你拿着，里面还有攒给咱娘的钱……

班长牺牲后，他被临阵任命为班长，别人一喊"刘兴根"他就答应，好像有两个人在他身子里发力，打起仗来十分英勇。

两年后，后方战地医院又多了一名伤员。这伤员头部被弹片击中，昏迷了一个星期方苏醒。医护人员高兴地相互传语，刘兴根醒来了，英雄醒来了……

后来，他被转到国内疗养。能下地活动时，他将那信封找出，小心翼翼地抚平，再添上回信的地址，托人寄出。过了月把，回信来了，是人代写的：你母亲接到你寄来的信和照片喜出望外，捂住哭了大半天。自你参军走后，这些年来你母亲天天去庄东头的大路口盼你。你两个妹妹已出嫁。四亩庄稼地有互助组帮种帮收，家中一切安好，勿念……

读完信，他忽地捶了自己一下，我本来就是娘的儿子呀！

往后再写信，他就用班长的口吻。那边回信问，合影照上的另一个是谁？他答，是我最亲密的战友，也是娘的儿子。那边回信说，你母亲现在逢人就说，俺儿回来了，还多了一个，就在俺怀里，说着还掏出照片让人家看……

这一提，他心里便拱出一句，我就是、我就是，永远是！

为尽量使自己像娘的儿子，他每天对着班长的照片进行"整容"。班长的颧骨好像高一些，他就反复捏自己的腮帮子，好让颧骨突出。时间长了，腮帮子还真凹陷下去了一点。护理人员奇怪，问，刘班长，脸上不舒服？

都好着哩。他说，只是想娘了。

复员前，组织上派人征求他的意见，问，安排你到本地一个大厂工会工作咋样？他说，我还是想回庄里给娘端端碗、洗洗脚。

捎着背包，提着网兜，他按着信封上的地址一路打听找到了这个小刘庄。还未进庄，头前身后呼呼啦啦簇拥了一群人，争相替他拿行李。被人引着。一进这农家小院，他愣了：一位衣衫打有补丁的中年妇女端坐在简易的板凳上，双手捏的竟是那信封！

丢下行李，他紧跑几步，跪地伏在这位母亲的双膝上，一声憋了许久的话语自胸腔喷薄而出：娘啊——

是根儿吗？眼泪扑簌簌地落下来，是热的。

是我、是我，娘！

粗糙温暖的手在他头上、脸上哆哆嗦嗦地摸着。俺的儿，你这脖子上的那颗痣咋没了？

娘，扛枪磨去了。抬头一看，娘泪湿的眼皮是合着的，眼窝里分明有什么在滚动。

旁边一个妹妹插话道，娘怕你忧心，信里不让告诉你她的眼几年前就瞎了。

娘，明天我就带你看眼去！

背着娘上车下车跑了几个医院诊治，娘的眼还是没有起色。娘说，甭花那钱了，有恁在跟前，俺啥都看得明白。

此时，县里给他安排好一个相对比较轻松的工作，他坚辞不去，说，我回来就是照护娘的。并对两个妹妹说，有哥在，恁放心，恁该忙啥忙啥。

于是他就在生产队当了保管员，离家近。给他说媳妇，他就要求一条：必须对俺娘一百个孝顺！

婚后，两口子轻声问暖、俯身侍奉，娘的脸上就断不了笑容，直至八十六岁寿终。在操办老人家的后事时，有人好像知晓了他的经历，想写一篇报道宣传宣传。面对这些好奇者，他说，我没啥可写的，与那些埋在雪地里的无名战友比，我还活在母亲身边……

那一日晚间，他在电视新闻上看到部分战友的遗骸被军用飞机运回祖国时，泪珠止不住地流淌。他让家人打开那小盒子，指着那张合影照叮嘱道，放大、放大……

放大的合影照拿回来后，他看着看着突然说了一句什么，牙关一紧竟昏迷过去，送进医院抢救无效，于当天夜里去世。

灵棚内，高挂的遗像就是那张放大的合影。问清缘由，吊唁者无不动容，噙泪再三鞠躬。整理他的遗物时，发现了十几枚压在箱底的军功章，还有那个老式信封。信封已经毛边了，淡淡的血迹依旧形如雪地梅花……

功夫多在文字外（创作谈）

　　小小说是广大读者喜欢的文体，好写又不好写。说好写，只要按要求编个故事、找人物填够字数即可；说不好写，因为要有"小说"的各种要素在里面，思想性、艺术性要高度统一，且须不留雕琢的痕迹。这就要看作者的功夫了。其实，看似区区几百字、上千字的短文，功夫多在文字外。这包括在平常生活中的观察、积累，主题的酝酿和人物的选择，等等。

　　说起文学创作，我自上中学就开始练笔。那时候看不到多少经典名著，只有在废品回收站挑拣出来买下或借朋友的，就这样读了一些作品。于是，就产生了写作的欲望。那时不知天高地厚，写好了就往报刊上投，反正邮资就 8 分钱。高中毕业后，不论是下农场当知青，还是到小学教书，还有到部队当兵，再后来回到老家河南，一直坚持写稿投稿。几十年来投稿无数，有成功亦有失败，仅退稿函（信）就有 208 封。而有了网络之后，这类退稿函（信）几乎没有了。不过，那些退稿函（信）都被我小心保存起来，成了我的"收藏"，时不时地拿出来翻阅。这些信函有的是手写的，有的是印刷品，还盖着大红印章。虽然时光已久，但这些信函仍然散发着那个时代的气息，也彰显着编辑们的敬业精神。对我而言，是鞭策也是鼓励，提醒我"写作"一定要用心、认真；否则就会造出"废品"，对不起编辑和读者。

　　我认为，文学创作是个人的一种爱好和兴趣，也是一种功夫修炼。这是一个漫长的过程，需要良好的心态来支撑。生活中，坎坷和挫折是免不了的，文学创作也同样。急于求成的想法是要不得的，那样会偏离正确的创作方向，继而带来无谓的烦恼。所以，要想写出好作品，须多在文字外下功夫。

文学是平凡的，文学创作者更是平凡。以一颗平常心与芸芸众生打交道，或许会发现不平凡的东西，那就是取之不尽的创作素材。

因而，我最喜欢到乡下或基层去，与普普通通的各式人物打交道。把酒临风，谈天说地，注重搜集趣闻逸事，还有鲜活生动的俚语方言，需要记下的赶紧落到本子上，以防遗忘。除此以外，涉猎百科知识，这样下笔就不会"白脖子"。但并不是所有的素材都可以入文，筛选也须下功夫。久而久之，就对文学产生了敬畏：在文学面前，我们永远要保持一颗虔诚的心，永远做一个肯下功夫的"苦行僧"。

司玉笙创作印象（评论）

周建平

　　如果从 1978 年在《解放军文艺》上发表处女作《最后一个早晨》算起，司玉笙在文学创作的道路上已走过近五十个年头。2008 年，东方出版社出版了他的第三本小说集《高等教育》，并在评介中将他誉为"微型小说作家中的思想者""微型小说的先锋派和主将之一"。这本书对于他来说，既是一个总结，又是一个里程碑。

　　可以说，司玉笙是从写小小说起家的。1983 年，他的小小说《"书法家"》一炮打响，使他在新时期的文学史上占有了一席之地。几十年来，他也写了不少中、短篇小说，但写得最多、影响最大的还是小小说。我们今天研讨他的创作，当然是以他的小小说为主，但也不应拘泥于此，我觉得，将他所写的全部作品统而观之，回顾一下他文学创作的大致轨迹，探究其得失成败，对于玉笙以后的创作乃至其他同人或许都不无裨益。

　　司玉笙最初的作品是以思想的新锐和结构的奇巧取胜的。譬如《"书法家"》，讽刺的锋芒直指官场的平庸无能、尸位素餐，这在今天看来算不得尖锐，但在当时却有点"犯忌"。也许正因如此吧，小说最初投给《豫东文学》时被刷了下来。其后，江西的一家刊物勇敢地发表了它，《小说月报》又慧眼识珠，予以选载，这才轰动文坛。在结构上，该小说绝大部分篇幅是一本正经地说事、铺垫，而最后高局长一句"能写好的就属这两个字"则出乎意料地抖响了一个"包袱"，取得了讽刺的喜剧效果。现实主义批判的锋芒、精彩的细节、幽默的艺术享受让读者产生强烈的共鸣，陶醉于其中，以致顾不上追问，甚至根本不在乎其情节是否具有严格的生活依据。一俊尚可遮百丑，又何况数俊之于一丑呢？这样，司玉笙早期的创作便出现了这样一种现象：情真事假，假戏真做。有些作品的情节甚至是荒诞不经的，但照样受到读者"热捧"，原因就在于他作品中的情与理顺乎民意。

沿着这条路，司玉笙继续向生活的深处开掘，力求每一篇作品都有独到的发现和真知灼见，题材也逐步扩大。宦海万象、芳林馨香、人生苦旅、世间百态乃至狗言物语，"上穷碧落下黄泉"，他在冥思苦想，惨淡经营。他曾把写小说比作下围棋，说要善于"作眼"。我的理解是，所谓"作眼"，大概指深藏"杀机"，谋篇布局，叙事铺垫，最后凝聚成一股爆炸性的杀伤力。这一时期，他的创作进入了高产期，而且大多以思想的独到和深邃见长。

然而，一个作家毕竟不可能时时事事都能源源不断地涌现出真知灼见，大量的创作使他的作品也出现一种"图说思想"的苗头。尽管他很善于将作品的主题埋藏得很深，但聪明的读者还是能从隐秘的角落里把它"揪"出来。司玉笙也是一个聪明人，他很快发现这条路快走到尽头了，于是把重心转向了塑造人物。这一招算是觉悟到了文学创作的"真经"。文学是人学，小说创作就更是人学中的人学。此后，司玉笙常挂在嘴边的一句话就是："我不管什么主题不主题了，我就是写生活、写人物。"他调动起他全部的生活积累，听到的、见到的、天南海北的、朝夕相处的、一面之缘的、神交已久的、童年时期的、近在眼前的……各种各样的人物经过他的加工一起涌向了他的笔端，跳到了纸面上来。于是他的创作出现了一次飞跃或曰突破，有了一批像《教师三题》这样有分量的、备受赞誉的精品佳作。

时光到了20世纪80年代末90年代初，西方的各种文艺思潮涌进了中国，文艺界趋之若鹜。正想拓宽自己写作路数的司玉笙自是不甘落后，他如饥似渴地广泛涉猎西方各种现代的、后现代的作品，并将其运用到了自己的创作中来。于是，他的创作又出现了新变化。一方面是作品的意境更为空灵虚幻，表现手法更为丰富多彩，小说也更耐咀嚼回味了；另一方面则是情节越来越怪诞，思想越来越艰涩了，有些作品甚至让读者如堕五里雾中，莫知所云。司玉笙是个性格执拗的人，他不管读者的反应，依然我行我素，自得其乐于其中。

直到1998年，单位委派他到民权县王庄寨乡挂职锻炼，三年多的农村生活终于将司玉笙从云彩眼里拽回到黄河故道那一片坚实的大地上。此后，他的作品中又逐渐充盈了许多的人间烟火气息，并最终涌现出一批像《盘子里的树》那样直面人生、揭示社会矛盾、展现人物精神世界的具有厚重的思想内涵和独特艺术风格的力作。

从以上对司玉笙创作道路的简要回顾中，我们似乎可以悟得：一个作家，只有将他的"根"深深地扎进生活的土壤里，他才能长成一棵枝繁叶茂的大树；一个小说家，应当熟悉人、研究人，根据实际生活塑造出各种各样的典型人物来，他的作品才有厚重感，才有生命力；一个中国的小说作家，当然要研究、学习古今中外各种艺术流派的作品，从中汲取丰富的营养，但他更要研究当代读者，了解本国人民群众的审美趣味和欣赏习惯，唯其如此，他才能创作出既具有自己独特的风格，又为中国老百姓所喜闻乐见的中国风格、中国气派的作品来，并进而影响世界、流传下去。

写到这里，我不禁想起了已故作家秦兆阳的一篇理论文章，题目是《现实主义——广阔的道路》。祝愿司玉笙在文学这条道路上迈出更为坚实的步履。我相信，不久的将来，在某个"站点"上，将有一场盛大的庆功宴在等待着他。

1960年代

刘建超

  刘建超，1960 年出生于大连，祖籍河南洛阳。中共党员，大专文化，经济师。中国作家协会会员，河南省小小说学会副会长，洛阳市作家协会原副主席，洛阳市小小说学会会长。1980 年开始发表文学作品，迄今在《北京文学》《天津文学》《小说界》《小说林》《作品》《芒种》《解放军文艺》《百花洲》《文艺报》等报刊发表作品 800 余篇，计 100 余万字。出版有《永远的朋友》《朋友，你在哪里》《老街汉子》《只要朋友快乐着》《老街故事》等 16 部。百余篇作品被《小说选刊》《作家文摘》《读者》《小小说选刊》等转载。曾获冰心儿童图书奖，第八届"茅台杯"《小说选刊》年度奖，第二届河南省文学期刊奖，第二届、第六届小小说金麻雀奖，等等。

朋友，你在哪里

贾兴一听到我的名字，就如一辆笨重的坦克向我扑来。

"老刘啊，你好啊，久闻大名，心仪已久。一见如故啊，老朋友。"

我被他粗壮的双臂箍得紧紧的，他那生猛如海鲜般的胡楂子脸还贴在了我的腮帮子上。四十好几了，我还从没有跟个大老爷儿们如此亲密，浑身不得劲儿，后背到屁股根都觉得发麻出鸡皮疙瘩。

贾兴对招呼签到的人说："把我们俩安排到一屋，我们痛痛快快聊聊。"

贾兴长得五大三粗，整个一个圆。走路时先要摆两下手臂，否则就发动不起来。这副模样实在是和文字联系不到一块儿，偏偏他也写小说。有几次，我和他的小说发在同一期杂志上；这次应邀来参加笔会也是因为我俩又在《烂漫》杂志上同时发表了中篇小说。

三天的笔会，我几乎被贾兴承包了。我去跟一位从前在笔会上认识的关系有点暧昧的女友约会，他也跟着，弄得我连搞点小资情调的机会都没有。在会上，贾兴逢人就说，我和老刘是老朋友了，连我老婆和儿子都知道他，我俩的作品常在一起发，缘分啊！

笔会结束后，贾兴意犹未尽，跟着我又到了洛阳。我陪他游了龙门、白马寺，吃了洛阳水席、浆面条。分别时，他眼圈发红，说我够朋友。他那胡楂子脸就又让我起了回鸡皮疙瘩，真受不了。贾兴说："朋友，有机会到我那儿去啊，我请你品尝大龙虾，还有海鲜一样鲜美的漂亮妹妹。我知道，这次开会我耽误你会情人了，哈哈哈。"火车开动了，他还探出头可着嗓门喊："你一定来啊，不然我可跟你急！"

其实，笔会上热热闹闹嘻嘻哈哈，过后新鲜劲儿也就风吹云般消散，谁也不会把几天笔会上承诺的事太当真。贾兴可不这样，他每个月都要给我打一次电话，正经不正经地东拉西扯一番，挂断前总要强调一句："朋友，有机会来玩啊。"我也打着哈哈说一定一定。

事有凑巧，半年之后，单位还真把我派到贾兴所在的城市办事。公事很快就办利索，剩下的时间就是游山玩水。原本不打算跟贾兴联系，自己转转省事还自在。可是来了一趟滨海，如果不同贾兴见一见，日后他知道了肯定会不高兴。我便拨通了贾兴的手机，电话里传出贾兴咋咋呼呼的声音："喂，朋友，你想起给我打电话了，泡情人泡腻了吧？最近可没见你发表什么东西啊！喂，朋友，你在哪里？"

我说："远在天边，近在眼前。"

"什么什么？你来滨海市了？"

我说："是呀，来品尝你的大龙虾和海鲜妹妹啊！"

电话里的贾兴迟疑了一下："嘻，朋友，太不巧了，我刚好出差在外地。你在滨海能待几天？"

我说："两天，星期二就得回去。票都订好了。"

贾兴嗓门又高了："不行，朋友！你等到星期三，我星期三无论如何赶回去，咱哥俩得喝一杯。"

我说："你别管我了，忙活你自己的事吧，有机会我再来。"

我又给滨海报社的一位朋友打电话，这位朋友听我说贾兴出差了，说："不可能啊，上午还见他来报社送稿子呢。"

我听了有些别扭。

贾兴每天上午和下午都要来电话，问我都去哪儿玩了，吃什么好东西了，并热情地给我推荐游玩的地点，还说去了之后就找谁谁谁，就说你是我贾兴的朋友，他们不敢不给面子的。

星期二上午，我正躺在宾馆房间的床上看新闻。

贾兴又来电话："喂，朋友，你在哪里？"

我忽然就坏坏地说："贾兴啊，我已经在回洛阳的火车上了。"

电话里的贾兴急了："喂，老刘，你不够意思嘛，说好了你等到星期三啊，我就怕你着急，事没办完就提前赶回来了，刚刚下飞机，正在回城的路上。中午的饭我都订好了，海天大酒楼。老板是我哥儿们，专程给搞的新鲜龙虾啊，你这不是害我嘛！"

我说："哈哈，我和你开玩笑呢。没见你，我怎么能走啊。我就在迎宾馆 328 房间等着你哪。"

电话里的贾兴声调又低了："啊？啊，那好、那好。一个小时之后，我们不见不散啊！"

我忽然觉得自己挺没意思，干吗呀，两人一见面反而会失去更多的东西。

我打了车直接去了车站。

北上的列车缓缓启动了，我的手机又响了。

贾兴真的急了："喂，我就在迎宾馆门口。朋友，你在哪里？"

只要朋友快乐着

电话是在午夜响起的。虽然已经把铃声调得很温柔，但是万籁俱寂的夜半还是把人激出了一身的鸡皮疙瘩。

妻子迅速抓起电话，睡眼惺忪地问，谁，怎么了？

妻子的父母住在县城，身体不好，母亲心脏病，刚刚住了院。只要是家里来了电话，妻子都会条件反射般紧张。

是贾兴。这个贾兴挺有意思的，我和他只是在一次笔会上认识的，他却黏缠得跟相识多久的老朋友一般。

朋友，你在哪里？

老贾啊，半夜三更地你说我能在哪儿？在自家床上睡觉呗。

老刘哇，你搂着娇妻做蝴蝶鸳鸯梦，你朋友我却是流浪街头有家不能回啊，有点同情心好不好啊？

贾兴有麻烦了。贾兴五大三粗的，却很有女人缘，身边总是不乏美女。用贾兴的话说，哪个才子不风流？你说说，不管是中国的李白、唐伯虎，还是外国的大仲马、巴尔扎克、普希金，哪个不是风花雪月左拥右抱？女人，只有女人才是男人才华得到施展的真正动力。这些话都是贾兴在酒桌上喝高了时说的。贾兴经常在脸红脖子粗的激情时刻，喷着唾沫星子，拍着胸脯说，朋友，啥时候到我那儿去，好酒美女任你挑。

我是不大相信贾兴的话。都说作家大凡缺什么就想写什么，越是没有的越是写得多。贾兴的小说中充满了男男女女花花绿绿的故事，想必生活中是一个平淡乏味的人。没想到，还真小看了这小子，不但身边有女人，还是个大姑娘，问题是被老婆揪住了。贾兴被赶出门，老婆还嚷嚷着要和他离婚。

老刘哇，我也是一时鬼迷心窍啊！在文学讲座班上，这个小姑娘好崇拜我的，大师大师地叫我哦。小姑娘白里透红，长发披肩，亭亭玉立。她经常找我辅导，那晚下大雨，小姑娘就留在屋里没有走。老刘哇，开始我也是坐怀不乱，可是最终抵挡不住诱惑啊！老刘哇，我现在流落街头，你给我出出主意，只有你是我最信任的朋友，伸出手来拉兄弟一把。

我只得帮着贾兴分析，攘外先安内。咬人的狗不叫，媳妇嚷嚷着要和你离婚，其实只是吓唬吓唬你。你要做的是安顿好媳妇，不要闹到单位。媳妇安抚了，小姑娘也好说了，无非是贪慕虚荣，帮她发几篇文章，她也就成青年作家了，有了名气，她就不会再缠你了。

是啊，是啊！老刘哇，问题是怎么安抚我老婆啊？

买礼物！服装，化妆品，首饰，不停地买，一直买得她心疼了就好了。跟你说，别舍不得花钱，只要是钱能解决的问题，都不是问题，用钱解决不了的问题才是真麻烦。

挂了电话，我也睡意全无。望着熟睡中的妻子，想，如果这事发生在我身上怎么办？

贾兴没再来电话。闲来无事，一个月后，我问贾兴事情进展得怎么样了。

贾兴非常兴奋，老刘哇，哈哈，全解决了。就按你的办法，很管用啊！帮助小姑娘在副刊发了几篇文章，人家就有粉丝了，主动疏远我了。老婆看着我买回的一大堆东西，骂我败家子，不想过了？我轻轻的一个吻就涛声依旧了。哎，老刘哇，不跟你说了，我正在参加个采风，几个美女要和我照相，拜拜啦！

贾兴自在了。

电话又是在午夜响起的。

还是贾兴。

我说老贾啊，你就不能不在深夜扰民啊？

老刘哇，咱们是不是朋友？我把你当成最铁的哥儿们，你把不把我当朋友？

那还用说，咱俩是朋友。

那你说，什么样的朋友才是真正的朋友？

老贾，你不会三更半夜地和我讨论朋友的问题吧？

老刘哇，什么是真正的朋友？真正的朋友就是他可以半夜三更敲门跟你借钱，而你又根本不问原因地就把钱借给他。这就是真朋友。你说是不是？

嗯，也有些道理。

老刘哇，我就是半夜敲门借钱的朋友啊！我给儿子买了套房子，准备结婚用。托了人，比市场价每平方米低八百块。明天一大早就要交首付，我是竭尽所能，东借西凑，还差五万元没着落。情急之中就想起了老朋友你。帮我救救急啊，我把卡号给你，你用网上银行给我打过来。用不了多长时间我就还给你。老刘哇，有朋友真好啊！你记下卡号，我这边等着你啊……

款打过去三个多月了，贾兴那边也没有了消息。

我电话过去，老贾啊，房子的事情办理得咋样了？

老刘哇，哈哈，办好了。装修方案都做好了，要欧式豪华装修。老刘哇，我带着老婆孩子还有他的女朋友在度假村玩哪，马上就要去漂流了，不跟你说了啊，拜拜！

妻子问我，你那朋友贾兴这段时间也没有啥消息啊？

我说，没有消息就说明他正快乐着。

只要朋友快乐着，比什么都好。你说呢？

平淡从容与随意刻意（创作谈）

从着手小小说创作至今，四十多年过去，弹指一挥间。

初入道时正是精力旺盛，创作数量激增的时期。每天都要激情澎湃地伏案创作，创作的作品与发表的作品几乎是百分百的比率，还有约稿在催，说不膨胀都是虚伪。

1999 年 5 月，我调入洛阳老城一家银行任职。

每天早上，我沿着老街的青石板路，走到钟鼓楼下的一家羊肉汤店吃早点。傍晚，沿着青石板路在夕阳的映照下回到家中。几年过去了，我从没有关注过身边这座古老的街道所蕴藏的悠久厚重的历史文化。

洛阳老城钟鼓楼，正名"谯楼"，位于今老城东大街中段。始建于明代，历代经过数次修缮，距今已有三百五十多年的历史。钟鼓楼古时用于白天报时，夜间报更。钟鼓楼的基础是用大青砖砌成三丈余的高卷台，台下拱券门洞为行人通道，宽一丈五，高二丈，券台两边修有三尺台阶登楼之道。拱券门洞之上，东端镶一石匾阴刻"就日"，西端石匾为"瞻云"，均为楷书。

在拱券门洞下，听着淅淅沥沥的雨声，抚摸着灰色古砖，望着斑驳的城墙，我觉得与古人如此地贴近，与这座古城的历史如此地贴近，眼前就晃动着无数的各个朝代装扮的人。

我忽然就萌生一种感动，幽幽长长经过斜风细雨过滤的洛阳古城老街，梦一样静卧在洛水河畔。一条青石板路，一座旧庭院，一幢八角楼，一个古戏台，演绎出多少老街人千姿百态风格迥异的多彩人生。老街人厚道、精明、智慧、顽强、狡黠、自负、诙谐、幽默、执着、自信，我应该把这些鲜活的人物用小说的形式印在这古城老街的风情画里。虽然都是些民间凡夫俗子，可他们同样也闪烁着人性、人情、人心的善良光芒。

我的心沉静了。

我开始动笔，写下了第一组老街系列三题，很快就在《百花园》发表。老街系列小小说成为我近些年有意营造的有着地域人文特色的文学景观。

我用小小说的形式带着读者去结识戏霸洛半城、汤王马老大、美寡妇黄花、老街混混闷子、老街汉子牛五，还有今天的马梳理……我的老街系列小小说已经写了一百多篇，丰厚的故事叠加，既独立成章，又能联结成篇，浑然一体、篇篇相扣。

老街是一坛封存许久的老酒，一旦开封，芬芳四溢。

四十多年致力于小小说创作，让我越来越深地体会到，小小说创作要随意不要刻意。

小小说写作看似简单，其实写起来却十分艰难，其对技术含量和智慧含量的要求非常高。

你可以用一年时间写出上百篇小小说，却不一定有一篇是优秀的；你可以报出自己发表的一大串小小说题目，却不一定有一篇让读者认可。那么你的所谓写作，就只是为报纸填补了版面，为自己补充了点家用，与文学毫不相干。

为什么每年全国报刊发表上万篇小小说，优秀作品却寥寥无几？为什么年选的版本越来越多，成为经典的却凤毛麟角？为什么赛事越来越多，获奖的作品越来越多，流传下来的佳作却渺无踪影？原因当然有很多，从小小说创作的角度来说，是不是我们在小小说的创作过程中太过刻意，太急功近利了？

刻意的创作是用尽心机，挖空心思强迫自己制造。这样的作品往往就显得呆板、做作、不鲜活，缺少生命力，即使吸引人的眼球也仅仅是昙花一现。许多小小说作品在刻意编织结尾，把欧·亨利式的经典简化为结尾有意思，让整篇作品生拉硬扯地去为结尾服务，读后如同吃了夹生饭。过多的小小说作品在刻意制造深刻，非要把千把字的小说赋予万把斤的沉重，好像只要读了他的小小说，社会就进步了，腐败就消失了。犹如背上包袱跑，读者则会感到疲惫。不少作者把小小说写作视为文字游戏，刻意地追求所谓的语言环境，把小说语言装饰得花里胡哨，孤芳自赏，自鸣得意，胭脂气浓厚而真挚感贫乏。

刻意为之的作品，可以写得精细、精致，却成不了经典。我个人以为，经典的小小说是在随意中诞生的。酒场上有一句话，领导随意我喝完。虽然有巴结的嫌疑，却说明了一个道理，随意是个让人很舒服的状态。

小小说写作的随意，不仅仅是创作时舒服的状态，小小说创作的随意是一种境界。有句话说，一个人境界的高低，可以衡量出其作品质量的高低。随意是一种洒脱，是凭借自己的遐想信手拈来的灵丹妙药，在自由的王国里没有羁绊没有拘束地散步。"乘骐骥以驰骋兮，来吾道夫先路。"随意是驾驭文字的天马行空，无论是小桥流水、老树昏鸦，还是大江东去、千古风流，都是顺其自然，超凡脱俗。

随意可以出经典。

我在努力地让自己进入随意的写作状态。

喜剧风格与生命意识（评论）

刘　敏

刘建超是一位个性鲜明的作家，他的作品散发着一种自然自在的气质，这显然跟作者洒脱随性的性格分不开。正如他自己所言："刻意为之的作品，可以写得精细、精致，却成不了经典。"这就注定了他的作品避免了刻意为之的矫揉造作姿态，而增添几分轻松自在。这种气质，不仅是他喜剧风格小说的内在驱动力，也是他乐观洒脱的生命观的外化。

刘建超的小说主题涉及广泛，内容丰富，人物众多，其内部有多种解读的可能性。但不论是对硬汉形象的呈现，还是对市井小人物的关注，抑或是对老街世俗风情的描写，对生命的书写和思考一直贯穿在他整个文学创作之中。因此，本文主要从喜剧风格、硬汉形象、老街世俗风情和生命意识这四个方面来解读他作品的丰富性和复杂性。

一、喜剧下的理性内核

刘建超的小说充溢着喜剧色彩，他擅长用诙谐幽默的语言来表现人世本相。对于小说中人物的命运遭际、生活方式、性格缺陷、情感纠葛以及内心矛盾，作者往往能够机智地点破，或温情地关怀，或诙谐地嘲讽，或犀利地揭露。他的小小说，更像一幕幕喜剧，各色人物各种故事共同构成他创作的独特性。他的多数创作，不论是选材上，还是人物性格、故事情节及人物行动，都带有鲜明的喜剧精神。

　　刘建超小说的喜剧风格，首先表现在他语言的机智风趣、生动明快、轻松自在。这种诙谐幽默的语言一方面是基于小说可读性的考虑，另一方面更多的是塑造人物形象和表达所思所想的需要。刘建超小说中的人物语言具有鲜明的个性化特征，当然，小说在人物塑造上讲求人物语言的个性化，这是基本要求。马振方先生在《论小说的语言艺术》中谈道："人物语言的核心问题是个性化问题。所谓人物语言个性化，就是要求人物说话符合人物的身份、地位、经历、教养，符合由此形成的思想和性格，也就是什么人说什么话，不同的人说不同的话。"但在实际创作过程中做到这一点并不容易。刘建超的小小说创作之丰，涉及人物之多，却并不影响人物各有自身一套说话方式，如闷子的巧舌如簧、梨花白的轻声细语、程子的憨厚寡言、霍大炮的粗声高调、孬三的东诳西骗等，每种语言方式都紧贴着人物，可见作者语言表达能力之强，灵活多变且生动具体。

　　再如《老街名嘴》中墩子向买家推销商品的语言，尤为精彩——"你看这布，手感光滑温柔似水，既不是纯棉也不是腈纶，而是最新技术两样混纺，纯棉穿着舒服却易褶皱，腈纶直挺却不舒身，两者混纺各取所长相得益彰。未来要靠小字辈，买货还是老字号。这天织锦绸缎行，祖上六代专营此行，诚信为佳，童叟无欺，积德行善，四邻夸奖。一条老街，十里绵长，专营布匹共二十五家店铺，从东数这是第五十九家门店，往西去还有一百二十五家店堂，唯此一家百年老号，历经三个时代变换沧桑，唯一不变的是信誉至上。您手里这块布，老人穿着舒坦，中年人穿着端庄，年轻人穿着漂亮，孩儿们穿着阳光。做冬装保暖，裁夏衣凉爽，春秋服时尚。看看店家，慈眉善目，菩萨心肠，主家让让利，买家抬抬手，一桩好买卖，心情都舒畅。"整段下来，一气呵成，幽默风趣，逗人发笑，也将墩子的嘴皮功夫展露无遗。

　　这些小说人物的话语系统自然不是作者平白无故强加于人物身上，而是结合了人物性格和行动情境进行设计的。此外，人物语言的口语化特征也增强了小说的喜剧效果，这里的口语主要扎根于民间文化，从市井生活中汲取养分，具有鲜活的生命力。

刘建超对小说的故事情节安排也具有喜剧化色彩，擅长设置喜剧性突转，这种写作策略使情节走向发生巨变，给人平中见奇之感，进而增强故事的趣味性。"突转"是戏剧结构中一种重要的艺术手法，指剧情突然发生变化，即由逆境转入顺境，或由顺境转入逆境；当然，这种突转"必须按照可然律或必然律而生"。刘建超的小说创作也安排了喜剧性陡转，例如《爸爸，你有权保持沉默》一文，全篇利用父子对话的方式来推进情节的发展，故事的前期一直是爸爸处于强势地位，不断询问儿子学习和感情上的事情，但随着对话的推进，谈到儿子在一家咖啡店兼职工作，剧情开始反转，爸爸便由强势一方转为示弱者，其原因是儿子在工作的咖啡店看到爸爸和一位阿姨喝咖啡。此时，爸爸一转前面强硬的语气，开始向儿子示弱试图解释自己的行为。这种剧情的陡转，充满讽刺意味，在增强故事喜剧效果的同时，也引发读者关于父子和夫妻情感关系的思考。

《精致女人》喜剧化的情节陡转更为有趣，小说在开篇极力描写贤女士的精致、优雅，"腰板笔直，走路的姿态如服装模特，充满韵味风情"。她从衣着打扮、行为姿态，再到房屋布置都很精致，连看书都颇为讲究，"不能捻唾沫翻书"，"不能在书上批注折页；不能把书展开扣着"，这一系列行为无不透露着贤的精致。在她精致的衬托下，"我"的心理状态是这样的，"不知道自己是否像马戏团里跟在女驯兽师边上的大猩猩"，"我还是第一次觉得语言贫乏苍白，嘴中无词"，"我"的不自信和窘相跃然纸上。而到了文章结尾，情节出现陡转，贤女士因为单位考试求助于"我"，暴露了自己的本相，一转之前"我"眼中精致女人的形象，书房不再像之前那般错落有致，而是"乱七八糟地铺了一桌子一地"，考试内容也多是很平常的文史知识而贤却张皇失措。最值得品味的是，随着贤精致形象的崩塌，"我"的内在心理状态也发生扭转，开始变得底气十足。这样的情节设置不禁引人发笑，也富嘲讽意味，可谓一箭双雕；且不仅讽刺了虚伪的女性，也讽刺了习惯于通过他人的不足来证明自己男性权威的这样一类男性。

刘建超还善于给他笔下的人物起绰号。鲁迅在《五论"文人相轻"——明术》中曾说："创作难，就是给人起一个称号或诨名也不易。假使有谁能起颠扑不破的诨名的罢，那么，他如作评论，一定也是严肃正确的批评家，倘弄创作，一定也是深刻博大的作者。"刘建超小说中人物的诨名虽然称不上"颠扑不破"，但总能贴近人物，很是贴切准确。他小说中人物的绰号或是突出人物的某些性格特征，或是突出人物的外貌、职业、爱好等主要特征，并且表现出幽默风趣的一面，增强了小说的喜剧性。尤其是刘建超的"老街"系列小说，其中出场的小说人物基本上都有自己的专属绰号。如《神刻张》中的张邈，被冠以神刻，因拥有高超的篆刻手艺，人称"神刻张"，意在突出人物手艺高超。《名刀》中的"滑一刀"也是如此，因手术技术精湛而得名。《老街鳖王》中的闷子因为有一套踩鳖的本领，老街人称他"鳖王"。《懒爷》中的懒爷在小说中也只是诨名，没有道出大名，旨在突出懒爷的"懒"。诸如此类的例子还有很多，比如拐子李、胡策划、宫灯李、曹大疤瘌等。可以看到，这些诨名绰号带有幽默色彩，增添了小说的趣味性。在小说中作者也会有意介绍这些绰号的由来，一方面丰富了故事情节，另一方面更丰富了人物形象。

此外，利用荒诞情节来达到反讽效果在刘建超的小小说中也多有体现。这类小说外在看似是一个个荒诞不经引人发笑的故事，实际上内在附着着作者深沉的思考。

《从人到猿》全文围绕"我"同猿人就人类是在进步还是倒退的问题上展开叙述，"我"一直在向猿人极力证明人类的进步，从直立行走到科技发展，但这些都遭到了猿人的反驳，猿人认为人类实际上在退化。首先，猿人说话本就不切合实际，更何况同人类展开辩驳和讨论，更为荒诞。这种内容的虚构不讲求客观实际，而是通过看似荒诞的对话来引发读者的思考，也即文中流露出的对人、社会、科技及环境的反思。值得我们思考的是，人类看似在进步的同时也丢失了很多，才有了文中对美好家园的构想，人类走向科学与理性的时代，看似获得长足的进步，同时人性的异化、心灵的扭曲和灵魂的坠落，使得人类陷入人与人、人与自然间关系的紧张、矛盾和焦虑之中。小说结尾处有这样一段构想："青山绿水、碧空蓝天、小桥流水、鸟语花香、空气清爽澄澈、采菊东篱下、悠然见南山，人与人之间没有了贪婪、凶残、狡诈、冷酷、掠夺、战争。"实际上，这里寄托着作者对美好家园和健康人性的呼唤。

《没有年代的故事》的情节也同样荒诞不经，充满笑料。小说全篇围绕为"我"取名的故事展开，这个故事发生在一个有待考证的年代，这时地球上的人口数量极大，且寿命又长，为了控制人口增长，全球统一实行摇号出生制。因为人口过多，连月球上都人满为患，父母为"我"起名成为难题，直到"我"死那天才拥有自己的名字，叫"横七竖八不管三七二十一"，但这个名字很快又因为充公，不能再叫。这样一个荒诞的故事，充满了创意和想象力，揭示了人类的生存危机。其中也隐含着一个哲学问题，即语言与意义的关系。在语言学理论中，语言总是与意义联系在一起的，意义也总是需要借助一定的语言形式表现出来。小说中"我"的名字的缺失，也使得"我"的存在意义遭到质疑。

《年龄是个大问题》和《哎哟，领导》都是一幕幕滑稽的喜剧，充斥着嘲讽，以喜剧的外壳来揭示当下社会的现象，将人的圆滑、自私和投机取巧通过诙谐幽默的方式表现出来，在引人发笑的同时，更引人深思。

刘建超喜剧风格的小小说中多是一些平庸可笑的平凡人物，这些人物离我们的生活很近，他们身上的缺点和可笑之处都能在我们或者周边人身上找到一两点相似之处。作者虽然采取幽默诙谐的态度去描写这些小人物，但对这些人物没有鄙夷和不屑，而是切身地同情和理解，以一种乖觉的领悟去体谅他们。这种喜剧风格，意在让人在阅读中审视自我，理性思索，在会心一笑的同时又若有所思。

总的来说，在刘建超小说喜剧的外壳下潜藏着作者理性的内核，是对人与人、人与社会、人与自然以及人与自我间关系的深沉思考。采用诙谐幽默的方式来建构小说，也透露着作者幽默豁达的人生观。

二、硬汉形象的呈现

刘建超的笔下有这样一类人物，他们拥有坚不可摧的品质，他们坚毅勇敢、自强不息、无私无畏，一身浩然之气。在面对困难和苦痛时，他们毫无畏惧，奋起反抗，与现实作斗争。他们总能以乐观的内驱力面对来自各方面的挑战，充溢着生命的韧性。因此，称这些人物为硬汉，实不为过。

刘建超塑造了一批有血有肉的硬汉形象，不论是出生入死的军人，还是世俗生活中的市井小人物，他们身上都闪耀着人性的光辉。这些硬汉不仅体现出外在肉体的"硬"，其内在的精神更"硬"。他们坚忍无畏，绝不苟活，在破碎处顽强地站起来保持人性高贵的尊严。德国著名哲学家尼采认为，"超人"是最能体现生命意志的人，是最具有旺盛创造力的人，是生活中的强者。显然，刘建超笔下的硬汉形象，是"超人"式的。他们身上具有一种超越精神，足以激励人们不断地超越生命本身。

《将军印》以一种沉郁的笔调书写了一个令人震撼的故事。一位驰骋疆场的将军，大敌当前仍能从容不迫地作画，并以一幅画抵挡十万官兵的事迹使得其画作成为收藏珍品。多年后，双目失明的将军为履行曾经许下的诺言，即送黑脸卫士一幅自己最好的画作，他以拇指甲为印，以血为印油，在黑脸卫士后代送来的赝品画作上盖下"赝"字。此举令人动容，闪耀着将军高贵的品格，他不愿欺瞒世人违背准则在赝品上盖下将军印，更不愿失信于人违背诺言。将军选择此举，虽然最终气绝身亡，但维系了心中的道义和准则。作者利用把"有价值的东西毁灭给人看"的方式，赋予将军"超人"的精神力量，给人心灵以强烈的震撼。

文学是人学，作为一种审美艺术，它来源于生活又高于生活，作家的创作既与自身的生活经验和经历相关，又离不开想象和虚构。刘建超曾经当过兵，部队生活经历给了他巨大的影响，为他的创作积累了丰富的素材，因而在他的小小说中多出现军人、兵士一类形象，流露出他浓郁的军人情结。《海边，有一位老人》《被子》《老兵》等作品通过一个个故事表现了老一辈革命家和军人的高洁品质，这些铁骨铮铮的汉子忠诚、硬气、热情且不惧生死。以《老兵》为例，小说塑造了一位无私无畏的军人形象。老兵年轻时是一个血性汉子，上阵杀敌无所畏惧，在部队庆功宴上发言时，只是轻描淡写道："也没啥了不起的，我就是往城墙上送了三次炸药包，一次也没牺牲。"中华人民共和国成立后，老兵又积极学习文化知识，即便功勋满身，也不傲慢骄横。老兵这类人物是中国脊梁般的人物，他们以一腔热血为祖国奉献自我，并用自己的行动挺直中国人的腰板，维护祖国的尊严。小说结尾进一步升华了老兵的形象，"夕阳正浓，余晖似一把神斧，将老兵铸成一座雕像"，令读者为之动容。

刘建超笔下的硬汉形象，也多存在于市井生活的普通人物中，他们都是生活的强者。在他们身上，有一种勇克险阻的精神和百折不挠的毅力，使得他们能够直面生活的困境和人生的不幸，一往无前。

《将军》中的"哥"经历了生活的一系列不幸，女儿因车祸丧生，妻子因坠楼截肢，家庭背负一身债务，但"哥却处之坦然，只是头发白了许多"，这些对常人来说无法承受的苦痛，"哥"却撑住了站起来，丝毫没有失去生活的勇气。小说结尾，"哥深吸一口烟，再将烟雾从鼻孔唇缝缓缓吐出，那份踌躇满志的神态，俨然一位将军"，"哥"的确是自己人生的"将军"。小说取名为"将军"，作者并不是描写关于将军的人或事，而是一种象征，象征着一种顽强的精神，一种生命的韧性。

《生命》中的主人公，面对来自人类和大自然的双重压迫时，他以不屈的姿态从压迫中解放出来。小说的开始便是主人公在大海中挣扎的情景，为了获得全国摄影大赛的奖项，他选择了一个自己不熟悉的海域下水进行拍摄，而将自己陷入命悬一线的危境之中，此时的他，"脸上起满了水泡，嘴唇干裂渗着血丝，手背手心的皮肤开始脱落""处在半昏半醒的状态，他觉得自己的灵魂已经游离了他的身体"，在这种糟糕的处境下，他几乎决定放弃自我，但对生的渴求将他从海洋中拉扯出来。"有口气活着才是高尚。他抬起头跃出海面，深深喘口气，对着夜海一声长吼"，这一声长吼便是对死亡的反抗与斗争，充满了生命的力量。

这些硬汉形象都是现实生活中的"将军"，是心灵上的胜利者。无论是遭遇生活的不幸，还是进入人生的困境，他们都没有选择退缩，而是迎难而上，展现了对于人生乐观积极的态度，也激励着读者在面对困境时，无惧艰难困苦，勇敢迎接挑战。

刘建超笔下的部分硬汉形象身上还透露出一种孤独感，如《将军印》中的将军，《生命》中的"他"以及《1977年的兔子》中的木欣等。这种孤独带有悲怆的意味，但孤独的他们无须他人的同情，自身的信念和坚毅使得他们坦然面对生活。硬汉身上强大的力量很容易感染读者，传递给读者一种对生活的信念。正如海明威《老人与海》中老渔夫那句经典的话："一个人并不是生来要给打败的，你尽可以把他消灭掉，可就是打不败他。"这种孤独感更进一步加深了人物硬汉形象的精神气质。

刘建超笔下的硬汉形象彰显的是一种阳刚之美，一种豪迈洒脱的人格。他们在残酷的生活面前，仍然能够守住内心的道义准则和真诚善良，面对突如其来的不幸，仍能表现出从容、镇定。他们不仅有着强健的体魄，更有着强悍的生命力和光辉的人性。这样一个个鲜活的生命形象，打动着读者的心灵，激起人们对生活的热爱，对生命的珍视，引领人们以洒脱的气概和刚毅的态度去面对人生的困境。

三、独具特色的老街世俗风情

值得研究的还有刘建超的"老街"系列小说，这是一系列市井风俗小说。市井小说是刘建超小说创作的重要门类，各种地域风物民俗在他笔下都信手拈来，这与他广泛深厚的生活经验息息相关。他对家乡洛阳的人情世故和风俗民情，有着深切的体察。基于对民间文化和生活的浓厚兴趣，作者根植于民间生活，从市井小人物的喜怒哀乐中获取灵感，书写他们的生活方式和生存状态。在对民俗风情的描写中，展现丰富的历史文化积淀，在对人情世故的体察中，揭示民族的文化心态和处世态度。通过对市井生活的体贴感知和深沉濡染，刘建超勾画出一幅富有生命力的老街风情图，各色人物在画卷中演绎着生活的悲欢离合，形成众声喧哗之势。在繁杂喧闹的世俗图景背后隐藏了作者对平凡人物、人事命运的关注和体察。

老街位于偏居一隅的古城，是当地商贾会集处，这里的店铺历史悠久，文化厚重，三教九流聚集于此，街头巷尾都是故事。刻画出老街形形色色的人物形象，真实地展现三教九流的众生相，是刘建超"老街"系列小说的首要特征。

刘建超通过对传统手艺人、商人小贩、无聊雅士、梨园弟子、地痞流氓、市井细民等的描写，展现了老街的民俗风情，具有浓厚的地域色彩。《老街汉子》中，对老街水席的描写："老街水席始于唐朝，因上菜是一道一道往桌上端，吃完一盘撤下去再上另一盘，如行云流水一般，而且几乎道道菜都带汤，干稀有致汤随菜走，故此得名。"生动地展现了当地的世情风俗。《鼓事》中，对赛家鼓乐店描述道："威风鼓、龙鼓、高音战鼓、立雕龙凤鼓、彩绘画龙鼓、水鼓、朝鲜鼓、牡丹鼓，大、中、小号腰鼓，高、中、低档手鼓，花盆鼓、扁鼓、拨浪鼓，大小堂鼓，花铃鼓、太平鼓、象脚鼓等等。"介绍了当地的鼓文化。《戏神》中，对曲子戏介绍道："曲子戏起源的时间并不长，清朝末年间，从老街民间踩高跷曲演变而来，不过百十年的光景。老街是曲子戏的发源地，老街人爱听曲子戏，被称为曲子窝。曲子戏的调门也都是几代的曲子艺人从老街各行各业的叫卖声、读书声、吵骂声、哭诉声中提炼出来的。曲子一响，忘了爹娘。"既介绍了当地的传统文艺，又表现了老街人对曲子的痴迷，再现了市井文化景观。

老街故事多，人物杂。三教九流的人物，千奇百怪的故事，以及种种琐事逸事的来踪去迹，种种手艺本领的掌故说辞，皆生动鲜活地呈现于尺幅之内。

　　老街人有一套自己的生活方式和生存体系。老街人讲面子，爱显摆。比如《死宝》中讲道："老街人玩收藏。在老街谁家要是没有几个老物件，那是很没有面子的。""家有个好物件，会招呼四邻去观赏，还好茶好烟招待着，只要给主家几句赞美的话。"再如《风光死一回》中直接谈及"老街人讲面子，许多事情只要面子上的活做到位，啥事都好商量"。小说中，涝子因为面子问题，离开老街出去闯荡，"不冲别的，就冲将来也像冠家官员那样排场地死一回"。老街人活得讲究。比如老街人不仅对开店的店名讲究，对店铺的招牌也很是讲究。就像《胡策划》中的描述："老街上开店对店名很有讲究，大凡有些名声的店铺的招牌，都能从中品出点远古风韵。"在《马二哥的名气》中，又提到老街人很讲究名气："在商业圈里做道场，做出名气生意就兴旺，若是一家店铺几年都不成名气，那就离转让不远了。"老街人正直，善良。《骂丧》中的闷子通过大骂破坏老街风俗、损害老街古建筑的做法来保护老街古建筑原貌。《霍大炮》中的霍大炮向调查组直言企业污染环境的问题，老街人知道大炮的女儿患有白血病需要钱医治时，"门外站着密密麻麻的老街人。他们是来给大炮的孩子捐款的"。这些行为都反映了老街人的正直、善良和热心。《懒爷》中的懒爷更有着古道热肠，有一年豫西水灾，懒爷知道灾后必有疫情，他便招呼起老街的叫花子，四处采集防治疫情的药材，挨家挨户免费赠送，还在大石桥上支起两口大锅，熬制的板蓝根药汤送给过往的路人。不少人都说，懒爷白白浪费了一个发大财的机会。懒爷说，发国难财，理不正，心不安。那年，老街是豫西唯一没有暴发疫情的城镇。老街人重感情，念旧。这里主要指老街人对老街的深厚感情，即便是对于一个招牌，上年纪的长者都能津津乐道地谈论牌匾后面那些久远的逸闻趣事。可见，老街人如何真诚深厚地热爱着这片土地。

　　对老街人生存状态的描绘，体现着作者对平凡人生存哲学的探寻，引发人们对于如何生活更为深入的思考。老街人身上具有中国传统的乐观文化气质，他们身上有着一种开朗洒脱、充满韧性的生活态度。老街人身上散发着蓬勃的生命力，展现着质朴自然、乐观洒脱的生命形式。

刘建超的市井小说，也具有较强的娱乐性，迎合了传统的阅读趣味，给人带来轻松愉悦的审美享受，也使小说具有幽默风趣的美学品格，形成一种轻喜剧风格。小说中的人物语言充满了生活气息，大都为市井俚语，带有鲜明的地域特色。

总之，作家结合自身生活经验和生命体验，对老街市井人物的生活方式、价值观念以及人情世故有着深切的体察，以平和的眼光来书写这些平凡人物，以亲近的态度靠近市井文化，又以理性的文人心态审视他们的生命形态，进而达到一种雅俗兼具的美学品格。刘建超笔下的市井生活在他从容不迫的叙述节奏中，形成老街人一套独特的市井民间话语。不论是在叙述文本表层，还是内在主体意蕴，都带有作家鲜明的个性。

四、生命意识的流动

人类对于自身问题的追问和思考，始终离不开对生命的探寻。人类对于生命的问题从未停止思考，对生命意义和本质的思考及揭示也是古往今来不断探寻的母题。在文学创作中，也是众多作家不断探讨的重要话题。刘建超亦如此，他的文学创作也渗透着对生命的关注与审视，有意或无意地表达着他对生命的态度和思索。刘建超在作品中灌入他个体独特的生命体验和生命信念，进而形成他独特的生命美学观。通过具体文本，可以发现他追求的是刚柔并济的生命形式和自由自在的生命境界之和谐。

刘建超是一位贴近生活的作家，与一些作家选择俯视小人物的生活不同，刘建超以平等的姿态靠近他们的生活，用心平气和的眼光去洞察人性的内涵和生命的本质。他又以知识分子敏锐的观察力去感知和洞察市井小人物的生活，并从中挖掘生命的哲学。

他笔下的平凡小人物总能以一种平和的心态对待生活中的苦难，不怨天尤人，也不失去生活的希望，而是以强有力的生命力量来对待生活，达观而洒脱。其外在生命形式表现为"刚"性，这里的"刚"性主要是指生命的韧性和气魄。以《回力鞋》为例，小说开篇便描写了"我"家庭生活的艰苦，为了能在打比赛时穿上回力鞋，"我"不辞辛苦地去工作，想通过自己的努力攒钱买回力鞋。故事中的"我"面对匮乏的物质条件，并没有怨天尤人，也没有沮丧认命，而是乐观努力地生活。小说不论是"我"还是家人，抑或是同学，在那个物资极度匮乏的年代，都在认真地生活，以一种平和的心态去面对苦难和不幸。

此外，在上文中提到的硬汉形象，如《将军》中的"哥"，《将军印》中的将军，《生命》中的"我"，等等，他们身上也都具有这种"刚"性。

即便是为人所恨的土匪曹大疤痢身上也有着生命的韧性，《宫灯李》中的曹大疤痢是一个占山为王的野蛮土匪，欺男霸女，打家劫舍，老街人恨之入骨，然而在《酒神》中，他率领寨中兄弟一起抗日，颇有一股英雄豪迈之气。曹大疤痢在刘建超笔下是一个复杂的生命体，集中体现了生命的野蛮和强硬。

刘建超用这些小人物强大的生命力，表达了他对生命韧性的追求。此外，他还用人性的善良、质朴和情感的美好、温暖，来表达他对生命"柔"性一面的赞扬。他笔下的人物，每个人身上都有可爱之处，而且刘建超也善于发现人物身上的美好品质，因此，"善"成为他们的一种普遍生活状态。不管是《老街汉子》中为公司讨回50万元货款、不要提成报酬的牛五，还是《骂丧》中大骂破坏老街风俗、损害老街古建筑的做法的闷子，抑或是《懒爷》中四处采集防止疫情的药材并免费赠送老街人的懒爷，我们都能看到美好的生命品质。

对于生命"柔"性的一面，也具化为刘建超笔下女性特有的温柔。刘建超小小说中涉及的人物形象，相较于男性人物，女性显然不多；且大多属于温柔体贴类型，很少有其他类型的女性出现。即便是《老街美寡妇》

中有着流言蜚语的寡妇黄花，实际上也固守着传统操守，始终保持着女性温柔的魅力，例如遇到指桑骂槐的人，"黄花也不气恼，还给人家搬凳子，沏茶"。

对于生命"柔"性的一面，还具化为美好、温暖的情感。这里的情感既包含美好的爱情，也包括温暖的亲情。特别是对爱情的书写，刘建超描写得细腻而又动人。比如黄花和神刻张之间互生好感而无法在一起的错过，闷子对黄花的痴情和守护，洛半城对梨花白不曾言说的爱恋，等等，都让读者随着人物的情感变化为之或喜或悲。在《戏霸洛半城》的结尾，"洛半城坐在二楼窗前，望着远处怡心胡同出神"，怡心胡同便是梨花白的住处，这样一个场景描写只字未提洛半城的情感世界，却将他内心对梨花白浓烈的情感烘托出来，并带有一丝凄凉之意，令人为之神伤。可见，刘建超对人物情感世界的拿捏把控之到位。

此外，刘建超的小说中渗透着他对自由自在的生命个体的肯定。"自由"在这里指的是生命个体要遵从自己的内心，自己做主，既不受外在环境的束缚和拘束，也不畏惧艰难困苦的生活，显现出的是一种强有力的生命。自由自在是生命个体为实现生命价值或欲望而表现出的一种生命境界，是一种乐观洒脱的生命观。

《老街鳖王》《骂丧》《扯淡你会吗》《老街神算》中的主人公都是闷子，闷子有着自己的生活智慧和生活方式，他总能机智地解决生活难题，并以乐观豁达的态度对待生活，这也是作者乐观洒脱的生命观在闷子身上的体现。《老街神算》中，闷子说道："大狗叫小狗也叫。有吃有喝，活呗！"这一句话透露出他生活的价值信仰——活着。活着便是对生命最基本的尊重，在艰难困苦中顽强而倔强地活着，更是对自我的超越。

可见，刘建超理想的生命形式是刚柔并济，刚中有柔，柔中带刚。他一方面追寻着生命的韧性、健康和坚毅，另一方面又赞扬着善良质朴的人性和美好的情感。对坚强且充满韧性生命力的"刚"性和善良温柔生命力的"柔"性的追求，体现了刘建超对世俗生命的理解，他试图让小说中的人物回归生命的本真状态，自然洒脱，无拘无束。人类对生命价值的追问从未停止，刘建超也是如此。他从生命出发，追求生命的刚与柔，呼唤生命的本真。他将自身的生命体验注入他笔下的人物，让他们去演绎生活百态里跳跃着的生命力。对人物生活方式和生存状态的关注，便是对人的生命的关怀。因为关怀，所以悲悯。

刘建超总是用自己独特的生命体验和感悟表达对生命、对人、对社会的看法。他始终观照着人的生命的存在，充满着强烈的生命意识。他追求的生命形态既有"刚"的坚毅韧性，又有"柔"的善良美好。他追求的生命境界是自由自在的状态，能够遵从主体的内心，洋溢着自由的生命个性和生命力量。

总之，刘建超的生命意识体现了他浓厚的人文关怀，他是一位具有同情心和悲悯之心的作家，值得深入研究。

金 光

  金光，本名孟国栋，1962 年生，河南卢氏人。中国作家协会会员，河南省小小说学会副会长。1985 年开始从事文学创作，先后发表小小说300 余篇，《山乡的五月》《龙潭》获《小小说选刊》佳作奖；《乡村情感》《淡然一笑》分获郑州小小说学会首届、第二届小小说优秀文集奖。80 余篇小小说被收录于各类畅销书中，近 20 篇小小说入选年度小小说选本，10 余篇小小说列入初、高中语文考试题。已出版小小说集4 部。

放鹿归山

山里的天气就这么善变，昨天还是晴天，早晨便落了一层厚厚的雪。齐茂财扫完院里的雪便拿了个篮子到葛条沟垴的雪窝里扒些干松毛回家引火，刚拐过那个石鼻子就听见沟渠边有吱吱的叫声，走近一看，一只麋鹿正在那儿挣扎，周边的雪被它弄得一片狼藉。麋鹿看见齐茂财，充满了恐惧，无助地往一棵小青冈树后退去。

齐茂财住的七里阴在河南与陕西交界的分水岭下，无论南北这儿都是山沟的末梢，沟窄而深，山上全是原始森林，野生动物很多，狼、黄羊、麋鹿、野猪随时可以碰见。早年猎枪没有收缴的时候常有人到这儿打猎，这些年枪支收缴加上政府要求保护野生动物，便很少有狩猎现象，不过前山一些人还是会利用冬天下雪的时候，偷偷来这儿猎杀动物。他们把自制的弹簧夹子放在动物常出没的地方，有动物经过就被夹住了腿，几天后，动物不是饿死便是挣扎着累死。齐茂财看见被夹住后腿的麋鹿，嘴里骂了句："造孽！"便愤愤地丢下篮子走上前，抱着麋鹿的头轻轻掰开铁夹子，将麋鹿的腿拔出来。麋鹿解放了，但它的右后腿被夹断了，正要逃走却噗的一声栽倒在雪地里。

齐茂财扶起它，动了动伤腿，麋鹿又吱地惨叫了一声。齐茂财沉思了片刻，索性不去雪窝扒松毛了，将麋鹿扛回了家。他让老伴儿拌了点面汤喂麋鹿，自己蹲在那儿用手试着捏了捏它的伤腿，发现麋鹿的骨折并不严重，只要接住，像人一样休息一段时间就会长好。但他是个老粗，不会接骨，就想到了镇卫生院，那儿有骨科医生，便又扛起麋鹿踏着雪往镇上走去。

镇子在二十里开外的河川上，今天正好是个集日，一路上好多人望着齐茂财看稀奇，都以为他扛着麋鹿到集市上出售。便有人问：

"多少钱一斤？"

"不卖。"

"卖给我吧。"

"不卖。"

"我给你掏八百块。"

"不卖！"

"那你扛到镇子上来干啥？"

"看伤。"

齐茂财不想搭理他们，只顾踩着积雪往前走，空中飘着两股白气。几个孩子跟在后面起哄，有个小家伙还上前捏了一下麋鹿的右腿，麋鹿疼得吱地叫了一声，在齐茂财的肩头上挣扎着。齐茂财怒了，转过身一瞪眼，几个孩子吓得一哄而散。

卫生院的医生说他只会给人接骨，麋鹿的骨头得让兽医接。齐茂财为难了，这几年不养牛也不养羊了，镇子上的兽医也失业关了门。医生提醒他，南梁的岳怀山春上给一只狗接过骨头。

齐茂财便扛起麋鹿又往南梁走。南梁在南曼山的背后，还有十里山路。齐茂财到南梁时已是大汗淋漓。岳怀山打量着麋鹿，动了动它的右腿，说："得动刀子。"

"动吧，只要不杀它。"齐茂财擦着脸上的汗水，喘了一口粗气。

"那你得帮我按着了。"岳怀山取出一个尖刀，挑开麋鹿腿上的皮，将错了茬的骨头对在一起，然后用两块桐木板夹着固定了起来。

做完了这些，岳怀山将刀子往凳子上一扔，问道："你养的？"

齐茂财说："不是养的，是七里阴山上野跑的。"

"哦，放别人早杀死吃肉了，你还把它扛了二三十里地来让我接骨。"

岳怀山感叹道。

"多少钱?"齐茂财问。

"不要钱。"岳怀山眯起眼睛看着麋鹿。

"你不也和我一样吗?"齐茂财感激地笑了笑,然后扛着麋鹿回葛条沟。路上,又有人跟在后边:

"卖给我吧。"

"不卖。"

"我出一千块。"

"不卖!"

那人生气地说:"真是个憨子货。"

齐茂财停住了脚步,想着什么,欲言又止,就腾了一下肩膀,让麋鹿躺得更舒服些。

伤筋动骨一百天。

齐茂财把麋鹿放在柴房,专门给它搭了个草窝。半夜,他听见麋鹿在叫,以为有狼进柴房咬它,便吆喝着出来察看,门一开,一个黑影从柴房里逃走了。齐茂财明白了,返身找了一把大铁锁将柴房的门锁了。

开春,麋鹿终于能够站起来了。又过了些日子,它可以在地上跑动了。

惊蛰那天,齐茂财喊来村治保主任,又让老伴儿做了一碗面汤喂麋鹿喝下,两人将它拉到葛条沟垴,解开绳子。麋鹿起初不走,定定地望着他们,齐茂财故意捡起一根树枝,装出要打它的样子,狠狠地喊了一声:"快走!"麋鹿就翘起尾巴,欢快地往山坡上跑去。

那天夜里,齐茂财迷迷糊糊地又听见麋鹿在叫,他呼地翻身起来,影影绰绰看见有人扛着那只受伤的麋鹿往沟外逃去,便去追。追到小龙潭不见了贼,正犹豫着,老伴儿打着手灯追了过来。原来,齐茂财梦游了,灯光下,他两只脚已经跳进了冰凉的小龙潭里。老伴儿使劲在他脸上拍了几巴掌才把他拍醒。

重新躺在炕上的齐茂财傻傻地笑了起来,继而长长地叹了一口气。

知音

单洲仁退休好多年，心里一直极度空虚，他总想，退休后的生活就是等死，人生一点滋味也没有了。于是从那时起，单洲仁吃了饭就到黄河边转悠，绕着护岸堤上窄窄的路百无聊赖地走着，直到饿了或天黑了，才蔫蔫地返回家，然后吃饭睡觉，第二天继续走。

有一天，单洲仁在护岸堤上走圈儿，看见一棵洋槐树下坐着位老人，正聚精会神地将从编织袋上拆下来的尼龙线整成把儿往一把竹笤帚的梢上绑，他很好奇，问："绑这个干啥？"老人回答说："竹梢太硬，绑上尼龙线能把垃圾扫干净。"单洲仁就地坐在水泥地上和老人说话：

"你是环卫工吧？"

"是的。"

"多大年纪了？"

"73 岁。"

单洲仁看着眼前和自己一样大的老人，紧盯着老人那双粗涩的手，心里咯噔一下。

回到家里，他把尘封了十多年的那把二胡翻了出来，端详了好一阵儿，放在了床头。第二天，他提着二胡，坐在那棵洋槐树下，定了定弦，拉了起来。

单洲仁先拉了一曲《朝阳沟》里的选段，那是他在市豫剧团乐队拉了半辈子的曲子，虽然手指有点僵硬，但曲调仍然委婉动听，颤音悠长。他的面前是一片豆地，那是农民利用水库排水时裸露的滩涂抢种的，如今豆荚已经饱满，一排排整齐的豆秧犹如台下的观众。

他忽然想，那些豆秧肯定听得懂，要不怎么会频频向他点头？他的心情顿然轻松了许多，越拉越有劲儿，感觉到天、地、树木、花草，眼前的一切都融进了二胡的曲调中，还有王银环、穆桂英、呼延庆、赵德芳，一个个剧中人物都从这些曲调中跳了出来，会集在洋槐树下。

转眼天气变冷，那片大豆也早已收获，河水被黄河大坝上的闸门闸住，慢慢淹没了空荡荡的滩涂，之后成为一片汪洋，汪洋上有一群群白天鹅在游弋，不时扎进水中捡食散落的豆粒。单洲仁仍旧每日坐在洋槐树下拉二胡，即使冷风飕飕，拉到高潮时，也会浑身冒汗。

那天临近傍晚，单洲仁正在演奏《平湖秋月》，忽然看见两只白天鹅从水中过来，慢慢地靠近他，摇着尾巴卧在他的面前。他先是一愣，继而明白了，就放缓了节奏，将食指的揉音尽量压住，又调整弓位，使曲子变得更加柔和、曼妙。他一边拉着一边用余光看着白天鹅，它们的尾巴在轻轻地摇摆，随着乐曲的节奏，长长的脖子也在左右摆动。单洲仁有点感动，他没想到白天鹅也喜欢听音乐，而且似乎还能听懂。

天渐渐黑了下来，临走时，单洲仁看着眼前的白天鹅，有点恋恋不舍。而白天鹅也没有想离开的意思，直到他走了很远，回头望时，才看见白天鹅往水中游去。

第二天下午，单洲仁继续坐在树下演奏。当演奏到第三首曲子时，两只白天鹅又出现了，它们还像昨天一样，从水中游来，卧在他的面前。待他演奏完曲子之后，白天鹅突然"哦哦"地附和了几声，然后扇动着翅膀。

单洲仁不再演奏那些名曲了，而是模仿着天鹅的叫声，揉着弦回应它："哦，哦。"

"哦哦哦。"

白天鹅站起来，忽闪着翅膀，和上了曲子。

　　整个下午，单洲仁与白天鹅相互呼应，把他和白天鹅的情绪都调动了起来，如痴如醉。

　　从此，单洲仁演奏的对象不再是田野或滩涂，而变成了一对洁白无瑕的天鹅。无论刮风下雪，他们像订立了盟约，按时到来，按时离开。

　　春节到了，家里开始忙碌起来，老伴儿不允许单洲仁再提着二胡去黄河边了，他有点失落，但油盐酱醋、亲戚朋友已将他的生活填充得满当当的，直到过了元宵节，他才得以重新回归原先的生活。

　　这是一个阳光明媚的日子，单洲仁拐过土坎便远远地望见洋槐树下两只白天鹅像两只柔软的棉团卧在那儿，它们时而引颈瞭望，时而低头交谈，看见单洲仁，像两个天真的小学生，立刻站立起来，扇动着翅膀，摇摆着身体，不停地"哦哦哦"叫着。单洲仁怦然心动，走到跟前，凝望着它们，默默地拿出二胡，定了调，演奏起来。

　　白天鹅听得入迷了，它们卧在地上，相互依偎着，慢慢地闭上了眼睛。单洲仁随着二胡流出的音符，也闭上眼睛。

　　单洲仁看见，他与白天鹅一起飞了起来，音乐声中，白天鹅变成了钟子期，他变成了俞伯牙，他们坐在高高的山巅上，抚琴弹曲……

　　3月过后，天气回暖，白天鹅们纷纷北迁，单洲仁知道这两只天鹅也要离开了。那天，他专门为它们演奏了一曲《送别》，白天鹅听完，慢慢向远处游去。

　　远方的天际，一群群白天鹅在振翅飞翔，它们不时回望着，发出一阵阵难舍的呼声。望着它们，单洲仁想，他的钟子期们一定身居其中，于是手握二胡，又拉了一首曲子。

轿夫

第一次坐在滑竿上，心里有种负罪感。小时候看电影，南霸天就是坐着这样的轿子，那令人厌恶的形象一辈子也忘不掉。

滑竿在两位轿夫吃力的协同下，发出有规律的咯吱声。咯吱声中，我们顺着甘当山的台阶悠悠地上攀。

前面的屈辉坐在滑竿上故意跷起二郎腿，戴着墨镜扇着扇子装酷。抬着他的一高一矮两位轿夫，始终盯着脚下的台阶，生怕一个闪失跌进峡谷。这让我想起了三十多年前往鸡鸣山上背砖头的情景。那时候，一位远房亲戚承包了鸡鸣山景区的一段修台阶的工程，把我们几个在家找不到活儿干的后生弄到山上，一天五元钱。我干了半个月，挣了七十多元，人却瘦了十来斤。

到了四方台，轿夫们放下滑竿歇息，我听到了他们粗壮的喘息声。屈辉说："一个人五十吧。"

"大哥，五十真不行啊！这么高的山，这么陡的台阶，我们要抬半个多小时，况且这是行价。"抬屈辉的小个子喘着气说道。

屈辉没接话，把扇子呼呼啦啦地扇了几下，示意继续爬。前面一高一矮两个轿夫又抬起屈辉爬台阶，我也重新被轿夫抬起来跟在后面往上攀。好几次，在又窄又陡的地方，我想下了滑竿自己走一段，但轿夫不让，生怕我一下来找理由不给他们钱了。

本来是利用双休日和屈辉一起来甘当山景区玩的，到了山下一打听，光台阶就有两千个，屈辉一听腿都软了，非要坐滑竿，搞了半天价，最后讲到每人二百元，屈辉先上了滑竿。我是不想坐滑竿的，怎奈屈辉说，现在该享受就享受，挣钱干啥？三说两说，加上几个轿夫这会儿也没接到活儿，一阵怂恿，我便被抬了起来。

终于到了甘当山顶，我早早准备了二百元现金，等轿夫把我放下来，直接给了他们。可是屈辉却与他们吵了起来，他掏出一百元，说："刚才说了，一人五十，你不要就算了。"

高个儿说话了："老哥呀，我们把你抬上来，足足抬了四十分钟哩，靠苦力赚点钱，就不要为难我们了。"

"没有为难呀，我这钱也是靠苦力赚的，又不是天上掉下来的。"屈辉故意跟高个儿磨牙。

"人得讲信用，在山下说过的事，把你抬上来了，你却变卦了，这咋行？"

"那你现在再给我抬下去吧！"屈辉彻底不讲理了，把一百元往高个儿手中一塞，走了。

高个儿要去追他，被矮个儿轿夫挡住了，两人坐到身边的一棵槐树下擦汗喘气。

我们先看了始祖庙，又到东峰上看了二郎台，趁着天还早，屈辉兴致也高，他提出要到西峰去看看娘娘庙遗址。娘娘庙离东峰有两三公里，而且路不太好走，娘娘庙也于清代中期为地震所毁，一直没有修复，很少有人去看。我们沿着一个斜坡往西边走，到了背阴处，忽然听到一阵沙沙的声响，一条黑乌梢蛇顺着一棵青冈树向我们爬来。我和屈辉都怕蛇，一见到它，吓得魂不附体，连滚带爬往远处躲。不料屈辉一脚踩空，仰八叉摔到了半坡的乱石堆上。

黑乌梢蛇不知跑到哪儿去了，屈辉却爬不起来，不一会儿右脚便肿胀起来，我用手一按，他杀猪般号叫，我想可能是骨折了。我们只能返回，我找了根棍子让屈辉拄着，然后架着他慢慢往回走，不到一百米，屈辉痛得顶不住，汗珠直往下淌，没办法，我干脆将他背着。

屈辉实在太重了，我每走两三百米就要放下来歇一会儿，回到主峰，太阳已经快落山了，我也用尽了力气，只好求助轿夫。我把屈辉放到那棵槐树下，却不见一个轿夫，心里正着急，忽然看到一高一矮的两个轿夫抬着一口铁锅上来了，我像见了救星，把屈辉受伤的情况给他们说了，希望他们把屈辉抬下山。

他们把铁锅送到饭店，过来看了看屈辉，没有说话，默默地把他扶到了滑竿上，抬起来就往山下走。我跟在他们后面，心里一直埋怨屈辉，刚才不该与两个轿夫耍心眼儿，这会儿还得靠人家，真是人算不如天算。

天已经完全黑了，屈辉坐在滑竿上不停地呻吟着，我急得满头大汗，一到山下就扶他上了出租车，然后掏出三百元递给轿夫："兄弟，对不起，这一百元是刚才上山少给的钱，这二百元是下山的钱。"

高个儿轿夫接了一百元，说："我们只收刚才少给的那一百元，下山的钱我们就不收了，你快送他去医院。"

"什么?"我一愣，望着他们。

"上山是有偿服务，下山是义务救人。再说了，力气出完明天又来了，不算啥。"

我正想说句感谢的话，他们却转身拖着疲惫的身体往远处走去。

路灯下，他俩的影子越拖越长。

向生活致敬（创作谈）

　　其实，生活本身就像万花筒，作为一名小小说作家，我尤喜欢在这个万花筒中挑选自己中意的花儿。俗话说："人上一百，形形色色。"社会由人类个体组成，而每一个生命个体都藏有精彩的故事。在我们的日常生活中，每时每刻都发生着这样或那样的故事，挑选有价值的并将其创作成小小说，便是像我这样的小小说作家最喜欢做的事儿。

　　我出生在豫西山村，那儿有很多特别的故事，或充满人生哲理，或给人以精神启迪。这些故事原汁原味，颇具特色，但需要进一步加工和打磨，于是我便做起了这样的尝试。有一次，村里一位做小生意的小伙子借了另一个人四千元钱，还钱的时候那人正和几个朋友在家里打麻将，他让小伙子把钱放在身边的柜子上。但过了个把月，他又去向小伙子要欠款，两人为此起了争执。为了求证，小伙子把当时他们一起打麻将的人俱叫到一起对证，但大家都说记不得了，气得小伙子当场哭了起来，最后只好又给了他四千元。还有一次，山里发了大洪水，邻村有个男人因救别人家的媳妇去世了，有人纳闷那女人的老公也在场为什么没救她，反而让别人送了命？后来才知道，这个男人和那女的是发小，小时候玩过家家游戏时当过"两口子"，男孩子说，我要保护你一辈子。长大后他们各自成家，但男的一直默默关心女的，老公打她了，他就拦挡着，有困难也不计一切帮忙，只为了兑现当初的承诺。后来，我将这两个故事分别写成了《请你说句公道话》和《诺言》，受到了读者朋友的一致好评。

随着经济的快速发展和社会的不断进步，脱贫后的广大乡村不再为物质层面的问题尤其是温饱问题发生矛盾，却出现了精神层面的新矛盾。我的创作方向便转到了发掘人们精神财富的那一面。一位青年农民去陕西贩香菇，路过清油河，看见有人钓了许多老鳖，那人撺掇着便宜卖给他。青年经不起诱惑，一时脑热便把收香菇的钱买成了一袋子老鳖，等他快回到家时忽然想到被乡里的人发现了处罚怎么办？思来想去，他还是把它们倒进了百花河。回到家，妻子与他大吵了一架。这种思想斗争和家庭矛盾正是法治社会下出现的一种新型矛盾，我为此创作完成《翻过一座山》，呈现给了读者。

尼采说过：在你立足的深处，挖下去，就会有泉水涌出来。

对于一个作家来说，生活是创作的源泉。它提供给我们的东西实在太多，让我们灵光乍现，也给了我们无穷智慧，更能让我们陷入深思。有时候，我们像手拿放大镜去检索生活中的富矿一样，不停地找寻有价值的东西。假如没有生活本身，很难想象我们还能写些什么。

然而，对一个作家来说，光有生活还远远不够，还需要有思想和灵魂。生活的原始面貌，需要文字的爬行者记录下来，而这种记录不仅仅需要加工和打磨，还需要注入思想的血液，这便是作品活着的灵魂。

而我，正在这方面努力着。

蕴藏于平实之间的神奇（评论）

张洁方

　　近些年来，小小说创作空前繁荣，涌现出一大批小小说作家和小小说作品，仿佛花园里盛放的郁金香，足以灿烂中国文学的一角春天。创作的题材，涵盖社会的方方面面。创作风格迥异，手法变幻多姿，有的作品如一件工艺品，颇见雕工；有的作品淡中见雅，浑然天成。金光的小小说，便属于后者。

　　金光，卢氏官坡人。倘若我们把秦岭看成一个睡着的巨人，那么，卢氏官坡就是巨人伸过来的一条腿，腿伸过来，地气自然伸过来，文脉也伸过来。金光带着秦岭的文气，带着秦岭的厚重，走出豫西，走向河南乃至全国的文坛。他在小小说、散文创作方面颇有成就，特别近年来，在小小说领域斩获颇丰。近段时间，我比较关注他的小小说创作，并对其作品进行过潜心研读，研读的结果，可以用一句话概括：平实之间蕴藏着神奇。

　　曾经有人把小小说写作比喻成在螺蛳壳里做道场。不得不说，这个比喻还是相当精妙的。一般来说，因受“小”的限制，小小说应该精心设计，精心布局，处处见匠心才是。而金光写小小说，往往反其道而行之，似乎漫不经心，信手拈来，不见雕琢痕迹。譬如《陈怀山》这篇，便是其中的代表作之一。小说讲述了一个因泥石流阻塞交通的故事，主人公陈怀山因受泥石流影响，在村支书向乡里汇报，乡里打报告到县交通局，县交通局十分重视，遂起草方案，造预算，并准备申请资金向施工队招标久等无果后，自己一镢头一锨地清理起来。像这样的故事，可以说是十分平实的，甚至连语言也平实："这可是个大活儿，咱们弄这是白出力气呀！村人这样说。力气这东西出完了，歇一夜就又来了，不打紧。陈怀山耐心地向他们解释着。村人说，我看你这个人既憨又执拗，像移山的愚公！陈怀山笑了：那我就当个新愚公吧，反正就这一堆土石渣子，又不是王屋山……"

谁都知道，小说是语言艺术。语言的好坏，直接关系到小说的成败。那么，究竟什么是好的小说语言呢？众说纷纭，莫衷一是。贾平凹曾经给好的小说语言下过定义：准确、鲜活、生动。初读金光的叙述语言，似乎只达到这三个标准的其中之一——准确。然而，当再细细品咂时，味儿就出来了，犹如饮山泉，初饮无味，再饮甘甜。这种原汁原味的语言和生活场景，能使读者看见最朴素的现实生活，像清澈流水下毫不掩饰的石头、水草，让生活的底蕴与脉络清晰可见。这种表述，大大增加了语言的特效性。

故事也平实。一个农民，为了自己出行方便，等不到县交通局派出的施工队来施工，只得自己挖，挖了一天又一天，挖了整整一个冬天。这样的故事，毫无突兀可言。然而，读到结尾，突兀出来了。"清明节那天上午，一队人马开着挖掘机、装载机和几辆运渣土的汽车，轰轰隆隆地在小安沟口停了下来，但呈现在他们眼前的是已经清理精光的公路。带班的工程队队长生气地问道：是谁清理的？陈怀山理直气壮地回答：是我，咋了？那人说：这项目是我们中标的，你为什么抢着干了？陈怀山好气又好笑：半年多时间了你们才来，还有啥可埋怨的！说完，他夹着皮绳头也不回地去后沟拾柴了。"突兀，似乎不在故事本身，而在故事之外。然而，它与故事本身有着密切的关联。应该说，前边的所有平实，都是在为结尾的突兀做铺垫。这样一来，神奇就在平实中显现出来。唯有这时候，读者才能领略出平实之间蕴藏的神奇。

一个成熟的作家，都会形成自己的写作风格，金光也不例外。金光的作品大多平实。但恰恰就在这平实之间，显现出厚重，显现出神奇。他的

《消息树》，写了村里两个年轻人，为了换顿酒钱，把南梁上一棵老槐树卖给了木材贩子。木材贩子来伐树，被老支书怀山爷爷挡住了。就小说本身而言，这个故事很平实。但平实的背后，却有神奇支撑着。这篇小说的神奇在树里，在怀山爷爷心里。这棵树，是村里人的救命树。《老丁扶贫》是金光的又一篇小小说，讲述的是老丁带领帮扶户唐大石养猪的故事。故事本身也很平实，但作者硬是让这块平实的土地上开出神奇的花来。"会后，局长问老丁：你当年在部队当的什么兵？老丁悄声回道：给连队养猪的。"仅结尾一句，便化平实为神奇，足见作者的文字功底是多么深厚。还有发表在《百花园》杂志上的《河边》《翻过一座山》，发表于《大观·东京文学》杂志的《铲广告》《满月树》，以及《黄河捞》《吕媒婆》《垂钓者》《年三十的早晨》《明天》等，无一不突出这一特点。有人说，文如其人，一个作家写出的作品，多半和他的性格气质相关。气质是看不见摸不着的，但从他的作品中可以反映出来。

当然，如果仅仅从平实和神奇的角度来解读金光的作品，是远远不够的。中国有句话叫大智若愚，具体到金光的写作上，我的理解是大拙即大巧，平实下面，往往暗流涌动。他的小小说有着明显的情节转折与意外结局，比较讲究在故事的突转中揭示普通人的人性内涵。譬如《铲广告》这篇，讲述了一个叫来成的山里人进城务工，却找不到活儿干。后来，还是他在街道办上班的表侄女小慧，给他找了个在街道铲小广告的活儿，铲一张小广告一毛钱。其始，由于不得门，来成一天只能铲五六百张，得五六十块钱；后来得门了，一天可以铲千把张，得百十块钱。按说，有人天天铲小广告，小广告应该越来越少。可来成铲的这条街，小广告却越铲越多，这条街的广告屡铲不绝。一日，上边领导要来视察，街道办要求来成加大铲除力度，并请求巡逻警察配合，夜抓贴广告之人。于是，戏剧性的一幕出现了：当天夜里，巡警队抓到的偷贴小广告的人，正是小慧的表叔来成……

由于受篇幅限制，一般的作家写小小说，最容易出现情节单薄、瘦削，细节粗糙，只见树干，不见树枝树叶。金光则不然，他的故事充实而饱满，在人物的刻画上也很见功力。譬如《铲广告》这篇，就是有力的明证。

每个作家都有自己的写作原乡，这个原乡，可以是故乡，也可以是他乡。金光的作品，大多以他故乡的百花河为他的写作原乡。百花河的水，平实，舒缓，悠悠地流，流过他的童年、少年，流进他的精神世界。他的精神世界，一如百花河的水一样平实，但平实里蕴藏着神奇，神奇书写着不朽。这一切，都融入他的作品里。也许，这还和他的经历有关。年轻的时候，他在秦岭金矿当过矿工，他知道，所有的金子，都藏匿于普通的石头里。

李广贤

　　李广贤，笔名石上木，1963年生，河南省作家协会会员，商丘市长篇小说学会、中短篇小说学会副会长，柘城县作家协会副主席。作品散见于《小说选刊》《人民文学增刊》《天津文学》《安徽文学》《莽原》《北方文学》《大观·东京文学》《小说月刊》《百花园》《小小说选刊》《微型小说选刊》《微型小说月报》《躬耕》等杂志。短篇小说《古渡叉神》获首届师陀小说奖，短篇小说《打捞》获首届河南文学期刊奖，小小说《黄色》获全国"新秀杯"一等奖，小小说《猴猪》获"莽原之友"三等奖。著有长篇小说《柘园梦》、中短篇小说集《咸淡之间》。

瓷制观音

圆胖的月佬儿走近窗户的时候，我岳母还没睡着。别看我岳父一辈子没给过我岳母几个笑脸，可她脚头一时少了他还真心空，更何况在这要冻死人的冬夜里。下午一总理完关银儿的丧事，我岳父就出了门，走时撂下一句话：大妮家住两天。我岳母觉得奇怪：死老头子，平日大妮让你去住都不去，今儿个是咋了？

自打我岳母嫁给我岳父那天起，我岳父就没跟她说过一句多余的话，天天严严肃肃一本正经的样子。显然我岳母也着实难受过一阵子，但她还是谅解了岳父。谁让他是喜丧大总理呢？全村男人谁有他知礼懂礼？谁有他那一脸正气？如此一想，她心里反倒为丈夫骄傲起来。就说白天他为关银儿总理那场面，真叫她打心眼里激动。先前那一整套大礼小礼让他给使用得滴水不漏，再加上他那洪钟似的声音，那有力的手势，那临大阵而不乱的威严，让九九八十一桌吊孝亲朋无不竖起大拇指。事后直感动得关银儿那在外地当大官的儿子握住他的手不放呢！

正想得高兴，一股干冷的风卷进窗户，扑面而来，似乎还夹杂着一丝什么人的哭音。我岳母不由得打了个寒战，出了身鸡皮疙瘩。

唉！我岳母叹了口气。自己这老没出息的，人家关银儿二十来岁熬寡熬了四十多年又咋过了呢？可这关寡妇也真是的，新社会又不兴立牌坊了，何必呢？白白地糟蹋了自个儿。一会儿她又为关银儿惋惜起来，最让人想不通的是，罪也受了，儿子做官后接你去享福咋就舍不得离开这破家呢？唉，也真是……

　　院里的狗突然叫起来。莫不是老不死的回来了？我岳母从被窝里伸出手拉亮了电灯，探身望望窗外，没见人影。狗也不叫了，我岳母正要躺下，看到对面桌上供奉的观音菩萨正朝自己慈眉善目地笑呢。忙坐正身子，双手合十，默默诵起了"阿弥陀佛"。

　　这菩萨真是美丽动人。关灯重又躺下后，我岳母忽然觉得自己年轻时在哪儿见过一个菩萨模样的美丽女子，可怎么也记不起来了。也许是在侄儿家看《西游记》看多了。

　　平日里我岳母对菩萨的虔诚完全是我岳父带出来的。他不仅是村里最知礼最敬神的人，结婚那年他一下请回了两尊一模一样的瓷制观音，一尊供在堂屋，另一尊就供在这里间。咋请两尊？当时她不解地问。心诚则灵，他瞪她一眼。从此她就跟他一起敬奉起观音菩萨来。不仅逢年过节上供烧香，平日里，尤其在晚上，他必然对着菩萨双手合十默默地祈祷一会儿。你在说啥？起初见他嘴动她便问。阿弥陀佛，他闭着眼道。于是她也默默诵起"阿弥陀佛"来。

　　又一股寒风卷了进来，依然夹带着一丝哭音，像是男人的。风一住，哭音立时没了。这下我岳母真的害怕起来。是谁在哭呢？是关银儿的儿子？兴许是，他娘寡妇熬儿把他拉扯大，直至他做了大官也没享上一天福，能不难过吗？如此一想，我岳母心里安静了许多。

　　月佬儿躲过窗户西去了，我岳母终于困了。蒙眬中她来到了大妮家，一进院门发现我岳父正坐在院中的地上，怀里抱着一尊观音，像是睡着了。她忙走过去晃他，不动。摸他脸，冰凉冰凉的……

　　我岳母从梦中吓醒时天已放亮。她觉着这个梦不吉利，起身梳洗一下便奔了大妮家。她急急地走着，心中不住地祈祷着：菩萨保佑。一会儿到了北大洼，这儿埋着昨日刚刚入土的关寡妇。远远地，她看见新坟处立着一个黑青的石碑，心里毛悚悚的。走近了，她一下僵在了那儿，眼前的情景使她再也迈不动腿了：我岳父怀抱着一尊观音，背靠关银儿的墓碑坐着，一动不动……

　　我岳母向大妮和我哭诉完她的故事，突然举起家里仅剩的那尊瓷制观音（另一尊随岳父入土了），砰的一下摔到了地上……

诱惑

大西湖西岸有座小白宫，是家私人别墅，院里植有不少名贵花木。有天夜里，趁老板一家人在外旅游，有蒙面人将一价值数万的盆景给盗了。伤心与愤怒之后，老板买了一只忠于职守的德国黑贝，还特地雇了一个年轻人照料它。

年轻人叫艾岗，特别喜欢狗，很快便与黑贝玩得形影不离了。

"艾岗，你每天带着黑贝绕着我的小白宫转三圈，然后再沿着湖岸溜达几趟，要让所有的人都晓得你们的存在。"

"好的，老板。"跟着老板混，有吃，有喝，有玩，艾岗何乐而不为。

老板的生意做得大，常常带着夫人孩子外出，他的家一定得给看好了。艾岗知道他和黑贝责任重大，所以时刻不敢松懈。自春到夏，从夏至秋，小白宫的周遭印满了艾岗与黑贝的足迹，他们也习惯了熟人与路人的好奇或异样、理解或不理解的复杂目光。

入冬一日，湖岸的一阵鞭炮声让艾岗与黑贝停下了脚步，驻足一瞧，原来是一家名叫"杰攀卤三国"的卤肉馆开业了。

杰攀？是人名吗？想到这儿，艾岗立刻将目光瞟向了放炮的人。可不就是自己的盟兄弟杰攀嘛。杰攀转眼也认出了艾岗，随即让他进来坐下。一盘卤肉拼盘、一盘花生豆、一壶小酒，兄弟俩续上了旧。通人性的黑贝，就蹲在旁边，斯斯文文却又可怜巴巴地望着他们，唾液都流了下来。杰攀猴精，时不时会夹起一块肉，先蘸一下酒，而后丢进它的嘴里。吃饱喝足了，临走杰攀还特地为艾岗打包了一只他爱吃的猪耳朵。艾岗高兴，答应关照盟兄弟的生意。

这晚，凛冽的小北风刮个不停，温度骤然下降，连极能抗寒的黑贝都瑟瑟发抖了。如果这个时候去喝杯小酒暖暖身子，该多好啊！于是艾岗想起了杰攀卤三国。可此刻老板离家时的话回响到了耳畔：尤其是晚上，一定要守好家。如果这会儿离开，万一有贼来偷盆景咋办？主人说得在理。

对了，把黑贝留下守家，自己出去。可——转念一想，他立马惊出了一身冷汗。是的，前日他听说，因入冬后狗肉生意火爆，不少地方出现了药狗事件。有人将人家的狗活活药死，而后卖给狗肉铺子。如若黑贝真的被人药死了——唉，还是不去为好。卤肉可以不吃，小酒可以不喝，家可不能不给老板守好。可这鬼天气真的太冷了。老板不久前还说要在他住的耳房里安上空调，咋就忘了？最令人讨厌的是，这小北风刺骨就刺骨呗，还不住地将那卤肉之香吹来，钻进他的肺里，沁入他的胃里，翻腾得让人馋涎欲滴。那肆意飘散的酒香，折磨着他脆弱的神经，让他坐卧不安。抬眼看看黑贝，但见它正蹲在门口，一副随时准备出去的架势。

"那我们就去杰攀那儿坐一小会儿？"他征询黑贝的意见，黑贝随即站了起来。

暖融融的卤三国里溢满了肉香。生意虽忙，杰攀还是麻利地为盟兄弟端上了酒菜。这一次，黑贝蹲在了艾岗旁边的椅子上，一副馋相地盯着他，仿佛一个叫花子守着一位大口吃肉的土老板。这不能不让他心生怜意。可这毕竟不是杰攀开业那天，那次是人家请他吃，这回可是要自己掏腰包了。怎么办？总不能让一只别人家的畜生和自己争嘴吧？老板又没有额外付给他黑贝吃卤肉的钱。

正当艾岗纠结之时，杰攀端来了一盘他人啃过的猪蹄骨。艾岗遂捏起一小块，凑到黑贝嘴边。哪知黑贝不予理会。杰攀笑了，他将骨头在酒里蘸了一下，重新放到了黑贝嘴边。这回黑贝没有迟疑，即刻衔进嘴里大嚼起来。这狗日的。艾岗笑了。

　　第二天傍晚，天气依然让艾岗觉得寒冷不堪，还有天上那闪烁的寒星，每一颗都像冰冷的螺丝钉钻进他孤寂的心头，但他还是极力地抵制着馋人的肉味与酒香。黑贝在花木与大门间转来走去，不禁使人想起《聊斋》里的狐仙。"快到屋里来。"他喊黑贝。黑贝没按照他说的做，只是过来拉拉他的裤脚，便调头走到大门后蹲在了那儿。可怜的黑贝，此刻它一定想起了那温暖的房间，还有那蘸着小酒的骨头。于是艾岗带着黑贝出了门。

　　又是一个晚上，天空飘起了雪花。艾岗上下牙直打架，但他还是决定不再去卤三国了，因为昨夜回小白宫时，黑贝不仅栽了跟头，还将他的一条腿当作一棵树，撒上了一泡尿。

　　绕着小白宫跑上几圈，不就暖和了？艾岗很快想出了主意。哪知他一开大门，黑贝会意似的窜了出去。不过黑贝没有跟着他跑步，而是直奔了卤三国。艾岗摇摇头，只得追了上去。

　　在一个寒冬腊月的日子，艾岗被解雇，黑贝被卖给了狗肉铺子。离开小白宫时，艾岗并未问老板为什么，只是扇了自己一个嘴巴子。

神叉

　　我接到那个锄奸令时，太阳刚露半张脸，东天的赤霞让我想到了"流血"。难道我这朵花要在十八岁这一年凋落吗？

　　打扮成漂亮的小媳妇，我扛着篮子，快步来到了古渡边。都知道张八好色，我想这也是队长派我执行这一危险任务的主因。

　　放好搓衣板，捋了捋怦怦跳的胸口，我让自己进入了洗衣状态。

　　一对野鸭子幸福地游来游去，丝毫没有预感到即将来临的危险。我抓把泥投过去，把它们吓飞了。我真怕待会儿狗子们的子弹伤到了它们。

　　也就在这一刻，我的眼前浮现出了龙腾师哥刚毅的面庞。若有他暗中配合，该多好。师父哇，当初你为啥不让师哥和我一块下山呢？你非说他练的是笨重钢叉，除了叉鱼一无所用。嘻，真是个老顽固！

　　太阳慢慢升起，血色渐渐褪去。一只小船孤零零地飘荡在岸边，未看到摆渡人的身影。

　　内线报告，今天伪军司令张八要回古渡镇为其老子庆寿，这个爱耀武扬威的汉奸头子，天没亮就带着一支手枪队，乘着一艘机动船往家赶了。

　　从县城到渡口四十余里，算算这个时辰也该到了。

　　就在我焦急张望的当儿，忽听扑通一声水响，惊然扭头，只见不远处一棵柳树下现出层层涟漪，许久方才消散。还好，未见异常。我长出了口气。天哪，这该是一条多么大的鱼呀！

　　不久，上游传来了机动船的轰鸣。我下意识地摸向腰间的飞镖。"只有镇定，才能确保一镖致命。"来前，队长千叮咛万嘱咐。

目标还没到跟前，紧张个啥？真没出息！想想被张八残害的百姓，还有不少因他而牺牲的战友，你区区一条小命又算得了啥？

轰鸣声越来越近，看清了，船上站满了手握王八盒子的黑狗子，足有四十来个。我抑制着忐忑，若无其事地洗着衣服，余光时刻没敢离开船上。其实这会儿飞镖已被我藏在了手里，单等着目标出现了。张八是个瘦麻秆，常在县城打游击的我早就记住了他。

机动船紧挨着摆渡小船靠了岸。

"司令，有个漂亮小娘儿们在这儿洗衣服。"一黑狗子喊。

"快让老子瞧瞧。"有人应答。

我做出收拾衣服要走的样子。张八站到了船头。为麻痹他，我套起了近乎："哟，是八哥回来了。"果然，那双眼里放出了笑嘻嘻的淫欲之光。

就在我握镖的右手暗中发力的时候，哪料船头忽地钻出半条赤身，紧接着嗖地飞起一物，张八应声栽进了水中。事发突然，待我回过神来，发现一连串的旋涡朝着下游方向去了。黑狗们想起向水里放枪时，对岸响起了接应我的枪声。我趁机飞奔上岸，躲到了一棵大柳树后。我怕他们救走张八，向下船者发去了飞镖。接连倒下几个后，黑狗们没敢恋战，丢下他们的司令，掉过船头逃走了。

张八死了，可让他喉穿命毙的并非我的飞镖，而是一把眼熟的钢叉！谁会有这般精准功夫？我立马想起了方才远处的那声水响，继而想到了师哥龙腾，急忙划起那条摆渡小船，顺流找了二十余里，并没发现什么尸首。我这才放下心来。

得到队长允许，我提着那把钢叉上了山。问明来意，师父指着屋角的叉说："龙儿私自下山已有月余，走时并未带叉。"我傻了眼。

莫非……我又想到了摆渡人。你想，吃这碗饭的，哪有缺岗的道理？有没有这种可能：此人恨透了张八，得知其这日回家，口噙芦苇管，提前埋伏在了自己船下？可是一见到那人，我即刻失望了：他的鱼叉就在船里。

后来，我又走访了这一带所有的靠叉鱼谋生的汉子，结果都是摇头否认。

难道这是一把神叉？

中华人民共和国成立后，我留在古渡镇当了名小学教师，后来又和钢叉一起进了古渡抗战纪念馆，目的就是有朝一日能够找到或者等来那位暗中帮了我的英雄。我不言放弃，因为我始终怀疑着一个人。只要他还在人世，迟早会现身。谁知从十八岁起整整找了七十二年，依然未见他的踪影。师哥啊，你到底去了哪里……

祖母九十岁那年，给我讲完她的故事，带着那难以释怀的遗憾，离开了人世。

某日，一位言称捐赠革命遗物的耄耋老人，带着把钢叉——其儿子推着轮椅上的他——来到了抗战纪念馆。他告诉我，他大哥当新四军时，用这把钢叉叉死过数不清的鬼子与汉奸。我肃然起敬，忙问其兄尊姓大名。老人颤抖着手递给了我一张尚能辨认字迹的烈士证书。

"龙腾?！"我惊诧莫名，眼泪瞬间奔涌而出。

爱做梦的少年（创作谈）

　　我一直觉得自己是做着梦来到这个世界的。母亲说，咋可能呢？你长到半岁时还不会梦笑呢。一位学医的文友也对我说，毫无科学依据。人的记忆是从四五岁时开始的，即便那时你做了梦，也不会留下任何印象。都有道理。唉，且不管这梦是从哪天做起的，反正它对于我来说从来就没终止过。当然那梦大多平平，醒来也就忘了，就是有一些能让我感动的，也很难在脑海里存留十天半个月。好在那数以万计的梦中存下了两个难以忘怀的，不然这梦便完全失去了意义。

　　第一个难忘之梦是在上小学五年级时做的。记得那是一个晴朗的夜晚，我跟爷爷来到了西大洼里，为生产队护秋。望着满天的星星，听着爷爷的故事，我不知不觉进入了梦乡。小伙子，你知道我是谁吗？一白胡子老头儿从天而降，飘落到我的面前。你是神仙。我不假思索道。白胡子老头儿笑了：真聪明，你长大后是块儿写书的料。啥是写书的料？我不解。用你们老师的话说，就是能当作家。白胡子神仙说罢，转身飞去。爷爷，白胡子神仙说我能当作家！我一激动，从床上滚到了地上，疼醒了。第二天上午来到学校，我将夜里做的梦讲给了语文老师。语文老师一听，乐了：就你？一篇作文连一百字都写不到，等啥时候你家的猪当了歌唱家，你就是作家了。全班的同学哄然大笑，当时羞得我真想找个地缝钻进去。

　　第二个难忘之梦是在上初中二年级时做的，那时生产队还没解散。大冬天里，我在牲口屋大院里听了半夜豫东琴书《平原枪声》，回家后倒头便睡了。忽然，白胡子老头儿又出现在了我的面前：小伙子，两年不见，你长高了。老神仙，咋还是你啊?! 我好不惊喜。老夫听说你如今不愿读书了，走，我教你飞去。白胡子老头儿说着，抓起我的衣领，将我带到了空中，带上了云层。这时，我似乎看见了彩虹环绕的天宫。老夫要撒手了，你以臂为翅，即会飞翔。老神仙，我怕! 别怕，上面是仙境，飞上去就成仙；下面是地狱，掉下去便是鬼。白胡子老头儿说罢，果真松开了我。一阵惊慌失措之后，我记起了老神仙的话，遂展开双臂抖动了起来。天爷唉，我果真会飞了! 于是乎，我朝着祥云缭绕的官殿飞去。飞呀飞，不知过了多久，天宫依然是那么遥远。老神仙，你在哪儿? 我高声喊道。小伙子，你学养不够，文昌星看不上你，还是回你的尘界读书去吧。白胡子老头儿的声音从遥远的七彩祥云里飘了过来。

我失望极了，一时忘记了振臂，倒头栽了下去。梦乍醒，冷汗消失之后，我似乎明白了一个一时无法言明的道理。

直到读高二的那一年，一位北大毕业的张姓语文老师对我说出的一句话，才真正开启了我的作家梦。他的那句话是：你的作文富有想象力且与众不同。多读些国内外名著，将来有望当个作家。

也正是张老师这句看似平淡却颇具鼓励的话语，才让我的作家梦一直做到今天。

有人说，老做梦是一种病；也有人说，做梦是一种健康现象。有病也罢，健康也好，暂且无须理会。今天我要说的只是一个"谢"字。谢了，梦中的白胡子老头儿! 谢了，给予了我诸多教诲的恩师们!

"长话短说"之功（评论）

张　笋

　　小说的体量，按照福斯特的标准是五万字以上，这是中篇小说的下限，上限是十万字。国人有个习惯——长话短说，就是用最经济的方式讲清楚一件事。说话不啰唆就要精简、瘦身。当然，如果你很能说很能绕，说不定能绕出个著名的大作家来，即便你"一腔废话"，或者是"一万句不顶一句"都无所谓。小小说的远大理想就是：长话短说，小中见大，一句顶一万句。

　　李广贤的小说，许多年前我有幸读过，如今他写小小说可谓驾轻就熟。《瓷制观音》是旧作，岳父对观音像的迷恋暗示了他与关银儿后半生的暧昧关系。小说给我们留下了巨大的想象空间，这叫计白当黑，虚实相生。岳父与关银儿到底是什么关系？初恋情人？婚内出轨？精神伴侣？都不确定，作者点到为止，而读者又总是感到意犹未尽，慢慢咀嚼出文字表面之外的味道来。这种不确定性，也是多义性，真实生活的细微不可言说处，往往如此。

　　《诱惑》乃新作，写到人与狗的关系，其实人与狗的关系暗示了人与人的关系。狗通人性，亦通人欲。诱惑的力量是巨大的，尤其是当下的某些人，贪得无厌，永无止境。狗是动物不能自律，要靠人来约束。那么，人如果不能自律，要靠什么来约束呢？继续延伸思考：如果一个社会物欲横流，腐败堕落，那么，我们靠什么才能制约它呢？

　　《圣经》里有人类始祖偷食禁果的故事。所谓禁果有两层含义：一是指男女关系，二是指智慧。人有了智慧才明白是非曲直，同时产生了道德层面的羞耻感。因此，文化之源头亦是文学之根本。也就是说，文学发于感性认知，上升到理性认知，最后是道德判断。《黄色》无意中演示了这一过程，它的逆转背后隐藏着姐姐辛酸屈辱的人生经历。无论如何，结局让我们和弟弟一起看到了光明，这是文学解除道德约束之后的光明与自由。新时期的文学贡献皆在于此。

以上三篇，让我不免想起了寓言和隐喻，想起了詹姆斯·瑟伯的《花园里的独角兽》、邵宝健的《永远的门》、孙方友的《蚊刑》等作品，它们都有"一句顶一万句"的滴水见海之功。看来李广贤亦谙此法。

除此之外，我还认真研读了李广贤的《漫画》《神叉》《瘦身记》等作品。《漫画》写的是，一位小学生的漫画获奖之作《饭后一支烟》展出后，村中诸"神"一个个开始了对号入座，并找上门来问责家长的故事。短短千余言，道尽了世态炎凉，让人阅后，或扼腕，或捧腹，可谓五味杂陈。

《瘦身记》让村主任"我"与一件被叫作"雄鹰展翅"的根雕同时"减肥"，则体现了作者某种刻意追求的极致。雕塑家李俭，居然用美术的标准去苛求一个生活中的大活人的肉身，这一寓言简直就是"削足适履"的翻版。荒谬之下不但确有逻辑，还独到地照见人心的复杂。

像电影一样设置特定情境，是李广贤小说叙事的又一特长。《神叉》的背后，就隐藏着一场抗战英雄大戏以及一对师兄妹之间的情感大戏。半个多世纪的风风雨雨都隐藏在这千字短文之中。这不仅是历史的小说化讲述，也是时代的个体化书写。事实上，这篇故事应属于李广贤的"古渡"系列小说，作者通过一系列小小说营造了一个完整的空间与漫长的时代，人物衍生着许多传奇故事，随手拈来且能独立成篇，可见构思功力。

每读小小说总有遗憾，感觉故事刚开场，几分钟就到了结尾。然而一篇佳作，它所留给读者的想象空间，却是回味无穷的。在有限的篇幅里，将故事叙述完整，人物塑造立体，意蕴充分体现，显示出毫不逊色的文学品质，作者非有相当的见识与思维能力不能及。

　　世人皆知河南人说话最不啰唆，一字顶一句，一句顶十句。因此，小小说在中原大地上蔚然成风，洋洋大观。李广贤自青年时代就一直做着文学梦，出过小说佳作，随着人生际遇的变迁，加入小小说队伍是自然的事情。在我看来，小小说就如同文学界里生生不息的麻雀，希望这支队伍越来越壮大，越飞越高远。

曹洪蔚

曹洪蔚，1963 年生，河南开封人，笔名蔚然。鲁迅文学院河南研修班学员，河南省作家协会会员，河南省散文学会会员，河南省小小说学会理事，开封市作家协会副主席，开封市纪实文学学会会长。著有小小说集《汴梁物语》《汴堤湾风情》《汴地风流》等 5 部，百余篇小小说收入年度选本，50 余篇小小说在全国性征文评比中获奖。曾获奔流文学奖、蔡文姬文学奖、师陀小说奖、河南省小小说新锐作家奖等多个奖项。

铁塔行云

钟如是过八十大寿那天，没看到范稼轩的影子，一时心生狐疑。每年生日，他都笑呵呵乐颠颠地跑过来，从没落下过一回，今年这是怎么了，没得罪过他呀？

谁来了，记不住。谁没来，记得清。人老了，大体就是这个样子。

几番打听，才知道稼轩家生变故。

开春的时候，他家闺女在南方出了车祸，致使白发人送黑发人。不久，老伴儿因思女伤身，撒手人寰。自此，那个爱说爱笑好热闹的稼轩，苦成了一个闷葫芦，不爱出门，不肯扎堆儿，每天躺在家里抽闷烟，喝闷酒。喝多了，就哭一阵，号一阵，睡醒了，循环往复。

钟如是坐不住了，摇着轮椅，穿了三条街，才敲开了稼轩的屋门。

稼轩人憔悴得不成样子，头发杂乱，胡须荒长，瘦得脖子上挑起了筋。

"师父，我实在撑不下去了，想早点走，去那边找她们娘儿俩，师父哎——"稼轩扑倒在钟如是的腿边，痛痛快快地哭了一场。

钟如是抹抹泪，然后把一双手搭在稼轩的肩上："稼轩，你想过没有，你若打不起精神，有个好歹，妻女天上有知，也会魂灵不安哪。稼轩，你是个明白人，可别犯糊涂。"

临走，钟如是对稼轩说："出版社把我的摄影作品集打样寄来了，想明白了，哪天去我家一趟，帮我把把关。"

钟如是年龄上大稼轩一轮，原来在报社工作，一辈子搞摄影。稼轩退休后，经人引荐，拜钟如是为师，学习摄影艺术，乐得有事可做。

周末，稼轩一早就来了，还理了发，剃了须，人精神了不少，看起来愈加清瘦了。

翻着作品集，钟如是说："稼轩，你不觉得这册子里还少一张图吗？"

稼轩问："师父，少了哪张？"

"铁塔行云。我操心了一辈子，也没能抓拍到，这成了我一生憾事。"

汴梁城东北角的开宝寺内，有一铁塔。这塔并非铁铸，而是由赭色琉璃砖镶砌而成，栉风沐雨后，渐变成深厚凝重的铁锈色，故称"铁塔"。该塔八棱塔身，雕饰华丽，飞檐凌空，银铃高悬，高约 60 米。塔内有砖砌登道，共 168 阶，绕柱盘旋，状若天梯。登至塔上，远眺，可见天空浩渺，大地如茵，黄河苍茫；近观，可见飞鸟起落，劲风扑面，塔铃和鸣。

最初，铁塔塔高基厚，俯瞰城郭，四周常有气来雾往，白云缭绕，檐挑祥云。铁塔行云，乃汴梁八景之一。

后历经多次水患，黄沙淤城，塔身被埋数米，失了伟岸之姿，铁塔行云，盛景难现。

难现，不等于绝迹。

据说，在世的人中，铁塔公园的园艺工黄师傅就见过一次。那晚，黄师傅和几个工友连夜赶制彩灯，熬了个通宵。东方发亮的时候，黄师傅出去散步，忽然看见一朵白云棉团一样，正自南向北飘向塔身，恰好停留在五六层之间。这不正是传说中的"铁塔行云"吗？黄师傅看呆了，一时竟忘了赶回去取相机拍照。待取来相机，走近铁塔，那朵云已飘散，没了影踪。

"拍不到铁塔行云，我死难瞑目哇。只是，如今人老体弱，腿脚也不灵便，看来只有抱憾终身了。"说起这事，师父钟如是泛起无限伤感。

稼轩看着师父空着的裤管，一时面露愧色。那年，他随师父去一处野山外拍，一块山石不知被谁蹬落下来。稼轩正出神地立在那里取景拍照，对落石毫无察觉，师父见了，一脚将他踢开，自己却被砸断了右腿。

跟师父告别时，稼轩说："师父，不知道您对这张图如此在意，我来试试吧。"

钟如是看着稼轩，满眼期待，然后说了一句很抒情的话："其实，人的心里，该有这样一片云。"

从这天起，替师父抓拍铁塔行云，成了稼轩唯一的念想。每天一大早，他就背上摄影器材，走进铁塔公园。选定位置后，扎稳三脚架，装好相机，然后绕塔散步，看天观云，等待时机。

只是，铁塔行云景观始终没有出现。这期间，附近来了一个练剑的老者，一头白发，一缕白须，一袭白衣，身手矫健，神采奕奕。后来，稼轩支好相机后，就跟着白衣老者习练剑术，练着练着，竟有些痴迷，格外上心，一招一式，也像模像样，深得老者夸赞。

练功期间，稼轩并非心无旁骛，他时不时放眼塔身，期待胜景再现。

这天，稼轩背着相机刚走出铁塔公园，师父钟如是的儿子打来电话，说父亲昨晚突然发病，现在病情危重。稼轩心口一阵疼痛，腿脚发软，险些栽倒。

急慌慌赶到医院，见师父身上布满了管子，稼轩半跪在师父床前，打开随身带来的平板电脑，对师父说："师父，我是稼轩哪。师父，你要的铁塔行云，我拍到了。"

师父缓缓睁开双眼，他看到：天空蔚蓝，风清气朗，高耸的铁塔上端，一片白云悠然絮动，如梦如幻，好一幅铁塔行云图。师父又把目光转向稼轩，见稼轩发蓄板寸，面透红光，清爽利落，他虚弱的目光里不禁满含欣慰。

放下电脑，稼轩用双手捧起师父弯曲着的右手。

"好好生活。"似乎用尽了全部的气力，师父给稼轩留下最后一句话。

师父的手在一点点变凉，稼轩却依然紧紧地握着，泪如雨下。

他不知道师父看出来没有，那片云，其实是他用图片编辑软件加上去的。

　　睁开泪眼，稼轩看见，那位练剑的白衣老者，不知在什么时候走进了病房。

州桥明月

那时候，汴梁城还没通自来水，吃水，全靠肩担手提。据说，整个汴梁城有大大小小的水井六百多眼，分布在"七角八巷七十二胡同"里头。最有名的井有三眼井、花井、海眼井、老公公井等十多眼。

州桥附近的胡同里也有一眼井，叫甜水井，因水质清冽甘甜而得名。尤其是夏季，那水打出来清凉纯净，饮之，甘甜如冰糖化水，解渴降暑，好不爽快。

负责管理这眼井的叫大眼儿，一个壮壮实实的汉子。虽说叫大眼儿，俩眼却并不大，一条裂开的缝缝而已，胡同里老老少少的人，谁都没见过他眼珠子长啥样。有人还编派他，说他刚生下来的时候没有眼睛，那头像半个冬瓜，他娘见了，急中生智，折了一段床上的秫秸篾子，划了两个道道，才有了眼。他娘盼着那眼能慢慢长大，便给他取名叫大眼儿。有好事的人问，是这么回事吗，大眼儿？大眼儿听了也不恼，回答说，五黄六月下大雪，鸡蛋撞碎石碾盘，你信吗？

甜水井在一棵大槐树下，方形井口，四周砌有青石。大眼儿当水井管理员后，做了一个木盖子，安有锁扣。有了木盖子，树叶杂物落不到井里，水质始终清洁。上了锁，可防有人乱取水，破坏水质。有段时间，听说甜水井的水好喝，不光城里人，连乡下的人也要赶过来取一桶，很无序。

除了维护取水秩序，大眼儿还有一个职责，就是给胡同里有需求的人家送水。大槐树下，停着一架独轮木车，那是大眼儿的送水车。车上可并排放八只木桶。每日，天麻麻亮，大眼儿就开始打水装车，独轮车的吱呀声灌满整个胡同。放下水，收了水牌，再去往下一家。夏天的时候，大眼儿穿一件无领无袖的白粗布褂子，脖上挂一条蓝粗布毛巾，两只胳膊粗硬如棒槌，暴着一棱一棱的肌块，双手驾把，虎步生风，成为胡同一景。

这天，日近正午，大眼儿送完最后一趟水，返回井边，忽见井锁被撬，井口大开。正狐疑，一个掂着小木桶的毛头小伙儿款款走来，一副挑衅的模样。

大眼儿问他，你干的？

毛头小伙儿懒得搭腔，对着大眼儿挤挤眼点点头，算是回答。

为啥？大眼儿的犟脾气上来了。

毛头小伙儿终于开口了，为啥？你说为啥？我问你，这井是你家打的？这水是你引出来的？

大眼儿说，不是。

那你为什么把井口锁起来，谁给你的权力？

我是这眼水井的管理员，权力是胡同里的全体居民给的，我要为他们负责。

你问过我同意不同意没？

你同意是五八，不同意是四十，想取这眼井里的水，就得按规矩来。

今天，我就让你看看我的规矩。

毛头小伙儿说着，开始下桶取水。水刚掂上来，大眼儿一把抢过，兜头浇在了毛头小伙儿头上，还没等他睁开眼，一个扫堂腿将他打趴下去。毛头小伙儿翻身跃起，来个饿虎捕食，招式还没展开，就被大眼儿另一只扫堂腿掀翻，弄了个嘴啃泥。大眼儿一只脚踩在毛头小伙儿身上，像踏着一只泄气的蛤蟆。

大眼儿说，知道你正在东京武校练功，学过几招。听说过汴京镖局吗？老子在那里做过二十年镖头。

毛头小伙儿听了，突然呜咽起来，叔，我错了，是我有眼不识泰山，饶了我吧，叔。

大眼儿把那只脚拿下来，说，小子，记住，行武之人，讲义气，守规矩，才能立身。不然，武功越强，祸害越大。

毛头小伙儿点头如小鸡叨米，之后，深鞠一躬，狼狈而去。

天好热。大槐树上的知了喊哑了嗓子，靠在墙角的老黄狗舌根子都吐出来了。

大眼儿送完水，刚在井边蹲下，看见毛头小伙儿走来了，浑身湿透，像刚从水里捞出来的。毛头小伙儿递过一个水牌，说，叔，我刚练功回来，热得很，也渴得很，给我取一桶水吧。大眼儿收了水牌，打上来一桶水。毛头小伙儿正要低头喝水，忽见大眼儿打裤兜里掏出一把麦糠，撒在清凉凉的水面上，头一下大了。他在乡下的时候，看见过爷爷给牲口饮水时，总爱在水面上撒一层麦糠。这不是把自己当牲口待吗？还当过镖头，心眼儿也忒小了吧。

实在是又热又渴，毛头小伙儿吹一下，喝一口，屈辱的泪，一滴一滴洒落下来，融进井水里。

从这天起，大眼儿再没看见过那个练武的毛头小伙儿。

通自来水后，甜水井被封了井口。大眼儿就在胡同口摆了个茶水摊儿，两分一碗五分一碗地卖茶。胡同斜对着古州桥，好多时候，大眼儿坐在茶摊儿的躺椅上，看见月亮从汴河水里探出头来，慢慢升到树梢。一时间，汴水涣涣，银波点点，皎月隐隐。大眼儿抿一口茶，哼唱起歌谣来："万家灯火古州桥，红袖歌残水上绕。几度有人吹凤管，清风明月伴天晓。"

正入神，看见眼前的大碗茶里，被人丢进一层麦糠，飘飘悠悠。大眼儿睁开小眼儿一看，猛然大笑起来。

好小子，知道你会来，来寻仇是吧？武功定是练得差不多了。好吧，听我把话说完再动手不迟。那回你去井边喝水，前日胡同里死了个人，你听说了吗？这人叫箩头，拉脚的。那天，他从南关火车站拉了一车盐包，送完货，又是热，又是渴，趁我不在，悄悄取了一桶水，一口气喝个底朝天。到家，人就躺倒不中了。凉井水，激炸了五脏六腑，人还能活得成吗？你年纪轻轻的，我可不忍你去走箩头的路，就在水里撒了麦糠，好让你慢慢饮，细细喝。

大眼儿说罢，再睁开眼时，看见大碗里的水被倒掉了，又续了一碗新的，清清亮亮。再看那个来寻仇的人，已消失在古州桥边来往的人流中。

这晚，明月分外皎洁，那般亮丽，那般纯净。

小小说的文化品格（创作谈）

　　开封简称汴，古称老丘、启封、大梁、汴梁、汴州、东京、汴京、祥符。中国第一个王朝夏朝定都于此约 200 年，战国时期的魏国，五代时期的后梁、后晋、后汉、后周，以及北宋、金，都定都于此，是名副其实的八朝古都。尤其是北宋时期，她以 150 万人口的规模，成为当时世界上最大最繁华的城市，缔造了人类历史上一个无与伦比的梦华时代。

　　开封的繁荣，源于水。天然的水系，人工的运河，构造了它四通八达的交通，缔造了盛世繁华。一城宋韵半城水，开封因水而美丽，依依韵致，万般风情。汴京富丽天下无，开封因水而繁荣，八荒争辏，万国咸通。

　　开封的灾祸，也源于水。历史上的黄河一次又一次地泛滥，有天灾，也有人祸，带给开封一次又一次的灭顶之灾。滚滚黄水，年复一年地洗尽了东京的铅华，淤平了开封城的遗址，最初的开封已经被深深地埋在了地下。然而，每一次开封消失后，在旧城之上又会出现一座新城，而且，它的中轴线从来没有变动。开封，就像瓦砾中一棵倔强的小草，就这样，顽强地，一次又一次地钻出来。在今天开封地下，上下叠压着六座城池，构成了"城摞城、路摞路"的奇特景观。这叠压着的不仅是历史，也是开封的倔强与不屈。

　　屈指算来，到开封工作生活已有不少年头了。原来工作的单位和居住的寓所，都在老城区，每天上班、下班都要在老胡同里穿梭。古都文化的长期浸淫，让我对这座城市由陌生到熟悉，由排斥到依赖，由隔膜到融入。走在老城区，到处是历史，到处是文化。一个地名，一条街道，一片砖瓦，一段残垣，老街深巷，古旧与破落，都似乎在向人喁喁诉说着曾经的沧桑。千百年的历史在这里沉淀、弥漫、氤氲、发酵，它仿佛在告诉人们，九百年前汴梁城车马如龙、汴河滔滔、舟来船往的清明和未必清明的时代离我们很遥远了；它仿佛还在告诉人们，在历史的长河中，任何的辉煌，都不过是昙花一现而已。

徜徉在胡同的深处，古城曾经的光荣梦想、苦难辉煌，如过眼烟云，犹历历在目，而我更关注的是承载着厚重皇城文化的汴梁人，在古老历史与现代文明的交织碰撞中，呈现出一种怎样的生活状态。"战火摧不毁，黄沙埋不住，灾难压不垮。"面对一次又一次灾难的洗礼，开封人脚踩厚重的故土，挺起不屈的脊梁，左冲右突，只开不封，扬古都文化，造现代新城，外在古典，内在时尚，站在历史的又一个节点上，古都汴梁浴火涅槃，和谐重生。

这些年，我把创作的目光定格在了我生活的这座城市——古都开封，那个过去叫作汴梁城的地方，以小小说的形式来关注、表达、呈现这座古城的特质和地域色彩，以及她独有的精神追求和历史文化传承，关注背负沉重历史包袱的古城人的生存状态和处事心态。在我个人的文学叙事中，更多关注的是一座城市的精神文化对人的改变和影响，探究人与人之间的隔膜和冲突、守望与相助，也有人与一座城市的不和谐处，核心问题是对人和人性的书写。

在"汴梁物语""汴地风流""汴梁八景"等系列小小说的创作过程中，我力求在讲好故事、塑造具有鲜明性格人物形象的同时，重点挖掘和丰富这个人物的文化性格，注重描写那些被传统文化深深浸染的人物，琴棋书画、诗书礼乐、斗鸡遛鸟、锅碗瓢盆，对于他们来说不过是一种生活的方式，或者就是他们的生存状态，由此开掘他们身上的文化特质，多侧面地展示他们的过人才气、磊落胸怀、高贵操守、审美趋向。我试图在小小说有限的文字中，腾挪出一定的空间，来安排一些看似与故事和人物无关的"闲笔"，以散发密集的文化信息，使故事和人物笼罩在浓郁的古城文化的氛围中，将博大精深的传统文化转化为一种精神形态、精神境界，把人物升华为一种文化的精魂，从而避免小小说简单、肤浅、直露、缺少余味的毛病。

注重小小说的文化品格，提升小小说的文化价值和审美价值，应是小小说创作的不懈追求。我自感浅陋，只能加倍努力，多读书，打牢自己的传统文化根底，力求写出更好的作品来。

读曹洪蔚"汴梁物语"系列笔记小小说（评论）

刘　军

　　如果说《汴堤湾风情》是曹洪蔚献给故土的特殊礼物的话，那么他的系列笔记小小说"汴梁物语"则是献给他本人生活居所的结晶体。汴梁城，一座容纳了太多人物、风尘、劫难、失落、辉煌与光彩、爱恨与情愁的古城，也容纳了作者大半生的人生砥砺与岁月蹉跎。古城还要在烟云中前行，作为其中一个过客，在纷纭中握住它的脉搏，讲好它的故事，恰是如曹洪蔚、我这般的文字工作者一种内在的使命。

　　王安忆曾在《小说选刊》发文强调：生活是小说最丰富的资源。类似的论断在理论批评家、小说家处常见。生活经验对于文学作者而言，其重要性不言而喻，部分作品所具备的自传色彩实际上从侧面反映了作家对于自我经验的依赖程度。而小小说中所积淀的经验叙事，往往具有发散性色彩。毕竟，讲述他者的故事或者传奇乃是小小说创作者的基本写作思路所在。此处所言发散性，直接对应了作家的阅历以及对世事的洞察，"世事洞明皆学问，人情练达即文章"这句话放在小小说文体之上，颇为恰切。曹洪蔚居汴梁城多年，长期在一线民政系统工作，而古城开封自身携带的皇城根气息，注定了有繁多故事的沉积。上述因素，为其小小说写作提供了得天独厚的有利条件。

　　小小说名家皆有自己的立身之所。已故的孙方友重新激活了古典文学传统中的传奇和志怪题材，构筑了富于地方志色彩的文学图景。而曹洪蔚的创作，无论是乡土题材还是城市题材，皆透出鲜明的现实主义色彩。在

《汴堤湾风情》中，是对人伦法则的透视与梳理，而在"汴梁物语"系列笔记小小说中，则是对行道的体认和确立。这里所言的"行道"二字非日常所用的道行的含义，而是指向人之道、文之道、生活之道。众所周知，大到国家层面讲道统的合法性，小到个体的存在讲究行道之正则。这正是道家哲学对中国文化和历史的熏染和浸透的结果，无论是老子的"众妙之门"说，还是庄子的"四时有明法而不议"的倡导，皆可见道家思想对行道的倡言，并视之为根本。

　　道隐无名，但可以从人生片段和叙事桥段中得以观照出来。在"汴梁物语"系列笔记小小说中，"行道"的确立是一根主线，其笔触多指向市井百姓和文化人的故事，涉及收藏、花卉造型、书法、绘画、民间工艺、地方戏曲、垂钓斗鸡、医术等领域，雅也好，俗也好，总是与市井百姓和文化人的生活状态有千丝万缕的关系。生生死死起起伏伏中，唯行道者而心安。如《祥符调》这个作品，讲述了丹凤、丹阳这一对非亲生姊妹跟着祥符调名师韩美素拜师学艺的故事。在唱功上，这对姊妹难分伯仲，不过丹凤的早出名使得两者之间的关系产生了戏剧性变化，丹阳出于嫉妒在一次重要演出之前下药于茶水之中，并送予丹凤喝下，由此获得登台机会，并一炮走红，而丹凤因此事而退隐江湖。故事的后面又有反转，丹阳不久后得了重症，师姐、师妹临终前一见，丹阳方知师姐并未喝那杯下了药的茶水，而是将计就计把她推向台前，让她也有显山露水的机会。至此，丹阳方知，戏艺传承之道不在技术的获取，而在品格的历练，在于做人之道和为艺之道的融会。师姐丹凤退隐之后暗地里依然不辍练功，恰恰说明了她对戏曲艺术衣钵传承的深刻体认。行道固然艰难，却无比可贵，类似的主题处理在《官瓷》《菊王》《八马图》等作品中一以贯之。"汴梁胡同"系列小说讲述的是百姓大众的故事，虽然距离文化圈子甚远，但其中点滴依然内蕴行道的气息。且举其中的《汴生》为例，马道街上的商贩大菊性格泼辣，一张嘴厉害得能网住形形色色的人物，税务所的老孟久闻其大名，决定去其店里单挑，结果一番交锋下来，自信满满的老孟也败下阵来。如同《水浒传》中的孙二娘一般，大菊其实是个有故事的人，小说的结尾，老孟辛苦寻找的匿名助学者，竟然就是大菊本人。

正所谓人不可貌相，家长里短之中，同样有行道者的踪迹。实际上，行道乃万物之根基，正所谓人法地，地法天，天法道，道法自然，而其中的法即行道的准则。

张国平

　　张国平，1964 年生，祖籍河南省安阳市内黄县，现居河南省濮阳市。濮阳市作家协会副主席。2003 年从事文学创作以来发表小小说近千篇，多次获奖，多篇作品收录各种文学选本，并选编入中学生模拟考试试卷。小小说《血色往事》被改编为电影剧本，小小说《蚂蚱眼》被联合国教科文组织下属机构国际文凭组织选入中文学习教材。在《莽原》《作品》《当代小说》《啄木鸟》《中国铁路文艺》《阳光》《牡丹》《佛山文艺》《嘉应文学》等刊物发表中、短篇小说若干；出版小说集 3 部。

功德碑

七月的天是张多变的脸，刚刚太阳还像一个大火球，眨眼便电闪雷鸣，大雨如注。

石匠方宽手忙脚乱地将上了浆的石碑盖上塑料布，跑进屋，已被淋了个透身湿。擦干了身子，换了身衣裳，洗手，烧水，沏茶，将报纸铺开，笔墨准备好，方宽这才悠悠地点上烟，抽完了，将烟头朝脚下一拧，翻出那本泛黄的字帖，开始练字。

冬练三九，夏练三伏，再忙，方宽每天也要坚持练字，雷打不动。人都会老，百年之后一切的一切只剩下碑文上的这几个字了，马虎不得。别的字体不练，方宽只练正楷。楷书横平竖直，工整舒展，遒劲有力，人活一世不容易，走了也得端端庄庄。白天没工夫练，方宽练字一般都在晚饭之后。都说书法可以陶冶情操，其实方宽知道自己没那么高雅，也就是占住手，免得心烦意乱。人不能闲，人闲事多，满脑子都是乱七八糟的烦心事。

老伴儿已故去三年，方宽有心和同村的寡妇春叶一起过，可孩子们不答应，小舅子满江也反对。

方宽提笔蘸墨，刚写出"万"字的那一横，满江便像只落汤鸡，一头闯了进来。

万古流芳，或者流芳万代，"万"字在碑文上用得最多，方宽也练得最多。

这鬼天气。姐夫，你看看湿没湿透。满江从腋下取出一沓报纸。

方宽练字用的旧报纸都是满江送来的。满江是村支委，每次来都会带些旧报纸。又不是什么书法家，练字临摹，专门去买宣纸，糟蹋钱，不划算。

油嘴滑舌，很会来事，是个混社会的主儿。方宽对这个小舅子本无好感，不过看到他浑身湿透，还不忘带报纸，心里好一阵感动，忙递上毛巾说，擦擦，快擦擦。

满江说，村里事多，说两句话就走。

方宽埋怨，这天，电话里说就行，还跑个啥？

满江说，老些日子没给你送报纸了，怕你急着用。

说得比唱得还好听，不过方宽知道他肯定有事，不会为送报纸专门跑一趟，便问他有什么事。

满江说还是刻碑，不过这次不刻墓碑，要刻两座功德碑。满江又说，村里那条街你也知道，年久失修，坑坑洼洼的。村里准备重新修整，都捐了款，要刻一座碑，立在街头，留给后人。

方宽说，一座就够了，为啥要刻两座碑？

满江说，还要为田胜天家的老二田源专门刻一座。田家老二就是在省城当处长的那个，你应该也有点印象。田源发达了仍不忘本，一笔划拨了三十万元，不然光靠群众那点捐款弄不成这样。村委会研究决定专门为他刻一座碑，让村人记得他的好。

满江摸出两张纸，说一张是群众捐款的名单，另一张是给田源写好的碑文。并吩咐方宽抓紧时间，五天后便来取。

方宽便说，放下吧，天晴了就刻。

方宽拿起为田家老二田源写的碑文，不禁笑了，也不知是谁的文笔，通篇"身居高位，心系家乡"的溢美之词。不过，这孩子能饮水思源，不忘本，多褒奖几句也不为过。

方宽手头还有几座碑要刻，满江要得再紧，也得论个先来后到。为先辈们立碑是儿女们的一片孝心，都是定了日期的，到时候刻不出来岂不成了笑话。雨停之后，方宽加班加点，从屋里扯出一盏灯，顾不上蚊虫叮咬，终于在五天内将满江要的两座碑刻好了。可是，等满江来拉碑了，却只拉走了村人捐款的那座碑，为田源刻的那座碑，满江只说再等等，再等等。

为啥？方宽疑惑。满江没回答，还是说再等等。

满江走的时候，说村里经费紧张，缓缓再结账。

功德碑是弘扬善举，方宽也没说什么，让他将碑拉走了。

慢慢就有消息传过来，原来田源被人举报，正接受调查。

这个时候再为田源树碑立传，是不合适。一个农家的孩子能混到这一步多不容易啊，方宽替他惋惜了一阵，就把这件事给忘了。

过了几天，满江又因为别的事来方宽这里，还没等方宽问他，满江便说给田家老二刻的那座碑，你磨平了另用吧。

方宽也没说什么，就将那座碑扔在一旁，继续干他的活儿。磨平一座碑也不比刻一座碑更省劲儿，方宽心说等闲了再磨吧。

不想仅仅过了三天，满江又风风火火地跑来问，给田家老二刻的那座碑还在吗？磨平了没有？

方宽没有放下锤子和钢钎，继续干他的活儿，努努嘴说，还在那里，没顾上磨呢。

太好了，太好了！满江说，让我拉走。

不是不用了吗？方宽问。

满江这才说对田家老二的调查已经结束，没查出什么实质性的问题，拨款的事落实了，也没啥问题。

原来县里正在搞美丽乡村建设，早就将北关街改造列入了计划，这笔款也早就通过预算，正准备下拨呢。即便田源不给县里打那个电话，也照样划拨。县里说划拨款是因为田源的那个电话，其实是想给他一个面子。

赶紧了，赶紧了。满江听田胜天说，他儿子明天就要回老家，来看望二老，所以今天务必把这座碑立起来。

呵呵，还务必。方宽一听便来气了，见满江招呼人手忙脚乱地要抬那座碑，将烟头朝脚下一拧，脸色一沉，说，曹满江你等一等，付了钱再拉。

一句话将满江说愣了，姐夫挺厚道的一个人，今天这是怎么了？

谁是跷王

西街高跷东街戏，北街还有杂耍的。说的是西街人擅长踩高跷，东街有几家戏班，而北街人喜欢舞枪弄棒。

高跷又称高跷秧歌，是民间广为流传的一种娱乐方式，据说始于尧舜，兴于大唐，至今仍长盛不衰。

高跷也有高、中、低之分，一般四尺左右，而西街人踩的高跷足有八尺之高。高跷之上，身着戏装，装扮成媒婆、小二哥、关羽、张飞、唐僧、八戒、悟空等各色戏剧人物，手持鹅毛扇、手绢、木棍、刀枪，腰鼓、铜锣这么一敲，风趣幽默的表演便开始了。

不过这只是梅家班表演的高跷，换成褚家班，就是另一种玩法了，他们要玩三百六十度鹞子翻身，单跷腾空跳桌，双腿劈叉，还有一跷多人的叠罗汉，都是实打实的真功夫。

高跷在源远流长的历史长河中形成了两大流派，文跷与武跷。文跷要的是扭逗，武跷玩的是惊险，风格迥异，各有特色。

梅家班玩的是文跷，而褚家班练的是武跷。梅家班和褚家班都有些年头了，到底哪年哪月开始的，就连梅家班的传承人梅占方和褚家班的传承人褚金魁也难说清楚。梅褚两家互为对手，是同行冤家，见有人夸自家耍的高跷好，都喜笑颜开；可每逢有人夸奖对方，脖子便拧成了麻花，一百个不服气。

梅家和褚家的跷王之争，也是从老辈子人就开始了，可是争了这么多年，还是难分伯仲。到了他们这辈儿，仍互不示弱。

高跷表演每逢大型节日和庙会才有，尤其是正月十五元宵节，那才是高跷表演的高光时刻。该吃的吃了，该喝的喝了，该走的亲戚也走完了，过了正月初五，梅家班和褚家班便开始操练，摩拳擦掌，跃跃欲试，准备正月十五一决高下。

梅家班耍的是文跷，一队人马，浩浩荡荡，走街串巷，诙谐幽默，让人忍俊不禁，捧腹大笑。而褚家班玩的是武跷，拉开场子，摆上桌子、高凳一堆道具，画一个圆圈儿，耍者在里，观众在外，锣鼓点一敲，鹞子翻身、单跷跳桌、众人罗汉……精彩刺激，令人拍手称赞。

这时，两家掌门人的面子就全在观众脸上了，哪家聚拢的人多，哪家的掌声热烈，就说明哪家受欢迎。谁是跷王，无须自诩，人气说明一切。不过，在观众口中却是各有千秋，争了这么多年，比了这么多年，真要说这家就比那家好，还真难下结论。

跷王之争，在梅占方和褚金魁之前，就已经影响到了这两大家族的关系，谁也没把话说到明处，却形成了一个不成文的规矩，梅家女不嫁褚家男，梅家男不娶褚家女。脾气好的，还相互打个招呼；性子硬的，见了对方却视若无物。

可那年，梅占方的闺女梅晓霞却给他出了一个天大的难题。

梅晓霞和褚金魁的公子褚小米同年考上了北京的大学，一个北大，一个清华。两个孩子结伴而行，渐渐产生了好感。梅晓霞暑假回来将心事给老爹一讲，梅占方顿时脸色大变，将手中把玩的核桃啪地朝桌上一拍，说，不行，我不同意。

除了踩高跷，梅占方还有两大爱好——喝茶，玩核桃。

梅晓霞是爹的掌上明珠，娇惯得很，也渐渐养成了她任性的脾气。梅晓霞说，这是我们两个人之间的事，跟你们长辈儿之间的那点破事无关。

这怎么能叫无关呢？这怎么……还没等梅占方把话说完，梅晓霞就说，反正我不管，除了小米，我谁也不嫁。然后一摔门，没了人影。

　　哎哎哎，你去哪里？可不能去找那个小米啊！梅占方追到门外，哪儿还有闺女的踪影。梅占方气得唉声叹气，这可怎么是好？多年以来，梅占方便被视为梅家的掌门人，自己怎么能破梅家人的规矩？可是，闺女的脾气他也清楚，她认准的理儿，真会一条路走到黑。平心而论，褚家这小子也不错，不优秀也考不上清华，自家闺女真要和褚家小子喜结连理，想想看，他们的下一代该有多优秀。不过，多少年了，因为跷王之争，梅家和褚家老死不相往来，身为掌门人，这张老脸该往哪儿搁？可不答应闺女吧，以她的性格，真来个生米做成熟饭，可就要丢八辈子人了。退一万步说，即便想成这门亲，你褚金魁总该有个姿态吧。

　　梅占方夜里辗转难眠，思来想去，终于扑哧一声笑了。

　　第二天一早，梅占方便哗啦哗啦盘着他那两只心爱的核桃出了门。

　　远远地，褚金魁正在金水桥边一招一式地练太极。有道是，台上三分钟，台下十年功，褚家班练的是武跷，没有点真功夫是不行的。

　　见褚金魁收了势，梅占方便背着手，哗啦哗啦地盘着核桃，慢慢悠悠地上了金水桥。吧嗒、吧嗒，两只核桃掉在地上，梅占方似无察觉。

　　占方兄弟，核桃掉了。听到身后有人喊，梅占方回头，便见褚金魁正笑盈盈地从地上捡核桃。

　　梅占方连忙拱手说，多谢、多谢。

　　褚金魁抱拳还礼说，家里还有一枚茶饼，你是行家，可否赏脸，一品优劣？

　　梅占方瞅了瞅自己身上的休闲装，为难的样子说，这一身可怎么去见嫂子？

　　褚金魁见梅占方仍在犹豫，连忙上来扯住他的手说，走走走，自家兄弟，还客气个啥？

一样的烟火（创作谈）

历史漫长，人生短暂。

在人类历史漫长的演变过程中，人的一生都只是短暂的一瞬，我们都是历史长河中的一粒泥沙，是繁杂世界里一粒肉眼不见的尘埃。万里长城今犹在，不见当年秦始皇，无论贫穷还是富贵，无论尊贵还是卑微，莫过于此。

然而，在我们短暂的一生中，每个人都会经历酸甜苦辣，喜怒哀乐，有许许多多的身不由己和无可奈何，有成功的喜悦，也有失败的苦恼，痛苦与快乐交织，泪水与欢笑更迭，人们在苦闷、彷徨、迷茫与坎坷中砥砺前行，永不停顿，一代又一代人，生生不息。这就是一股浓浓的人间烟火。

伟者与卑者，精英与底层，从某种意义上说，在这个缤纷的世界里都是肉体凡胎的世间俗人，食五谷杂粮，有七情六欲，都身处这股浓浓的人间烟火之中。

人是群体动物，我们都是社会人，都脱离不开社会群体而孤立存在，或者说我们都是人间烟火中的一缕炊烟。苦闷、迷茫、失落和挣扎，没有一个人的一生是一帆风顺的，我们都会遭遇事业的不顺，生活的压力，情感的困惑，各种矛盾，各种纠结，时时刻刻包围着我们，它们都是人间烟火的一部分，不由人的喜怒与好恶而改变。

记得铁凝老师曾经说过这样一句话，文学应该给世界温暖。我想这也是每位作家应有的境界和责任。我们都是世间凡人，也淹没在人间烟火之中，虽然有着不同的经历，但和周围许多的你我他一样，有着类似的喜怒哀乐和类似的生活感受与体验。

作家应该有一颗悲悯之心，有一种百姓情怀，相对那些声名显赫的上流人物，我们更需要关注社会底层人们的生活。社会底层的人，会遭遇更多的生活磨难，会有更多苦闷与迷茫，更需要人文关怀，更需要一份温暖，更需要以文学的形式来表达和传递他们的心声。

定居濮阳这座被誉为"中华龙都"的小城已经四十年，从一名怀揣梦想的青年到年过半百的老者，这里的一草一叶已将我浸染成了一个地道的龙城人。这里留下我的快乐和追求，也记录了我的迷茫与感伤，每每走在大街上，看到宽广的马路，高耸的大楼，盛开的鲜花，熟悉的面孔，便感叹这座小城的沧桑巨变。作为一名亲历者，我见证了这座小城从尘土飞扬到绿树环抱，从百废待兴到勃勃生机的发展历程。我的整个职业生涯都奉献给了这座美丽的豫北小城，为它今天的美丽和更加美好的明天，我奉献了自己的绵薄之力。我为它挥洒过汗水，付出过努力，感到无比荣幸与自豪和由衷的欣慰。

濮阳历史悠久，人杰地灵，英雄辈出，因为将中华民族文明史上推1500年的西水坡"中华第一龙"的发现，这座小城被誉为"中华龙都"。它是颛顼和帝喾二帝的建都之地，远古时代为争夺此地，黄帝和蚩尤还展开了一场血腥之战。它曾是春秋时期卫国的国都，涌现了"字圣"仓颉、秦国大商吕不韦，还有图穷匕见顶着萧萧寒风冒死刺秦王的荆轲等传奇人物。濮阳还曾是大宋王朝的北大门，是"澶渊之盟"的缔结地。濮阳老城四街中心"四牌楼"上的"颛顼遗都、澶州旧郡、河朔保障、北门锁钥"那十六个大字，就足以见证它历史的悠久。

濮阳人继承了中原人勤劳、忠厚、善良、不屈的血脉，虽历经磨难而生生不息，用自己辛勤的汗水，顽强地生活在这片土地上。每每回到老城，站在商铺林立、人流如潮的老街上，浓浓的乡音不绝于耳，状馍、胡辣汤、豆汁等各种小吃，都散发着诱人的香味，这就是绵延不息的人间烟火，是温暖我们心怀的乡音乡情。

这里的人和事，贩夫走卒，芸芸众生，一张张熟悉的脸，总是萦绕在我心头，挥之不去。身为一名长期生活在龙城的小小说作家，我有责任将他们的喜怒哀乐呈现出来，用文学的气息来传递一份微不足道的温暖。

严格地说，我仅仅是一名文学爱好者，离作家的水准还相去甚远，不过我还是在用文学的形式来展示生活和那些人间烟火中繁衍生息的百姓乡亲，以文学的姿态致敬生活，致敬这片让我生存立足的土地。

我们同处一片蓝天下，呼吸着一样的空气，享受着一样的鸟语花香。我们生活在一个继往开来，飞速发展，一个正朝着民族复兴千业疾步迈进的新时代。祖国的发展需要伟人指路领航，需要社会精英的智慧，也同样需要每一位身处社会各阶层平凡人的不懈努力。正如一辆飞驶的列车需要车头的引领，但也离不开一颗颗并不起眼的螺丝钉。我们每个人都是社会的一分子，美好的生活离不开我们每个人的砥砺前行和凝心聚力。

我的文学之路起步较晚，其间又迫于生活压力，断断续续，笔力不及，加上文学素养的浅薄，成绩惨淡。虽如此，我还是想在同样的人间烟火里，去感受生活的气息，努力走进人物的灵魂深处，去探寻他们的渴望、期盼、梦想与追求，展示他们灵魂的寄托和心灵的亮光。

内心的较量无时不在

——读张国平小小说《龙城凡事（三题）》（评论）

侯德云

"写作，是从事一种娱乐行业。"美国作家库尔特·冯内古特说。这位黑色幽默大师在那本《写作是从事一种娱乐行业》书中告诫所有的写作者：你在占用陌生人的时间，你不要让他觉得时间被浪费了。

读罢张国平小小说《龙城凡事（三题）》，我无端想起冯内古特的这句话。

我跟国平神交已久，说是熟人也不为过，我知道他从 2003 年起开始文学创作，知道他写过《守门员》《飞刀》《神手》等多篇被广为称道的小小说名作，知道他是《小小说选刊》和《微型小说选刊》以及各种文学选本上的常客，知道他的中、短篇小说创作也势头正健，还知道他出版过三部小说集。

我读过国平不少作品，从未觉得浪费了时间。恰恰相反，他的作品，让我对小说的娱乐性等诸多问题有了比以往更深的思考。抛开别的文学体裁不论，我承认，小说这东西，的确如冯内古特所说，属于"娱乐行业"。

吃瓜群众围观街头斗殴是一种娱乐，我们以阅读的方式，窥视人与人之间的较量，其实也是一种娱乐。以我本人为例，小时候看电影，喜欢战争片，像《南征北战》《上甘岭》那样的，一阵阵硝烟弥漫才看得过瘾。年龄渐长，兴奋点转移，更喜欢别的电影类型，谁知有一天陡然醒悟，即便是喜剧片、爱情片，骨子里也还是战争片。战争，不一定是刀枪对刀枪，也不一定是手脚对手脚，也包括唇枪舌剑，也包括腹诽心谤。后两种，可以称作内心的较量。

国平的小小说里边，布满了内心的较量，《石泥鳅》里有，《火锅》里有，《这货》里有，《龙城凡事（三题）》里当然也有。

《龙城凡事（三题）》由《功德碑》《谁是跷王》和《伏羲伏羲》组成，情节各自独立，互不关联，共性只有一个，都是围绕内心的较量展开情节。

《功德碑》里有两位主要人物，一是石匠方宽，二是方宽的小舅子、村支委满江。方宽喜欢写字。毛笔字，照着字帖，经常在旧报纸上写，有时也往石碑上写。他只写正楷。他做刻碑的营生，大多是墓碑，他心里想的是："百年之后一切的一切只剩下碑文上的这几个字了，马虎不得。……人活一世不容易，走了也得端端庄庄。""端端庄庄"四个字，也是作者对方宽的性格暗示，说他待人接物像楷书一样横平竖直。满江的秉性恰恰相反，此人"油嘴滑舌，很会来事，是个混社会的主儿"，方宽对他向来没有好感。一个姐夫，一个小舅子，这两人之间的盎盂相击，作品里写了两次，第一次用一句话带过："老伴儿已故去三年，方宽有心和同村的寡妇春叶一起过，可孩子们不答应，小舅子满江也反对。"第二次针锋相向，是为了一座刻给活人的功德碑。原本是两座功德碑，一座刻给为修路捐款的村民，另一座刻给一个名叫田源的人，此人在省城当处长，据说为村里修路"一笔划拨了三十万元"。两座碑都按期完成，满江却只拉走村民的那一座，另一座得"再等等，再等等"。满江走时留话，"村里经费紧张，缓缓再结账"。方宽对此不置一词。不久传来消息，"原来田源被人举报，正接受调查"。这应该就是"再等等，再等等"的因由所在。几天后，满江通知方宽，那座写满"身居高位，心系家乡"之类溢美之词的功德碑，村里不要了，可以磨平另用。磨平一座碑，不比刻一座碑更容易，何况也不急用，方宽把这事给放下了。谁知三天后，满江急匆匆来问，碑磨了没？听说没磨，连说两遍"太好了"，随即张罗着拉碑，声称当天必须立起来。原来省里对田源"没查出什么实质性的问题，拨款的事落实了，也没啥问题"。比这更重要的是，没有实质性问题的田源，明天要回老家看望父母。村里急啊，"今天务必把这座碑立起来"。方宽对这种见风转舵、朝非暮是的投机之举顿生反感，对"务必"两个字更是打心眼里抵触，他立马"将烟头朝脚下一拧，脸色一沉，说，曹满江你等一等，付了钱再拉"。他要为立碑一事设置障碍，他要硌一硌满江走在阿谀途中的一只脚。以他的普通村民身份，他能做的，也仅此而已了。他用"付了钱再拉"这五个字，彰显自己内心的沉郁。

《谁是跷王》里的内心较量更为激烈。西街有两支高跷队，一文跷，一武跷。耍文跷的是梅家班，掌门人叫梅占方；耍武跷的是褚家班，掌门人叫褚金魁。"文跷耍的是扭逗，武跷玩的是惊险，风格迥异，各有特色。"每年的正月十五，两家都要斗跷，各有粉丝群，美誉度不相上下，难辨输赢。说来话长，"梅家和褚家的跷王之争，也是从老辈子人就开始了，可是争了这么多年，还是难分伯仲。到了他们这辈儿，仍互不示弱"。长期争斗的结果是，梅褚两大家族，"形成了一个不成文的规矩，梅家女不嫁褚家男，梅家男不娶褚家女。脾气好的，还相互打个招呼；性子硬的，见了对方却视若无物"。等于说，是结下仇了。偏偏梅占方的女儿梅晓霞跟褚金魁的儿子褚小米好上了。晓霞性子倔强，话也说得直白，"除了小米，我谁也不嫁"。梅占方既心疼女儿，也担心女儿做出出格的事，辱了他的掌门人脸面。他心里头开始闹了，"夜里辗转难眠"，跟自己较劲，也跟褚金魁较劲，"你褚金魁总该有个姿态吧"。还好，次日上午，在他精心设计的那场情景剧里，褚金魁很配合，不光主动跟他打招呼，还笑盈盈捡起他故意扔到地上的两只核桃，随后又邀请他去褚家品茶，弄得像"自家兄弟"似的。到此为止，梅家班总算赢了褚家班一局，呵呵。

《伏羲伏羲》里的较量也相当激烈。姨父差点把"我"弄抑郁了。老城区改造，姨父拒绝搬迁，"说他生在柳叶街，也要死在柳叶街"。县里下了硬性规定，让所有跟柳叶街钉子户有亲属关系的干部，都去动员亲属在搬迁补偿协议书上签字，其间只给干部发生活费，亲属签字后再补发工资。"我"数次登门做说客，却"都被姨父轰出了家门"。无奈之下，"我"走了旁门邪道。姨父有一情感死穴，叫"伏羲"。早年，县里修水库，挖出一座大型古墓。墓主人身边摆放着贝壳堆积的龙虎图案，瞅着像个乘龙伏虎的大人物。"综合墓葬群以及殉葬品摆放的方向和位置，一著名考古专家惊喜地发现，它竟组成了一幅巨大的星象图。"这还了得呀，"墓主人肯定是远古时代的部落首领"。姨父在文化馆工作，对此大有兴趣，也参与到研究者的队伍中来。关于墓主人的身份，众人见仁见智，四大流派争论不休。姨父是"伏羲说"的中坚力量，他在研讨会上频频发言，还不断撰写论文到处邮寄，历时多年，步入"迷糊"境界。"我"以伏羲为矛，攻击姨父的拒绝搬迁之盾。"我"告诉姨父，他的研究论文即将派上大用场，可以拉动本地的旅游经济，县领导打算带他去省里去北京，只不过事先他必须在搬迁协议上签字才行。姨父的盾牌瞬间崩裂，"激动得手都颤抖了"，不光签字，还跟"我"好一顿推杯换盏。"我羞愧难耐……吐了个一塌糊涂。"这是一场没有赢家的较量，表面上看是"我"赢了，骨子里"我"却是永远的输家。"我"的道德污点，怕是终生都难以洗刷。

在我看来，人类跟蛐蛐好有一比，既是鸣虫，也是斗虫。时而明斗，时而暗斗。而暗斗，也就是内心的较量，可以称作人间常态，它无时不在。作为小说家，无论你写的是长、中、短小说，还是小小说，你都得把这暗斗展示在纸面上。冯内古特说："如果你永远不让角色彼此对抗，那你就会让读者睡着。"看来这话，在国平那里，早已不是秘密。

我对国平的文学未来，有一种"吾欲往观之"的期待。他是一个急性子的人，我相信，他的文学风貌，会很快呈现别样的更高和更强。

平　萍

　　平萍，1964 年生于重庆，祖籍河北安国，长在太行山脉，现居郑州。作品散见于《北京文学》《小小说选刊》《羊城晚报》《百花园》《微型小说月报》《大观·东京文学》等。出版有散文小说集《北方的探戈》、小小说集《太阳味道》《青玉案》《薰衣草下的罪恶》以及长篇小说《盲点》等。曾获第三届全国小小说学会优秀作品奖、第十二届全国小小说佳作奖、全国公安文学大赛优秀长篇小说作品奖等。长篇小说《盲点》曾在《新晨报》《江淮法治》等连载。多篇小小说入选《中国当代小小说大系》《2009 中国年度小小说》等。

念奴娇

我叫焦孥埝。

生疏难念又谦卑赧色之名，是我打小就不喜欢的，一直以为这就是不被父母待见的孩子的一种具象。除了不是他们理想中的儿子外，估计跟我一出生就长得小鼻子小眼睛小个头也有相当大的关联，何况还特别黑。从记事起，我就不无悲哀地一次次想过，这一切，跟我本人有关系吗？谁不想像哥姐一样，白皙脸大眼睛，更想同他们一样，像指挥奴隶般对人家呼来唤去戾气十足地使唤着。所以，我内心深处始终野蛮地生长着一个念头，也就不足为怪了。

但，等我长到了十八岁的时候，并没自作主张去派出所给自己更名，就因我半途中又拐到了母亲的单位，斗胆问了个最后的问题："为什么给我起名叫孥埝？"当时，母亲白了我一眼，说："你妈我下定决心这辈子就只生三个孩子，一儿两女，却又怀上了！再来个小儿子也算刚刚好，谁承想又是个女儿。再说，你出生前的那个下午，医生带来了一大帮男娃娃实习大夫，唬住了我，像个梦魇在眼前，我像被土埂绊住似的，天昏地暗的。不知道过了多久你才降临！人人都说你长得像你爸，你爸又看你长得还算清秀，就无论如何也不肯将你送给他人养啦！怎么，我给你起的这名，不好吗？喊，人家苏东坡还吟词，大江东去，浪淘尽，千古风流人物哪……"

"不是不好，是特别特别差劲，好不好？"我没听完母亲常常挂在嘴边的《念奴娇·赤壁怀古》，就逃离了她。但，我没再去变更名字，可能就因了"清秀"一词吧。

我任性。一连高考三次，每次一到高考，我的成绩必定是刚刚过了录取分数线。我的想法也简单，就是绝对不能让他们称心如意，按我一贯优异的文科成绩，母亲大人总认为我只能去北大。

我骄横。一次被谩骂，深感自尊被摧，便离家出走了一天一夜，结局是被母亲硬塞进了一所中专学校。在登上"远离家门"汽车的一瞬间，母亲恶狠狠地朝我的背影说："你要是胆敢谈恋爱，我就到你的学校去告你！"

"哼！我才不怕——惊涛拍岸，卷起千堆雪。"

我叛逆。一工作便成名，每天晚报上都有"焦孥埝"的大名呈现在头版；恋爱结婚生子，任凭母亲语言的大棒子天天围追堵截，我自岿然不动。既然是坎儿，那就让它来得更多吧。就当我们是根深蒂固的母女冤家吧，谁叫你——母亲大人，一发现怀上了我就想流产；不得不生了便立刻找好可以收养我的下家；怀胎了还不每天好好吃饭，不注意营养平衡；据说怀胎七个月了，仍旧敢于跳进洪水里做人墙。

或许，我活下来，就是上苍派来专门与母亲作对的。骂我，左耳进右耳出。打我，我绕着楼房跑，坚决不让她揪住我的长辫子。吵我，不反驳，该干啥还干啥。这就是我从小到大一贯的应付之策。

"焦孥埝，去，给我把主治大夫叫过来。"

"焦孥埝，去，给我包碗饺子来。"

"焦孥埝，你……你……你——去死吧，为啥——还要再——救活我！不知道我疼——我痛——我不想——活了嘛……你……不是我的——小女儿，去——死吧！"

我怂。我只能眼巴巴地立在床前，静默。

是的，癌细胞已然遍布了八十二岁老母亲的全身。然而，母亲依然没对我温柔又慈爱，而是更加颐指气使，甚至时常恶狠狠地诅咒我。要明白，她的大儿子几年前就永远走了，大女儿也去遥远的医院住院了，二女儿总是来电话叮嘱说"等过年了咱再见，我请你们一起去皇家花园吃大餐"。每天，医院、病房、菜市场、家，只有我一个人在包揽。谁叫我要离婚要送孩子出国留学要提前病退呢？我，不过就是母亲的丑姑娘、小丫鬟，是所有不如意的根源。我的出生，毁掉了母亲的一切，我就是母亲这辈子犯下的最严重错误。

夜深了，我终于可以走出医院大门了。我抬头望望灰蒙蒙的天空，我知道我的眸子是枯涸的。我恨，又狠心地在心底默默念叨："老天爷，求你了，要不你就让我母亲大人去天堂吧，让她早日见到我那早逝的父亲，他是个愿意被她始终掌控的男人。父亲大人，赶紧的，把她接走吧——羽扇纶巾，谈笑间，樯橹灰飞烟灭。"想我父亲，自喻小诸葛，却也不过谈笑间的羽扇纶巾，而我居然不禁哼起了母亲的腔调。

送进重症监护病房又被转回病房的母亲，貌似昏迷中，嘴唇干裂，灰白灰白的。我用棉签蘸了蘸杯中温水，轻轻按抹着，上唇完了是下唇，下唇湿润了是上唇，看到上下唇似乎有了些微的主动张合。

我凑近了，聆听："此女——妖丽，眼色——媚人。念奴娇，念奴——焦——孥——埝！"

雨霖铃

沉沉烟波。重重晨霾。

六十花甲而耳顺，修心、豁达又明辨的林灵在生日这一天本来是不打算出门的。走出了家门，是要给春天就养起的两只小鸡娃去捡点"肉"吃的。十天前出家门走路去买菜，雨过天晴后的马路边会看到黑蝉仰面朝天，捡起来甩给小鸡娃，想不到竟遭拼命疯抢。昨夜风吹雨骤冷清秋，地面上一定更有了些许的秋蝉。林灵提了一下双肩包，一双眸子死盯着路两边，脑海里却一遍遍翻腾着四个字：寒蝉凄切。

突然，眼角斜现一大巴，就停在了身边。林灵下意识地跳了上去。是的，这是她最为熟悉的一趟公交车了。十四年来，她几乎天天都要乘坐。只这一年多来，准确说，五百三十一天，没再坐过。难不成潜意识已然在提醒，必须去告别。绝对应去吃一顿那最后的午餐？

林灵赶紧拉开背包，翻看着，必须确认一下，钻戒与钥匙串的确都在。一瞬间，林灵感觉双手冰冷又僵硬，便翻转着揉搓着，嗬，真的是冷清秋，真的是空手相看泪眼婆娑。她想起婚后第二年秋天，带着母亲去枣园。母亲挖了一棵路边的小枣苗，栽种在那个他家后窗的苗圃内，十多年来已然长成葳蕤大树，每年都会有甘甜裂枣可以品尝。还有那些个因她而有的盆景，梦中也会呈现迥异奇状。对了，还有一棵四季桂，每年都有桂花茶浸泡。如今都留不住了，泪千行。便纵有千种风情，更与谁人说？

步入家属院，一切都还这么熟悉，却都不再那么亲切。曾经说送林灵的白色别克车，已然换了车，车牌与商标也不再熟悉。那些个难养的高雅兰花，正排成一溜在女贞树荫下，纳凉般等候着林灵的检阅，倒好似还有点老相识的模样，一直微微颔首摇曳着。窗南苗圃的边上两排盆景依然畸形地生长着，却似乎不再精致，不再美艳，有点野蛮生长的滋味。盆与盆之隙，亦有些许茂盛的狗尾巴草。唯有那棵四季桂蓦然挺拔了一大截似的，至少有两人高了吧？枝杈间全是败了的桂花粲然着一份悲凉。摇一摇，黑黄了的桂花雨丝般纷纷跌落。

林灵是认得路的，却始终觅不见那棵葳蕤大枣树。她绕过去，低头细觅，一棵黝黑而枯的圆树桩豁然显现，四边皆是爬地藤蔓，树桩上却是净洁的，泛着幽光。大枣树是植物啊，何罪之有？

无语凝噎。

说到天边去，林灵也无法相信。属鸡的他居然锯了树，居然如此心狠手辣地锯了亲手栽下的大枣树。

林灵围着两排盆景美树转起了圈，她也不知道自己还在寻找什么。她拿出了手机，机械又习惯性地一盆盆拍照，仿佛不再是一种记录，而是要存下一份永恒的记忆——遥想当年，雨中花落，桃花凝，池塘暖，鸳鸯浴，枣花树下笑语欢。

突然，窗内传出一声咳嗽，是他的习惯。林灵猛然醒悟，飞眼望去，纱窗内还是过往的模样，一片漆黑。

她慌忙掏出钥匙串和钻戒。想一想，又掏出个白色月饼盒，将两物放入。合上，伸手往防盗窗梁上一放，抬步就走。又折回，将月饼盒拿下来，取出钻戒。他，不配再将它转送新人。

林灵围着家属院美丽的小路走了一圈又一圈，还是拨通了他的电话："钥匙串，我搁在一个白盒里，放后窗台上了，请查收。"是的，他除了一声"嗯"，再没发声。林灵又一阵难过，率先挂了电话。

熟悉的"新世纪"站牌下，林灵等了好久，却一直不见公交车来。眼见手机显示时间快到中午十二点了，她再次拨通了他的手机：

"看见钥匙串了吗?"

"我不在家。"

"不然,我们一起再吃顿最后的午餐吧?"

"我正有事呢。"

林灵掐按钮。沉寂良久,才想起该打站牌上的座机号问一下。哦,原来是自从新冠病毒肆虐的三年来,这趟车已然不再驶入"新世纪"了。林灵哑然失笑,看来真的是物是人非,往事如烟了。马斯洛说,人活着,要有生理需求、安全需求、归属与爱的需求、自尊的需求、自我价值实现的需求。皆为必需的,相辅相成的。缺失一项,便是一劫。尤其是尊严,对林灵来说是必须有的。而若有了劫难,便自求解脱吧。毕竟,与自由相比,心碎只是很小的一部分。

林灵开始朝来时的公交车站走,路过跨世纪广场时,看到熟悉的苗圃内一树树的大枣已挂满了枝头,每个树干都是黑魆魆的,仿佛诉说着自己的千年风骨。一不做二不休,彻底了结吧。林灵咬紧牙关,将右手中一直把玩着的钻戒,用大拇指、食指和中指捏紧,手臂往脑后一扬,再往正前方间或生长着葳蕤大枣树的草坪上使劲一扔,戴了十四年的钻戒便飞了出去,隐匿在了那一大片生机勃勃的苗圃内,喜煞了旁边的那些个山楂树、苹果树、梨树、海棠树,立时舞动了起来。

好一阵秋风起,雨落,淅淅沥沥的,整个天空又起了淡淡暮霭似的。自重者,人恒重之。林灵似在呓语般,跳上了回程公交车。

窗外,车水马龙。对面花坛上立着一个痴痴老人。很熟悉的身形。林灵仿佛要抹去眼内的云翳一样,揉了一下眼睛,又一下,是的,绝对是他,十四年的相濡以沫,化成灰她也识得的。林灵差点想高呼停车,立起的身,蓦然伫立。单枚钻戒,十四年前的单枚钻戒亦不复存在了——毕竟,当初这是他送的。但当时,为什么就不是对戒呢?

泪眼婆娑中,林灵仿佛看见了影影绰绰的鬼魅穿行在车流中,而所谓的亲情就像那些个飞驰的汽车组成了血河,在汹涌在澎湃,林灵又如何能穿越时空，与他再度执手呢？

　　痴迷的人形，越来越不清晰，越来越渺小，林灵只能任凭泪千行。

　　雨霖铃，断肠处，烟波去去，无语凝思。林灵狠狠心，双手使劲从鼻梁处往外一抹，抹去了瀑布般流下的泪水。

　　未来已来，楚天阔。

沁园春

凌晨一时，我被歌唱家殷秀梅《沁园春·雪》的乐声吵醒："怎么了，宝贝？有什么急事吗？"我的微信一向设定为免打扰，唯独对我家正在法国留学的公主没有限定。毕竟，母女虽隔万里，却也必须时刻心连心。

"老妈，我好紧张啊！我该怎么办？他说他已经订好了往返机票，今天傍晚就到法国来见我了，问我有没有可以推荐的宾馆，要求整洁又价廉，距我的沁园较近即可。我……怎么办？"视频中，公主一脸的兴奋与慌乱。

"什么情况？"

"哦，半年前，就是我离开荷兰大学途经阿姆斯特丹的时候，与一位荷兰女同学去吃饭，在饭店门口，遇见了她的一位高中男同学。一面之交。后来，他在社交媒体上联系上了我，我们便时不时有互动。现在，他要来了，怎么办怎么办？"

唉，公主要说已快三十岁了，还没正儿八经谈过恋爱。这在 21 世纪也算奇葩了吧。我急忙躺平身子，说："把你知道的符合条件的宾馆名字告诉他呀！他的基本情况如何？"

"哦，他是个荷兰人，阿姆斯特丹大学毕业的，在一家 IT 公司做技术总监。人瘦高，戴眼镜，一脸络腮胡子，但看上去挺文弱书生的。他时常纠错我的英文、荷兰语与法文，我感觉蛮不错的。他说他有两夜两天时间和我见面，我……也真的有点想见他。"

"那还慌什么？见。但，安全第一。第一天，可以请他吃顿晚饭，校园里散散步什么的；第二天，带他去大教堂或小法兰西转一转，中间可以找机会，深谈畅聊。如果感觉对，那就一定要凝视四分钟，看看他有什么反应。"

"为什么要凝视四分钟？"

"因为男女之间有无诚挚的深情厚谊，彼此的心灵会告诉对方的，眼睛是心灵之窗嘛。如果他迎合了你，足够四分钟或者更久，那么这一段时间的凝视，就又让你与他有了一份心灵感应般的浪漫情愫，那你们或许就是彼此对的那个人。你，就真的邂逅了爱情哦！你就可以带他去你的沁园，吃顿饭喝杯茶什么的。"

"带他到我的沁园，如果他要有亲昵举动呢？我该怎么办？"

"随心所欲呗。但老妈觉得你最好是再等等。等到了第三天，在他的宾馆内，如果还有感觉再去亲昵。千万别像老妈似的，直到离婚了，才被告知有所谓的性冷淡，以及什么不唠叨就是不关心人，这都是男人放飞自我不负责任的托词。性，在婚恋生活中是非常重要的，不能只考虑咱知识女性的通情达理。要明白，你的沁园，是你纯净又美好的精神栖息地，尽量不要留下不良或者悔恨的记忆。"

我家公主曾经说过，老妈的书房就是她的沁园。后来，公主去日本大学读书时租的房、在上海公司工作时租的房，以及去欧洲读硕士时租的公寓，都是她的沁园。公主说，老妈的家就是我的家我的沁园。我说，女儿住的地方就是我的家我的沁园。公主就笑，说，好吧，我们住的地方都是我们共同的沁园——有水有心有香气的家园。记得第一次提到"沁园"，还是公主读高中的时候，我在省体育场执勤，拨电话过去询问周日下午不上课在家做作业的公主可有自己做午餐吃。公主却说，老妈你在哪里？怎么有人在唱殷秀梅的《沁园春·雪》？我说有个胖姑娘正在走台彩排。她那边立刻狂呼起来，是殷秀梅，殷——秀——梅耶！这才让我知道世界上还有个女歌唱家殷秀梅。公主好像左手拿着电话背身后，右手扬在脑门前，字正腔圆地高唱起来："北国风光，千里冰封，万里雪飘——老妈，等她正式开唱时，你一定要打电话到沁园来，让我远距离聆听一下现场的殷秀梅音效哦！"于是，我知道了公主一直私底下称我的书房为沁园，难怪不知何时起，美声唱法《沁园春·雪》就一直挂在她的嘴边呢，在同龄人当中，一定显得有点另类。这不，公主在视频那边又随口开唱："须晴日，看红装素裹，分外妖娆。江山如此多娇，引无数英雄竞折腰……"

三天后，我打视频给公主。

一接通，我就开唱，可人家公主很快接过去："望长城内外，惟余莽莽；大河上下，顿失滔滔。山舞银蛇，原驰蜡象，欲与天公试比高……"

我说："停，到底怎样了？从实招来。"

"老妈，我真的恋爱了哦！我们没亲热，但我感觉他就是对的时间里对的那个人哦。你的四分钟凝视理论，太奇妙了，也太灵验啦！第一分钟，我感觉到了他一直封锁了三十五年心灵的瞬息变幻；第二分钟，我目睹到了他的内涵，正敞开了让我游历；第三分钟，我捕捉到他眼睛里的湿润，是一份深情正在倾泻；第四分钟，我读出了他的双眸都在诉说的那三个字，我爱你！是的，他没说出口，但我感觉到了！我也笃定了，我的另一半，就是他。老妈，告诉我，你是怎么有的这四分钟凝视理论的？"

我只能微笑，是的，只能微笑。因为我不能告诉公主，这是我预审了一辈子犯罪嫌疑人后得出的心理攻势经验。

一年后，我去探亲。走出阿姆斯特丹机场，就看见了公主，以及她身旁立着的那个又高又瘦、帅气腼腆的络腮胡小伙子。为了他，公主硕士毕业就到阿姆斯特丹找了份中国驻欧洲央企公司的工作，名正言顺地留在了他的身边。公主又是拥抱又是帮我拿手提包，络腮胡小伙子也很自觉地接手了我的手推车。

突然，络腮胡小伙子出现在我俩的前面，伸手拦住了公主，微笑着，用食指指了一下她的鞋子，然后半蹲下身，以膝盖着地的那种正式求婚者的姿态，给我的公主系起了开脱的白色旅游鞋的鞋带，还深情地抬头望着她，说："Princess, if you don't tie it, you won't get to QinYuan.（公主，如果鞋带没系好，是走不到沁园的。）"而我的公主呢，嘴巴里正飘出《沁园春·雪》的最后一句："俱往矣，数风流人物，还看今朝。"

这一帧自然而绝美的画面，映上了我的脑屏。虽然不知道他能不能听懂我的汉语，但我还是说："沁园——春，郁金香花开了呢！"络腮胡小伙子绝对是听懂了的，因为我们仨彼此相视而笑。

用生命来创作（创作谈）

人类的记忆，是骗人的，尤其儿时的，历经岁月的淘沙，大多已然面目全非，即便铭记镶嵌脑海的，亦已是小说。但每个作家又希望世界是自己的，与他人毫无关系。至少在耄耋之年，苛求未来在追忆似水年华时，让回忆成为梦幻般的永恒，也不过就是为了那恒久的一丝微笑，一片温暖，一份美好。

是故皎月初斜，白茫茫盈盈疏影，尚风流之篇章，乃是我巧用传统辞赋作文章。将人物故事巧妙融进词牌中，以期寓意事物发展，以人物性格来试图解读冥冥中不可抗拒的人性规律，虚妄地觊觎用独特的写作视角给人类带来一种多元化的思悟。

这一组小小说作品，故事独立，各自成篇，连起来又有丰厚的内容和递进的情节，渲染了母女以及老夫老妻的爱恨情仇，读后足见一份用心。这种精选的用白描手法凸显个人存在感的小小说，在我看来，算是真实地再现了一种"悲壮的一去不回头，是无望之望，是向死而生"（引作家徐则臣语）的悲悯情怀吧，至少能够将幽微人性淋漓尽致地进行展现。亦算是用悬疑推理的手法，对人的心理展开弗洛伊德式的描述与剖析。不论是否有所运用吧，至少我都希望用想象力与历史与现实与未来各色人生进行幽深精细的文学融合，是对万物灵性的哲理深思和艺术写照，满溢着昂扬向上的青春、励志与正义气息。涤除玄览，顺自少小，亦可为道法自然尔。

诗人泰戈尔说："翼上系上了黄金，鸟儿就飞不起来了。"所以我知道，有一种爱，是以分离为目的的。真正成功的爱，就是让"孩子"尽早作为一个独立的个体，从人的生命中分离出去。我坚信，斩去人世间一切繁杂琐事，甚至工作，就可以徜徉在文学的殿堂里，展臂感喟："终于自由了！我，终于可以干最想干的事情啦！"可惜至今，我依然是语言上的巨人，行动上的矮子。还总是标榜着要用生命描述，用灵魂写作，真正孤独地创作，却总也不能拥有骄人的独创性作品，不能深刻地思考、补记、修改作品里最为缺失的纯文学精髓。细思量，我的生活中，最为耀眼的价值和光彩，便是想要将人性中最为宝贵的，早已被众人遗忘的那些曼妙的、幽微的、共性的情感抒写出来。于是，我更关注一种需要用心用灵魂来追忆似水年华的创作，在寻觅自我的过程中诚挚地抒写人性的光辉与残缺。

我感觉自己一直被重庆山水的写意熏染，汲取了太行山脉的风情，造就了河北安国的傲骨，彰显了郑州商城的深邃，甚至体现了警察行伍里的正义。当然，我也关注自己和读者、编辑之间的征服与被征服的关系。要千方百计地以强烈的艺术感染力征服两者，以提供出使两者都意想不到的更多的有所创新的东西来，也就会因两者的矜持而激起更强烈的创作欲望和独创精神。也就是说，我希望被读者喜爱，被喜欢我作品的人热爱，使得生命不再是"一袭华美的袍，爬满了蚤子"，而是"面朝大海，春暖花开"。就如一位作家所言：爱她，就给她，所有的热情，所有的体贴，甚至生命。终究，她始终是有距离的。那么，所受的伤就自己吮吸，就孤独地泣祭，以便零距离地描述出来一个真正作家的内心体验、思维理念，以及那种人性悲悯的情怀。

当然了，最幸福的事情是拥有一个赏你、懂你、爱你的读者群。这样的话，我那总是凄楚迷蒙的思绪就会变成梦幻般的童话。

用灵魂来写作，用生命来创作吧。

写出真实的人生（评论）

顾建新

2012 年 2 月，我应邀到海南参加符浩勇的小小说研讨会时，认识了平萍。她很活泼。回来后，她邮来了长篇小说《盲点》和小小说集《青玉案》。写长篇小说，又能同时写小小说，说明作家具有写作的多种才能。

从小小说集的封面上，我知道了她是一个警察。

她的小小说也多是写警察生活的。目前反映这个题材的作品不多。她出于工作环境的原因，写作条件可谓得天独厚！她如果在这个方面深入开掘下去，当有特殊的成就！

写警察生活，我以为可以有两条路子：一是反映公安战线错综复杂的斗争，这类小说以情节为主；二是写警察的生活、情感，以写人为主。平萍选的是后者。

平萍小小说的特点是：以警察为切入点，旨在写出当今普遍的人性。这实在是一个很大的课题，需要很深的阅历和对人性深刻而独特的理解。

写出警察真实的一面，并非易事：既不能任意夸大，也不能刻意缩小；既不能人为地罩上绚丽的光环，也不能恣意贬损。警察作为特殊的群体，有自己的爱好、情绪、追求，有为事业献身的理想，也有人类共有的普遍的人性弱点。

我以为，小小说因其篇幅，不可能像中、长篇小说那样写出复杂的性格，也不可能在有限的情节里并写两面。因此，能真实地写出他们的内心世界，就是我们追求的目标。

平萍的小说，为我们揭开了鲜为人知的警察心灵深处的另一面，使我们加深了对他们的了解，也看到了多彩的人生。

《青玉案》中的女警察是个很特别的形象，全然不是我们常见的公正、崇高的类型。她是一个球迷。她对心中喜爱的球星痴迷到忘记自己的职责，甚至包庇他，为他隐瞒不良的证据！她也为之付出了沉重的代价：被禁闭、通报批评，最终调离警察岗位。在青玉的身上，我们看到了她的执着，她作为青年人特有的热情，但也看到了她的幼稚，她对生活的轻率。

警察的工作是紧张忙碌的，但这并非说明他们的感情是苍白的。他们的内心也有暗藏的波涛，也有强烈的爱的追求。《春》大胆地披露了女警察丰富的内心世界。小说中的菡有了一个八岁的儿子，她本人已经三十二岁，不是一个浪漫的年岁了。但她在遇到一个熟人后，心潮却难以平静，仿佛又回到了十八岁。小说细腻地写出她的感情波动：反复思考自己作为妻子、母亲的身份与当前想法的不和谐，在理智与情感的较量里挣扎，在职责、道德、情爱中彷徨。这是真实的人性，没有一点掩饰，唯其真诚，不仅没有损害警察的形象，反而让我们感到可亲、可信与可爱。

渴望爱与被爱，是人们共通的情感。《约定情人节》《阳光味道》与《婚姻狂想曲》中的主人公都期盼幸福，她们也有着相同的遭遇：当心爱的人就要来到她们身边时，突发事件使她们的心愿成了美丽的泡影，生活的坎坷在她们心灵深处留下永远的疼痛。行文的曲折，是现实生活艰难的真实写照；不人为地涂抹亮色，使人物个性的另一面展示得更为充分。

《蝶恋花》中的公安局局长章菁则走得更远了！她在抓嫖娼、赌博的工作中雷厉风行，抓机关作风极有成效。但就是这样一名出色的警察，竟做梦和三个男人做爱。写警察的性欲，这个题材是我们过去不曾见到的，显示了作家写作的无禁区与超凡脱俗的胆识！其实，作家并不是离经叛道，因为即使是警察，他也是一个人，有普通人都有的情欲。因此章菁的行为不能算是另类，更不能看作大逆不道。只是由于我们长期被惯有的刻画人物的模式框限，在思维上已形成固定的概念而已。况且，当前社会上表面道貌岸然而背后男盗女娼的情况还少吗？作家敢于撕下假面，真实地展露人的本性，难道不值得称道吗？另一方面，当下不少的文学作品，为迎合世俗，获得所谓的阅读量而不惜大写特写性，这篇小说与它们大相径庭。小说不是展示具有低级趣味的细节，在感官上给人以刺激，而是极充分地写出人物的心理状态。小说《蝶恋花》从不同侧面写局长章菁对几个男子的不满意，利用弗洛伊德关于性心理的学说，实际给我们开辟了一个未曾接触的崭新领域。

平萍的小说，可谓写法多样：她以刻画人物的心理为主，这类作品占了主要篇幅。《不亦魍魉》则使用意象性的手法：电梯的十四层出现了一个白衣少女，又时而消失得毫无踪影——那是人物心中的一个向往或幻觉。这个人物或称幻觉的出现，使小说变得飘逸、空灵、神秘，增添了不少迷人的色彩。平萍自己曾说，她喜欢意象性的作品，这是不错的。意象是中国诗歌几千年来追求的一种重要表达。小小说的创作，如能运用，必将开辟一个新的局面！

《博弈》使用对比的手法，同时刻画出两个经历相似、思想性格完全不同的女警察的形象。作品运用对比，在极小的篇幅里融注更多的内容，写出不同的个性，不失为一种较好的创造方法。

如果说平萍的小说还有需要提高的地方，那就是她笔下的人物还缺乏深度，人物个性稍显单一；如果能写出多个侧面，则会更丰满一点。进一步了解社会，了解人性，平萍会写出经得住时间考验的能够流传的好作品。

我们期待着！

侯发山

　　侯发山，1966年生，河南巩义人。河南省小小说学会秘书长，郑州商学院客座教授，郑州市作家协会副主席，巩义市文联兼职副主席、巩义市作家协会主席。著有小说集20余部。多部作品曾被搬上荧屏。有180多篇小小说入选全国各地中学生试卷，部分被译介到海外。曾获小小说金麻雀奖。

在希望的田野上

花珠马上就要大学毕业了，在实习的问题上与妈妈桂兰产生了分歧。花珠在上海读的大学，桂兰希望花珠能在上海找个单位实习，将来有机会留在上海。花珠呢，却想回河南老家。

两人虽然远隔千里，有了微信便近在眼前，丝毫不耽误交流。

花珠说："妈，上海这地方，大学生多了去，显不着咱，还不如回去。"

桂兰心里荡漾了一下，她知道花珠的心思，担心自己一个人在家孤单。花珠四岁那年，她爸出车祸走了，是自己累死累活把她养大的，她比一般的孩子更懂得感恩和孝顺，说的话就很顺耳，像个痒痒挠，挠的尽是痒痒处。但是，当父母的，还是希望自己的子女像雄鹰一样飞出去，能飞多远就飞多远，能飞多高就飞多高。想到这里，桂兰稳定了一下情绪，说："人往高处走，水往低处流。傻闺女，好不容易走出去了，咋能再回来呢？"

"妈，人往高处走，其实高处不胜寒；水往低处流，其实海能纳百川。您一辈子没走出村，不也是过了大半辈子？"

"别跟妈贫嘴！妈吃的苦你知道？脸朝黄土背朝天，风里来雨里去……"

"妈，都是老皇历了，我的耳朵都听出茧子了，就别再提了。"

其实，大前年，村里的土地都流转给了希望，希望每个月给大伙儿颇丰的租金。这比种地还划算。家里有六亩地，自己不用操心，一年还白落好多钱。

桂兰不吭声了。

花珠说："妈，希望哥租一千多亩地，都弄啥哩？"

桂兰说："啥子观光农业园，说是种菜都不用土，嘻，妈也搞不明白。需要钱不？妈给你转。今年的地租，希望前天转给我了。"

花珠说："妈，给您说过，我在大学勤工俭学，有奖学金，用不着。对了，现在不种地了，家里也没啥事，您可以出去转转看看啊。"

"我天天转，天天看，还不花钱。"桂兰说着，把手机的摄像头对准桌子上的地球仪，这个还是花珠上初中时她给买的。

花珠扑哧一声笑了，说："妈，我给你说正经的。"

"妈听你的，出去旅游。但你也得听妈的，就在上海实习，不要胡思乱想。"

"好好好。"花珠忙不迭地答应了。

一星期后的一个晚上，花珠和桂兰视频聊天。桂兰看到花珠是在火车的卧铺车厢里，忙问："闺女，你这是去哪儿？"

"妈，我在火车上实习。"

"啊？你学的是农业，咋在火车上实习？"

"妈，你不是让我留在上海吗？没有找到合适的单位，只好找了个在火车上实习的机会，乘务员，也不是很累……不过，白天忙，不能聊天，只能晚上啊。"

"好好好，妈天天晚上跟你聊。"

就这样，每天晚上，花珠和桂兰都视频聊天。桂兰看到，每一次，花珠都是在火车的卧铺车厢里，这倒也好，风吹不着，雨淋不到。不过，实习结束后干啥呢？当乘务员？桂兰想从花珠的话里套出话来，可是花珠说话每次都是断断续续的，像吝啬鬼发红包似的，一次说一点，一次比一次的信息量少。

桂兰在家闲着无事，就到希望的农业园找了个事，干保洁。上班的第一天，大约是上午十一点，桂兰正在农业园的草坪里捡拾垃圾，忽然接到花珠微信视频聊天的请求，她忙挂断了。她东张西望了一番，有了主意，跑到那个水泥站台上，两边停放的是火车——希望买的是几节报废的火车车厢，简单装修了一下，让员工以及来这里拓展训练的客人当作宿舍用。桂兰抻了抻衣服，拍打了两下裤腿——其实上面也没有尘土，之后，她打开了花珠的视频聊天请求。

"妈，您干啥呢？"花珠还是在火车的卧铺车厢里。

"你不是说让我出去旅游吗？瞧，我在站台上。"桂兰说罢，用手机的摄像头照了照身前身后的火车。

"妈，您这是要到哪儿旅游？"

"北京，妈还没去过北京呢。"

"妈，您是不是上错站台了？"

"没有啊，就在县城的火车站，巴掌大的小站我还能上错？"

花珠忍住笑，说："妈，您看看您身后的站牌。"

桂兰扭头一看，只见后边竖着的站牌上写着"希望站（起点）—幸福站（终点）"。她不自然地笑了，然后对着手机说："花珠，这是希望的现代农业园，我来这里真长见识了，大棚里的豆角两米多长，吊在架子上像蛇……听希望说，他这里来了一个科班院校的实习生，之前就是人家给谋划的。"

"妈！"花珠推开"车厢"的门下来了——就是旁边停放着的火车。在阳光的照射下，花珠的脸蛋如花朵般绽放。

桂兰又惊又喜，一下子似乎什么都明白了。

父亲的花园

起初，我以为父亲会把后院开辟成小菜园，也没多加干涉，任由他折腾。这也是母亲去世后，父亲愿意到我家来提出的条件，房子换成一楼，且带有后院。我每天早出晚归上班下班，没有到后院去过。

大约半年后，那天是个周末，我难得休息一天，早餐的时候，不见父亲，随口问道："爸呢?"妻子说："他吃过了，去了后院。"吃罢饭，我来到后院，发现后院已经成了小花园。

花园有六十多平方米，不算很大，但在城里已经不小了。已经有不少花绽放，竞相报告着春的讯息：海棠花红中泛白，花朵的形状有点像小雨伞，微风吹来，像一个个伞舞者。山茶花如同它的名字一样，花朵不是很大，色彩也不艳丽，优雅，恬静。有两株牡丹花，每株开有四五朵，红艳艳的，浓烈不失富贵。院子的西边，靠墙一溜种的是紫荆花，枝干没有叶子，玫红色的花朵簇拥在老枝上，像被胶水粘在上边的蝴蝶，想飞也飞不走……

正在浇水的父亲放下水壶，指点着他的小花园，得意地说："过上一年半载，一年四季都有花开，夏天有向日葵、茉莉花，秋天有菊花、凤仙花，冬天有蜡梅……"父亲种的花多且杂，有乔木，也有灌木，有藤本，也有草本。看得出，父亲不是随随便便种的，是经过一番规划的，高低错落，层次参差，四季有景，富于变化。

我下意识嗅了下鼻子，一股馥郁的花香沁入我的肺腑，一下子有了精气神。我暗暗观察父亲，发现他的精神状态已经恢复到了正常。母亲去世后，父亲有好长一段时间都不在状态，这也是我坚持要把父亲接来的原因。

晚上谈到父亲的小花园时，妻子说："咱左边的邻居，人家后院子有柿树、枣树、石榴树，还有个小菜园，平时吃菜都不用上超市……"

妻子看似没有抱怨，其实也是在抱怨父亲。

我对妻子说："你知道咱妈叫什么吗？"

妻子愣了一下，说："我只知道她姓梅。"

"梅花香。"我解释道，"我也是今天才明白，侍弄这个花园，也可能是爸对妈最好的怀念，看着这些花，仿佛妈并没远去。"

妻子的脸红了，忙说："对不起，是我误会了爸。"

只要我在家，我发现，父亲除了吃饭睡觉，剩下的时间都泡在花园里，没有其他选项。浇水，施肥，打药，松土，等等，总有干不完的活儿。

因为工作上的事跟领导闹别扭，这天我请假休息，走进父亲的花园。父亲正在小憩，坐在花丛中，看看这个，瞧瞧那个。他觉察到我的到来，丝毫不掩饰他眼神中的爱怜，说："这些花有着不同的花语，紫荆花是团结友爱，海棠花是珍惜美好，山茶花代表高风亮节，牡丹寓意繁荣昌盛……"

听着父亲的话，看着眼前的花，我突然觉得花园是那么漂亮，好看得让我想哭，连疙疙瘩瘩的心情都荡平了。

我所在小区，人员构成比较复杂，有乡下来的打工者，有政府官员，有经商的，三教九流，啥人都有。因此说，小纠纷不断，若是开着窗户，除了炒菜声，还能听到吵架的声音，110也时常关顾，有时还打起来，打伤了还得叫120。社区主任很是头疼，联合物业，成立了业主委员会。父亲是退休教师，中共党员，有文化，被推选为业主委员会主任。发表就职演说的时候，我没在场，不知道他都说了什么。反正没过几天，我家后院的院墙拆除了，父亲允许小区的任何人出入他的花园。两天后，三楼西户把他家的两盆长寿花搬到了父亲的花园。第四天，五楼东户把他养的文竹搬了下来……父亲小花园里花的种类越来越多，平时赏花的人也接二连三。半年后，我家西边的邻居也把他家的菜园改成了花园，与我家的花园连为一体。

一年后，我所在的小区被评为"文明楼院"。有记者来探访，大家一致说都是父亲的功劳。父亲说："是花园的功劳。"记者想了半天，把花园起名"共享花园"。

父亲执拗地说："还是'和谐花园'好听一些。"

对了，我们那个小区叫"和谐小区"。

谈作品的正能量（创作谈）

可能有些朋友知道，我刚出道时写的小小说大多是讽刺类的。有一次在郑州开会期间，中国作家协会老领导翟泰丰老师和我简短交流后，我很受启发，他说社会的阴暗面也有，假恶丑也存在，但并不占社会主流。作家写出来的东西要让读者看到希望，看到光明，进而产生积极的东西。郭文斌曾这样说，作家们要怀着父母心肠去写作，写出来的文字能够让自己的孩子看，教会他们辨别什么是真、善、美；能够让自己的父母看，让他们认识什么是假、恶、丑。所以说，近年来，我一直强调写真善美的东西。要起到文学的教化功能和认知功能，不能仅仅只有娱乐功能。

什么是正能量？前边已经说过，主人公的"三观"正，没有凶杀、暴力、色情、讽刺等，写的都是温暖人心的人和事。《年画》中的康道平虽是商人，但在大灾大难面前，仍然表现出忧国忧民的家国情怀，这也是康百万家族昌盛十三代长达四百年之久的原因所在。《一场无关风月的爱情》中的周淑銮，她的"从一而终"封建思想不值得提倡，但她的善良，她的大义，足令现在"爱情唯物质论"的年轻人汗颜。《重逢》中的战士，在他身上体现的更是当代军人"舍小家为大家"的奉献精神。《租个女友过大年》中的父子，他们的做法让人啼笑皆非，但他们相互的关爱之情，以及圆满的结局还是让我们感动。

我始终相信，人间自有真情在。我们要用笔把这些"真情"写出来，感动更多的人，感染更多的人。

侯发山小小说构思技巧初探（评论）

曹安国

　　侯发山是当前全国小小说界非常活跃的一位河南作家。多年来在《山花》《小说界》《文艺报》《莽原》《飞天》《海燕》等上百家省市纯文学刊物发表小小说 1000 多篇，出版小说集 26 部。有 300 多篇小小说被《新华文摘》《作家文摘》《读者》《特别关注》《小说选刊》等刊物转载，入选全国各地中学语文试卷 180 余篇，在小小说界，截至目前恐怕无人能出其右。根据其小说改编创作的《手机》《跳楼》等 6 部电视剧由兰州电影制片厂拍摄制作，并先后在甘肃电视台播放；尚有部分作品译介到海外；获地市级以上各种奖项超 30 余次，其中有业界公认最有影响力的"小小说金麻雀奖"。我个人认为，侯发山是国内目前具有鲜明创作个性和庞大读者群的小小说作家之一。

　　在我有限的阅读范围内，从微观方面探讨作家作品语言、立意、结构等的评论文章很多，但从宏观方面研究作家构思技巧或者叫构思路径的文章十分鲜见，但这往往是决定一篇作品能否成功的关键因素。文学创作是一个非常复杂的过程，由接触素材触发冲动（灵感）或者接受创作任务开始，作者整理已有素材或者从事调查研究获得材料，进而构思，随后以文本形式表达出来，接着公开发表，最后接受读者反馈，其中最重要的环节便是构思。

　　确切地说，构思贯穿于文学创作中文本形成前的始终。构思又称构设、布局，是在素材基础上的总出发点。我觉得文学构思应该分为两个层面。第一个层面属于宏观方面，就是获得素材后对素材处理的整体构想，类似于建筑规划中的控制性详细规划，即对到手的土地从原则上给出建筑思路，画出框框，确定容积率、密度、限高、绿化率等；文学构思也是对已有的素材选择确定处理方式，规划动笔后的走向。文学构思的第二个层面属于微观方面，是对人物、情节、结构、语言等的细微构想，类似于建筑规划中的施工图纸设计，具体规定长度、宽度、高度、墙体厚度、门窗大小等数据及施工方法。没有构思，创作就没有了中心，没有了灵魂，注定不能结出优秀成果。因此，构思这一核心作用不容轻视。创作就是创新，力求出新。用好素材，使之形成独特的艺术形象，是构思的灵魂所在。构思决定作品的主题高下、人物形象的丰满羸弱、篇章结构的优劣和语言运用的妥否。因而我想不揣浅陋，以侯发山的小小说创作活动为例，发表一些我对小小说构思第一个层面上技巧（构思路径）的探索。

一、逆向思维

逆向思维也可称为反向思维，是指从常规思维相反的角度、过程出发去思考问题的方式。这是侯发山擅长运用的构思方法。逆向思维的特点是突破常规，从相反的角度去思考、去探索、去创新，往往能够出奇制胜，给人意想不到的收获。一切事物都有两面性和对立面，从相反的角度去思考问题常常会别有洞天，效果奇妙。写作构思时，逆向思维更容易发现新鲜的、别人不容易想到的答案。

在小小说《落叶》中，老孟是名环卫工人，打扫路面清理落叶是他的职责。但是仅按常规写打扫落叶，无论清扫得多么干净，不过也就是个朴实勤劳的工人罢了，没有什么文学效果。侯发山大胆采用逆向思维方式，若老孟不扫落叶呢？他巧妙设计了一个反向情节。出于偶然，老孟和落叶闹情绪，赌气不扫了，银杏叶"在阳光的照射下，在微风的吹拂下，像是一个个小精灵，闪闪烁烁，耀人的眼。一些叶子恋恋不舍地离开枝头，舞蹈着飘了下来，铺了一地的金黄，像是给大地铺了一张黄地毯"。老孟的反常规不扫，成就了秋天里的一道景观，被许多人拍摄并"当晚就有人在微信上'爆料'老孟——《落叶不扫，只为留住美丽》，还配有几张落叶的照片，其中一张，除了一地金黄的落叶，还有老孟坐在道牙上憨笑的样子。跟帖点赞的成千上万，一时间，老孟成了网红。这一年年终，老孟得了个先进"。结局引人深思，具有强烈的文学效果。

《护林员老杨》中，老杨高度敬业，"两个多月没下一滴雨了，正是高火险天气，林区枯枝落叶见火就着，而且在此防火期里，要一天三次向县林业局防火值班室报告林区的情况，实在是离不开啊"。越是怕，狼来吓。"他看见了山脚下的浓烟和火光！他浑身打战，又气又急，这火就像是在烧他的骨头，烧他的心啊！""等老杨跌跌撞撞跑到山下，他身上的衣服被荆棘扯得长一片短一截，脸上、胳膊上挂满了一溜一溜的血道子；他的两只黄球鞋不知什么时候跑丢了，两只脚掌上的血泡磨破又生出，血淋淋的让人惨不忍睹……"到了火堆跟前，意外发现火是自己的儿子杨林放的，儿子说道："我和娘好多天没看到你了，很想你，又不知道你在山上什么地方……我就弄来一堆干草点燃了，猜测你看到火光一定会下山的。""放火"这个逆向思维情节的设置把老杨恪尽职守、无私忘我的光辉形象刻画得生动鲜明，淋漓尽致。

二、延展思维

顾名思义，延展思维就是能够在原有的事实基础上，凭借自己的经验加以扩展和延伸，从而获取多种情节和结局的方式。这种方法的重点在于你得有丰富的想象力和发散思维能力，抓住已有事实的实质，用它去扩展情节和结局。简单地说，就是要举一反三，看待问题要深入思考，想到更深层次，从而达到立意深邃的效果。侯发山对这种构思方法使用得得心应手。

抗疫题材的小小说《爱心菜》中老王的素材来自沈丘县白集镇的退伍老兵王国辉，在武汉疫情肆虐物资紧缺的大年三十，他自驾汽车送去自己种植的五吨"上海青""黑皮冬瓜"，精神感人，但若照实写来，充其量也就是一篇新闻报道。侯发山运用延展思维的构思技巧又进行了艺术加工，虚构增加了超市杨老板的情节，受老王影响，以盈利为主的商人也为武汉送去了爱心菜。通过故事情节的延展，让故事更加丰满，更加感人，意境也更加深远。

《一双皮鞋》的素材来自我们一块儿吃饭时文友讲的一个段子。说有个战争年代过来的文化部门的领导，艰苦朴素作风不变，20世纪末离休后还到垃圾桶里捡皮鞋穿。就这么简单，当时大家一笑了之，侯发山却运用延展思维的方式把故事情节往后推延，虚构了一个人物——马老伯的儿子，把马老伯捡到的皮鞋和儿子要买的皮鞋、马老伯的辛苦和儿子的安逸对比，勾画出具有深刻内涵的一篇小小说。

三、反转思维

反转，指故事情节没有沿着它的正常规律发展，最后突然来个一百八十度的陡转，出现令人意想不到的结局。反转技巧的运用，使文章产生强烈的艺术效果，引人反思，能起到落差巨大的震撼效应。这是侯发山惯用的构思方式。

《朋友圈》原发《郑州日报》2016年5月18日，《小说选刊》2017年第1期转载。获2017年"善德武陵"杯全国微小说精品奖一等奖。作品中"我"的朋友圈时常热闹纷繁，只要一打开，问候的和发一分两分小红包的层出不穷。"双11"为了躲避朋友圈中朋友们的借款，"我"发了一条向朋友们借款的消息，从此朋友圈中的信息销声匿迹。这是第一个反转。第二天早上，正当"我"失望之极时，忽然一个陌生人"祝你平安"转过来两千元。这是第二个反转。"朋友不在多，一个就够了！人生得一知己足矣，朋友也一样。"当"我"以妻子的口气询问对方是谁时，出现了第三个反转：转钱人是"我"的母亲。至此，经过三次反转，让读者心如雷震，反思再三，深刻回味友情和亲情。正如《小说选刊》副主编李晓东所点评的：《朋友圈》千余字，绘出了朋友圈的热闹与浮华、冷漠和虚假。而最深沉坚定的，依然是古老的亲情，读之令人感慨不已。

结尾反转是侯发山小小说创作中运用最多的构思方式，占总体的百分之五十以上，也可以说是侯发山能够立足于小小说界的看家本领。读者可以去读《傻老板》《南京、北京》《唐三彩》等加深领会。这种方式构思时要求做好情节反转的设计，处理好开头与结尾的情节关系，有意让材料形成较大的落差，凸显反转的效果。

四、布局设疑

布局设疑法是侯发山的又一种构思方法，也是我认为能够出高质量作品的构思方法。布局设疑法同结尾反转法最大的不同在于结尾反转法只是在结尾时陡然一转，颠覆了读者的预想结局，引起读者回味；布局设疑法却是整篇作品在有条有理的叙述中巧妙地设下了一个局，并且始终没有给出明确的答案。随着读者深入体味，才能意识到故事的结局是多义的、不确定的，有几个读者就可能有几种结局。这种作品可以引起读者的深入思考，吸引读者反复阅读，去追寻最合理的、最接近事实的结局。

《局长的笔记本》是《小说选刊》选载侯发山的又一篇小小说。编辑的稿签笔记这样评价："《局长的笔记本》以出人意料的结局取胜。故事开始就大吊读者胃口，接着环环相扣，跌宕起伏，最后谜底揭开，既在意料之外，又在情理之中，让人拍案叫绝。"如此评价，可谓到位。但在我看来，这篇小说的结局是一个没有结局的结局。请看最后三段：

有一天晚上，在一家小酒馆里，张局长和老马两个人推杯换盏称兄道弟。

老马舌头打着卷儿："张……张局，那个笔记本真是你父亲的？"

张局长笑了笑，没有说话。

《局长的笔记本》是在张局长出差不在家时，由老马捡到并将内容公之于众从而塑造了张局长的高大形象，最后张局长得以由副晋正。结合上面的对话，笔记本上那些话是谁写的，笔记本到底丢没丢，谁能说出准确的答案呢？不能不怀疑这件事有可能就是张局长晋升路上自己垫的一个台阶。

《火眼金睛》也是用的这种思路。大高是本文的主角，他非常清楚表演"火眼金睛"的危险性，不忍心将该技艺传给徒弟阿三。大高得知阿三在偷偷学艺，当阿三的父亲来看望儿子时，便鼓励阿三露一手。阿三失败受伤。当得知是因为阿三的父亲妒忌怨恨自己，偷梁换柱致使亲骨肉阿三双目失明后，大高又表示要养活阿三一辈子，传他几样杂技艺术，作为阿三终生的饭碗。如此做人，真称得上是一个有情有义、心地良善的好师父！但是贯穿全文反复去看，不得不怀疑大高本身就是思想狭隘，真的怕"教会徒弟，饿死师父"呢！试想，"火眼金睛"这么危险、这么高难度的杂技，大高鼓励向来没有实战过的阿三上场表演，谁又敢不认为是大高看穿了阿三父亲的鬼把戏，"以其人之道，还治其人之身"，城府如海、心机阴暗地有意为之呢？只能说，小说一波三折引人入胜的故事情节其实是设了个局，没有标准答案，给我们开发了一片对复杂人性的极大想象空间。

五、借用蒙太奇

蒙太奇是一种电影的镜头组合手法，将时空予以分解组合，认为两个镜头的并列意义大于单个镜头的意义，甚至将电影认为是镜头与镜头构筑并列的艺术。这也是侯发山构思小小说时经常借用的一种手法。遇到时间跨度大、场景跳跃性强的素材时，运用这种构思方式，往往能够给读者留下鲜明的效果。

微型小说理论家刘海涛说，"微型小说是省略的艺术，它往往借助跳跃式的情节来扩大故事的容量"。在《三代日记》中，侯发山采撷了几个历史片段，形象地透视了社会与人生的变迁。三则日记中都强调了"吃"，但各有不同。第一则写朋友的父亲小时候的生活有了上顿没下顿，是靠要饭过活的，为了感到不饿，做了一系列荒唐的事情。第二则写"我"的朋友为了填饱肚子被父亲叫去摘野菜，而朋友摘回一篮子的红枣却挨了揍，原因是吃了红枣会使人更想吃饭。第三则写的却是朋友的儿子被母亲逼着吃饭，他为了应付了事，想法子把母亲支开趁机把饺子扒拉到沙发底下，最后是家中的狗帮他解决掉的。这犹如电影运用"蒙太奇"处理历史片，既巧妙组接，又各有内涵，产生了别有意味的艺术效果。

可以说，《三代日记》给读者创造了很大的想象空间，读者尽可以结合自己的阅历，通过分析、推测和想象来完成这一幕幕历史变迁的图景。

侯发山借用蒙太奇方式构思小小说比较经典的还有《我想亲亲你》《父亲的日记》《三代武汉情》等等，大家若有兴趣，可以仔细品味。

六、对比映衬

对比映衬是侯发山作品常用的构思手法之一。对比映衬中的配角很重要，通过强烈的反差对比和配角的陪衬，突出了强与弱、善与恶、美与丑的鲜明形象。巧妙地运用对比映衬的手法来写人写景写情，会使人物形象更鲜明，主题更突出，故事情节更摇曳多姿，文章具有更强的表现力。

《稻香》这篇小小说描写了前后两位沟长——旺达与索姆。通过农民种地和生活的细节，把他们的心理、情感、个性、好恶都写得那么真实、可感。小说没有大起大落的情节波动，没有惊天动地的伟业壮举，索姆助人为乐的高风亮节也没有过多渲染和描写，但通过和前任沟长旺达的对比，结尾处乡亲们送来的稻谷就很清晰地说明了问题。一个小得不能再小的芝麻官"沟长"，心中唯有全心全意为乡亲们服务，而没有一点私欲，不禁让我们肃然起敬！

《贵宾》书写的是一个心酸的故事，让人感叹、唏嘘甚至气愤，通过对比映衬的构思手法，发人深思。郑宗武几次丢狗，最终发现全是其父所为，看来荒诞，其实心酸。都说养儿防老，郑老头养大了儿子，还把有限的三万元钱积蓄拿出来供儿子买房，不仅没受到儿子孝敬，还沦落到四处流浪以拾荒为生的境地；而儿子却视而不见，出手阔绰以三万元的高价买回来一条宠物狗，奉为贵宾。郑老头视为珍宝的汗水钱，儿子却如水泼出去；儿子对含辛茹苦养大自己的父亲置之不理，却专注投入养狗。通过郑老汉和狗的际遇，人性的沦陷硬邦邦地将人心击得不忍直视，很有批判力度。

七、以小见大

以小见大，即在文章作品中，通过小题材、小事件和细节来揭示重大主题、反映深广内容的构思方法。以小见大法的特点就在于抓住一事一物、一情一景，以个别反映一般，从大处着眼、小处落笔，深入发掘，展开联想，为读者创造一个比现实生活更广阔、更深远的艺术境界。侯发山往往选取生活中最典型的小事物、小片段、小镜头和生活细节，思索其中蕴含的深刻意义，挖掘出其不寻常的内涵，揭示事物本质蕴含的深刻哲理，反映人物的精神面貌，传达一定的社会意义。

作为一个有责任心的作家，应该重视普通百姓的生活，把摄像机的镜头对准弱势群体，以唤起全社会的关注和帮助。《竹子开花》这篇小小说，是个写农民工家庭留守儿童的老题材，侯发山选择了一个很特殊的视角：通过一个镜头来串接整个事件。父亲出门打工时，许诺竹子开花时回来和女儿团聚。孩子是天真的、情深的、真挚的，最终也没有看到竹子开花。当她的期望破灭时，她把父亲寄来的各种各样的花挂到竹子上，以期满足自己那小小的愿望。这是一个小得不能再小的细节，却能引起我们每个大人、每个为人父母者巨大的心灵震撼！

"亲亲"，本来是一个甜蜜而饱含真情的细微动作，看似平常，却在侯发山的小小说《我想亲亲你》里绽放出绚丽的色彩，迸射出感人的力量。在这篇作品里，写了三次"亲亲"：第一次，女儿隔着电视屏幕亲妈妈；第二次，妈妈隔着手机屏幕亲女儿；第三次，爸爸隔着玻璃门亲妈妈。看似微小的细节，在作品中却起到巨大的作用。

其一，它是一条线索，穿起抗疫生活里的散乱珍珠，彰显出作品的结构之美。其二，它出现在生活的不同阶段，分别凸显出女儿对母亲的想念、母亲对女儿的牵挂，还有夫妻之间的绵绵恩爱，极具个性特征。其三，平常的细节放在典型的环境——白衣战士为抗疫而送行，舍小家保大家，就具有打动人心的艺术感染力。因了这个小小的细节，《我想亲亲你》成为一篇紧跟时代，与人民同呼吸、共命运的好作品，完美地体现了以小见大这种构思手法的巨大魅力。

生活中轰轰烈烈的大事并不多，围绕我们的都是平凡小事，但侯发山却能从平凡的小事中发掘亮点，悟出道理，揭示主题，把人物写得有血有肉，有声有色，感情表达深厚、细腻、感人，通过看似平凡的小事突出人物的性格，从而揭示不平凡的主题。

用了这么长的篇幅，也只是梳理了侯发山小小说创作中较常用的几种构思技巧，逾千篇作品的他，构思技巧绝对不止这些，再说凭我的有限学养也不可能全部搜罗出来。挂一漏万，只能起到抛砖引玉的作用，理越辩越明，希望更多的同人来参与探讨。

左海伯

左海伯，1967 年生，河南光山人。中国作家协会会员，河南省杂文学会会员，信阳市小小说学会会长，光山县作家协会主席。作品散见于《莽原》《大观·东京文学》《时代报告（奔流）》《大河报》《百花园》《微型小说选刊》《牡丹》《北方文学》等。

古盅

光阴如梭，一晃，几十年都没了。

我爷那辈人，个个像岁月中风干的枯树，纷纷倒下了。

好在我爷、三爷，都还活着。可这活法，质地不一，千差万别。

我爷用老人机，只接电话，鳏夫凑村头，搓土烟，喝闷酒。

三爷驾奥迪车，专搞旅游，高龄泛商海，刷抖音，赶新潮。

三爷抖音炫耀的，是他旅途中的民俗、风光、美酒、美食……他常常不着痕迹地显摆的，是他的藏酒、名表、雪茄、钻戒、老狗、少妻……

这一切都是三爷放的烟幕弹。时常，他在抖音里以无比激动的声音报告他的重大发现时，大幕往往才真正拉开。三爷这回的重大发现是他在西安的古玩市场上，收获的一批仿制唐代的陶瓷酒盅。头戴瓜皮帽、身着文化衫的三爷，在抖音里把酒斟进那内置腾龙造型的酒盅里，斟满一半，渐至大半，如何摇晃，倾倒，盅中酒虽有泼洒，但大多仍在；接着，他将酒斟满，那底子无缝的酒盅，就会开始漏酒，最终漏得一滴不剩！

都瞪大你们的鹰眼，这酒盅富有人生哲理呀！快要结束时，三爷无比煽情地引诱道。

贪婪致人一场空哦！

视频最后，三爷咂着他薄如刀片的两叶嘴唇，总结道。他这么说时，脸上适时浮出无限遗憾的神色，意味深长。

三爷目的是卖货。他抖音界面不会忽略他的销售热线、店铺地址。前面的是饵，后面的内容，才是钩。

我朋友二椤，就是我三爷钩上的鱼。他佩服我三爷。

在我心中，你三爷是个神秘人物。他常对我说。

今年劳动节，我与二椤两家人在武汉度假，其间一个夜晚，我们去汉口见了我三爷。我没让我们的夫人和孩子同往，若不是二椤硬拽，我都不想见他。

同是古玩销售，三爷的店铺也与众不同。他店面中布置了不少鲜花，一个小三爷约莫三十岁的眼睛种假睫毛的丰腴女人（显然不是三爷原配），在那花间穿梭。这是花店吗?！我心里直犯嘀咕。

见二椤要买古盅，三爷来了精神。老伴儿，快沏茶！他对那女人刚说完，那句话在吧台上立即回荡了一遍，像放录音。二椤诧异，抬头发现是一只鹦鹉，站在那吊着的横杆上学舌。他脸上现出莫名其妙的笑意。

三爷站在那里，干瘦的身子，尽显铿锵的气韵。他一手端着古盅，一手往那古盅里斟酒。他边演示边说，年轻人，这酒如女人，你找应分的，不管怎么折腾，都不打紧，至少还有回酣，你看你看，是不是? 可一旦贪婪、出格，最终会鸡飞蛋打，一无所有。你看你看，不剩一滴了，连酒味都不存在了。说罢，他把那酒盅伸到二椤的鼻子前，让二椤闻。

我们像是在看一场魔术。二椤不太相信，他把那古盅拿起，又闻了闻，明显被震撼了。

年轻人，这古盅，藏哲理，对吧?

是的，真是神秘。

买不?

买。

好好对待老婆，不可贪杯哟!

当然、当然，向古盅学习! 二椤应道，小鸡啄米似的点头。

我暗笑，他的脑袋那会儿被三爷洗得够净了。

金碗

在与我爷同辈的那拨人中，我三爷是不凡的。

中华人民共和国成立前，人们都像骡马样给地主打长工，家家户户都穷得叮当响的时候，三爷就发财了。

他异于常人之处，就是他不过正常人的生活。他二十刚出头，便领了邻村一地主的小老婆，背井离乡，在汉口当起了"扁担"；后来有了些本钱，便摆地摊，开店铺，没几年，就挣了不少钱。

三十而立，对我三爷不适用，他是从三十岁开始折腾的。那年开春，他让三奶守铺子，他自己开起了饭店。饭店的名，是三爷自己取的，叫熙春楼。三奶看着看着，心中就泛起不快，总觉得她男人开的不是饭馆，而是妓院。

不过饭店生意尚可。三爷的头发，天天梳得苍蝇在上面都蹬不住脚；皮鞋也擦得晃眼。在饭店柜台后放着棉垫的椅子上，三爷跷着二郎腿，他那双色眯眯的小眼睛，总是盯着新招的服务员翠翠，翠翠一步三摇的背影，让三爷心旌摇曳，整个儿人整日都在邪风中呼啦啦地飘荡。

一天晚上，店已打烊了。只有三爷与翠翠还在店中。翠翠从柜台前经过，她托盘上端着的一个瓷碗，竟掉在了地上，摔得柜台前一地如花的灿烂。那动静惊动了低头盘账的三爷，他站起身，一脸严肃，走向事故现场。蹲在地上捡拾残片的翠翠，心思全在老板的反应上。三爷皮鞋踏地的声音很是急促，可很快就停止了。她知道三爷在瞄她。老板，我错了。愿接受你的任何惩罚。翠翠这天故意着低胸的白色连衣裙诱惑三爷，三爷嗓子干涸，一句话也没说出来。听到翠翠这么请求，他瞬间受到了鼓舞。一把将翠翠拉抱在怀，急急寻了柜台后的暗室去了。

翠翠喜欢三爷这样的惩罚。三爷做梦都没想到，每隔两三天，翠翠就向三爷作出暗示。三爷稍有迟疑，她就把瓷碗摔破一个。饭店那一摞碗，不出两个月，就快要摔完了。

三爷年轻，可他也受不了了。他想回避，可一时竟无计可施。

他苦思冥想，还是想出了应对之策。一日，翠翠摔碗要求惩罚时，暗室里三爷磨磨蹭蹭，解不开他的裤子。最后，他从裤兜中掏出一个金碗，双手捧着，跪地奉了上去。

姑奶奶，你饶了我吧。

翠翠那时已闭了眼，赤身平躺在暗室的沙发上。三爷长时间没有上来，她咬牙道，没有那金刚钻，谁叫你揽瓷器活儿！

从今往后，你不要再摔我的碗了，我也不再惩罚你。可以不？

放屁！翠翠骂道。

姑奶奶，你睁眼看下，我给你定制了一个金碗。

翠翠忽地坐了起来。三爷手上闪烁的金光进入她眼里时，她一下子便把金碗抢了过去，在那光线晦暗的房间里，急不可待地端详起来。

这一切可是真的？她的目光没有离开金碗，喃喃自语。

当然是真的！以后你端着金碗，不用干活了，我养你。三爷道。不过，你不可再摔打我的碗了。他最后补充的，才是他的要义。

当然可以！

翠翠攥着金碗，边承诺边从沙发上滑下来，泥鳅一样偎进三爷的怀里。

隔墙邻居都能听到她吧唧吧唧啃三爷脸颊的声音。

绝唱

儿子病得不轻。夜里就交代次日去医院看医生，由她放羊。

她年近八十，似乎有二十年没上山放羊了。近年来，勤劳的儿子、儿媳把自家的羊群数量扩大了五倍。春夏季节，羊群简直就是徜徉在山坡草地上的白云。每次远望，她都喜得合不拢嘴，总是暗暗为儿子竖起大拇指。

夜里，她想起小时候跟祖父在戈壁滩上放羊唱歌的情景，一幕幕浮现在眼前。春风和煦，天蓝云白；蔓草无际，旷野空阔。羊儿把嘴深深地伸进草丛中，祖父则骑着他的白马，向远处驰骋。她张开口，稚嫩嘹亮的歌声，像天籁，立刻在草原上回荡起来。有鹤，依歌的节奏，绕羊群振翅起舞；有羊，在草丛中抬起头，向她深情回眸……

这天正好是周日。带着小孙子，俩人出门放羊了。在山坡的草地上，羊群像缓缓移动的白色云絮。净空如洗，小孙子的风筝，在蓝天上奋力播撒着他探寻远方的梦想。她突然又想到她的少年和她的青春。她油然就张开了口：

> 今天实在意外，为何你不等待，野火样的心情来找你，帐篷不在，你也不在。哦，嘎俄丽泰，嘎俄丽泰，我的心爱……

就这样，羊群向山顶移动，小孙子在远处玩闹，她在山顶歌唱。接近正午，她终于累了。她在山顶一棵古松下的青石上打起盹儿来。她做起了梦，在梦中，她仍像百灵鸟一样，欢快地唱着：

> 半个月亮爬上来，咿啦啦爬上来，照着我的姑娘梳妆台，咿啦啦梳妆台。请你把那纱窗快打开，咿啦啦快打开，咿啦啦快打开……

在梦境中，她唱得那么专注、动听、忘我。没有掌声，也没有人献花。她没有在意这些。她在意的，是歌唱本身。

可她突然就听到了羊群急切的呼喊声。她一骨碌坐了起来，揉了揉浑浊的眼，定睛一看，她吃了一惊：几只雄健威猛的狼，已经逼近到羊群面前，双方正在对峙。羊群已然慌乱，头羊高昂着头，远远地望向她，正惊恐地叫着，像在呼救。而那几只狼，个个前蹲后立，眼泄凶光，个个做好了进攻的准备。

"奶奶！奶奶！"

小孙子攥着风筝，从山坡向她跑来。

她紧张得牙齿都打战了。她分明听见她的上下牙尖相互碰击发出的小鸡啄食般的声音。

她没有武器，又年老力竭，根本不是狼的对手。她焦急万分，竟绝望地闭上了眼睛。

突然，她迸发了。她的眼睛像是被希望点燃，闪着亮光，高亢的歌声，从她的口中喷薄而出：

> 一辈子放牧摸黑又起早，马背上失去了青春却不曾知道。放过羊群放过马群，放过了风沙也放过风暴，最爱喝的是烈性的酒，最爱唱的是蒙古的长调。只要喝了酒只要唱起歌，大树也压不垮哎大风也刮不倒，啊——哈——嘿——

狼和羊，还有她的孙子，无疑都在瞬间被这歇斯底里的嘹亮的歌声震慑了。

小孙子愣怔在原地，他被眼前的景象吓坏了。

狼都站起身，羊都停止了呼喊。它们都把探寻的目光，集中到眼前这个瘦小的老太太身上。

她望望羊，又望望狼，再次大声唱起来：

一辈子放牧摸黑又起早，马背上颠簸去岁月累弯了腰。放牧着昨天放牧着明天，追逐过彩云迷恋过花草，从不辗转昨日的围栏，总在把新的牧场寻找。大河也拦不住，沙漠也挡不住，马蹄声扣响了心中的春潮，啊——哈——嘿——

唱着唱着，她发现所有的羊眼里都亮晶晶地闪着山泉一般的眼泪，那些狼，都收敛了眼里的凶光，它们的脸上，似乎都挂满了愧疚的纹路。歌声停止，它们与这位老妇人对望了足足一分钟。

突然间，它们朝松林深处撤了。

见狼群在密林中消失，她的脸庞一下子松弛了下来。

她额头上汗涔涔的。她想抬手，用袖子擦下她的额头，可已经做不到了。天空像巨大的井，云在那里快速地旋转。

她终于支撑不住，躺倒在松树下的草丛中。饱经风霜的脸上，那抹淡然的微笑，像一朵永开不败的花儿。

我的绿豆芝麻（创作谈）

　　光阴似箭，逝者如斯。一不小心，已过去了半生光阴。回顾过往，岁月平凡，甚至有几分惨淡。聊以自慰的，除却孩子从幼苗长成笔直大树，已撑起一片绿荫外，就是时光的幽暗里，我没有放弃读书写作，特别是小小说的创作。

　　我不像农民，在田地边角上播种绿豆芝麻。我把它们都精心地播种在我面积不大的责任田里。

　　播种之前，我将土地进行深耕细作，施加了认真准备的有机肥。对种子，也依相应的程序处理：消毒，除尘，香熏。之所以这么做，是因为我的内心对绿豆芝麻充满了敬意。

　　我喜欢绿豆。

　　它易种，易收。保持水肥供给，收成一般不会让人失望。在盛夏，天热难耐之际，用绿豆熬汤，放凉，从田畴或旅途归来，喝上几口，顿觉暑气全消，神清气爽。

　　我亦喜欢芝麻。

　　种子纤微如尘。可一接近土地，它立即就迸发巨大的力量。那看不见的根系，能深深地扎进土地的深处，吸取大地的营养，而破土的那毛茸茸的一条条的绿色，就是一道道的希望。待那喇叭状的散发着淡淡清香的花儿灿然开放之际，芝麻两天一节地疯狂生长，很是喜人。最终，它们的个头不够高大，但个个腰身挺拔，皆有凛然之气。秋里，芝麻收获的季节，空气中都氤氲着沁人的香。用芝麻榨出的小磨油，黄金一般闪亮。煲汤，凉调小菜，根本不需太多，仅一滴，那扑面的香，让周围的人和物，皆陶陶然似醉。

与绿豆、芝麻交际，幸甚至哉！

善恶交织中的人性深度（评论）

谢秀霞

　　左海伯的写作从杂文起步，然后转型到诗歌、散文，最后定格在小说上。在年复一年的耕耘中，已走过了二十多个春秋。熟悉他的文友会如此感慨：文如其人，从最初的尖锐犀利，走过略显迷茫的生硬，到如今的悲悯厚重，他不愧是坚守在基层的文学朝圣者。

　　左海伯的小小说数量不多，却呈现出属于他自己的独特风格：以小小说的体量去涵容宏大主题，用旧时光烙印中的人物来凸显时代的变化起伏及所呈现出来的驳杂的善恶观，在具有戏剧张力的二元对立中挖掘人性深处迸发的精神力量。

　　以一个小细节、一个小切面来触动社会躯体上的敏感神经，是小说家的灵光乍现。然而，左海伯的《绝唱》却在小小说的体量中含蕴着史诗般的宏大感。在短短的一千多字的小小说里，以"唱歌"为线勾勒出主人公（八十多岁的"奶奶"）的一生，同时又通过这份歌唱的力量唤醒并击退狼群，保护了自己的后辈和羊。

　　在这篇小小说里，小小说"小"的体量与空旷广阔的场景，天真活泼的幼童与老迈的妇人，温和的羊群与凶猛的群狼力量的强弱，"奶奶"的外在老弱和歌唱迸发出精神力量之巨大……通过这种大与小、强与弱、凶猛与柔弱、善念与恶行、人性与兽性的对比和碰撞，呈现了人性的伟力，人作为自然的一部分但又超出自然的自在性与自主性。"奶奶"这个人物，以其老迈弱小的外在躯体与坚韧挺立的内在精神形成巨大的反差和张力。

"奶奶"这个形象更是人类的象征和缩影，在与自然、野兽的对峙中，迸发出强大的精神牵引力。作者用一种近乎象征的手法，呈现了人性战胜了兽性，这几乎在现实中不可能发生的神奇场景。这更是一种人性的寓言，在广阔无边、内蕴神奇的自然中，人类以其平凡的身躯凌驾于自然之上，成为万物之灵。但在自然界里，弱小的人类何能如此？那就是世世代代、祖祖辈辈在艰难的生存中不断蓄积的精神和信念，在极端的境遇下，就会迸发而出。强弱的对比，善恶的交织，组成了这篇小说最有力的内核。这种对立也使人性在一个更高层面上得到整合和提升。

《金碗》《古蛊》两篇小小说则以带着旧时光烙印的人物"三爷"的发迹史，行为和价值观，来凸显在当今时代日渐衰微的善恶观：人类通过物化自己换取"金饭碗"，商家通过贩卖哲思和情怀来实现暴利敛财！主人公"三爷"正是作者为了凸显这一时代主题而塑造的一个典型人物。同样的这个人物形象也给人一个二元对立的感觉：人格灵活度与本能欲望，行为与语言矛盾，内在的放纵与外在的包装……作者就是这样，擅长在看起来对立中走向统一，从而把人性深处的阴影部分，黑化的能量部分大白于天下，呈现给读者一个丰富的、多元的、有层次感的人物形象。

与此同时，从左海伯近年发表的作品可以看出，作为一名基层写作者，他致力于对家乡红色文化的挖掘与颂扬，如《小鬼当兵》；着力表现当代官场中关系的微妙和心思的幽微，如《今夕何夕》；对绿豆芝麻似的家长里短中新型婆媳关系的颂扬，如《一份存折》……这些作品都是他内在愈加厚重的乡土情怀映射到写作中的体现，也是他个人成长中人性深处的悲悯情怀的凸显。

小小说虽然篇幅短小，但往往需要精心的构思和细腻的心理刻画。最值得一提的是，左海伯的小小说在心理描写方面非常出色。在《一份存折》中，婆婆面对老伴儿留下的存折，内心有爱，有怨，有小算计，尤其是当听到媳妇说到存折利息时她的失落感；当媳妇把一份存折背后的爱进行诠释时，这对婆媳被这份爱的传承连接在一起，这份家族之爱已然成为

"传家宝"了。那一刻，人性的光辉映出文明进步的新风尚。

这些心理描写把人物一波三折的内心戏展示得淋漓尽致，让小说情节更加跌宕起伏，也让读者更加深入地代入其中，对人物的性格和命运更加感同身受。

以小小说为触角来连接社会，左海伯的作品以细腻的笔触和独特的视角展现了一个丰富多彩的世界。在小说的主题和思想上，他始终坚持挖掘与突破，引导读者思考社会现实并参与其中。在作品风格、内涵、主题以及心理刻画等方面，作者从细微处着笔，在看似琐碎的日常中发力，展现出了独特的才华和视角。

江 岸

　　江岸，1967 年生，河南商城人，郑州大学中文系毕业。中国作家协会会员，河南省小小说学会副会长。在数百种报刊发表地域文化系列小小说"黄泥湾风情""青龙街纪事"500多篇，发表中短篇小说、诗歌、散文若干，百余篇作品被《小说选刊》《小小说选刊》《微型小说选刊》《作家文摘》《中华文摘》《读者》《青年文摘》《海外文摘》等转载，被收入《中国新文学大系 1976—2000 第十六集 微型小说卷》《1978—2018 中国优秀小小说》等选本。出版作品集《亲吻爹娘》《黄泥湾风情》等 10 部。《旦角》《开秧门》《狗恋蛋》获《小小说选刊》全国小小说优秀作品奖，《亲吻爹娘》《大风口》获全国微型小说年度评选一等奖，《老娘土》《父亲的梦》等获小小说金麻雀奖。《亲吻爹娘》入选"改革开放 40年：小小说 40 人、40 事、100 篇经典""改革开放 40 周年最具影响力小小说"。部分作品被推介到大洋洲、欧洲。

奔丧

　　王魁还是在他娘升天的那一年回的老家。屈指算来，他已经整整五年没有回故乡黄泥湾了。爹虽然老了，但没有老到犯糊涂的份儿上。就这几个手指头，他掰得过来。

　　爹躺在床上，有气无力地说，给宝儿打电话，让他快回来。

　　怎么跟他说呢？

　　就说我不行了，要见他最后一面。

　　王魁的几个姐姐分别叫王凤、王琴、王芳，爹叫了她们半辈子王凤、王琴、王芳。王魁有大号，可爹偏不叫，他都三十多岁的人了，爹还宝儿宝儿地喊他。王魁出生之前，爹和娘已经生了八个女儿，送人的送人，丢崖下的丢崖下，还放木盆里顺河水漂走一个，只留下王凤、王琴和王芳。王魁出生的时候，爹已经四十七岁了，娘四十五。这么大年龄结出个老秋瓜，怎么不是个宝儿呢？

　　王魁急匆匆从广州赶回来。一进院子，他就丢了行李，长号一声，爹啊，救火似的往爹的卧室冲。

　　爹这两天被女儿们汤汤水水地伺候着，身体本已无大碍，加上得知王魁正在往家赶的消息，病就全好了。他想起床，到村口去接接王魁，硬是被女儿们按了回去。

　　王魁半蹲半跪在爹的床前，大哭着说，爹，宝儿回来了。

　　按照女儿们事先的安排，王魁进来以后，爹只能缓缓地睁开眼睛，气若游丝地哼几声，然后在女儿们的搀扶下慢慢坐起来，和王魁拉呱……可是爹憋不住。爹双手一撑，竟然呼啦一下直起腰，一把抱住王魁，大声地说，宝儿、宝儿，俺的宝儿……

这个戏至此彻底演砸了！

王魁从爹的卧室走出来的时候，脸色比锅底还黑。王琴递给他一杯茶，他劈手接过来，掼了个粉碎；王芳递给他一块馍，他也摔到她脚边。一条老黄狗飞快地冲过来，叼起大些的馍块儿；一群鸡咕咕叫着围过来，啄食四分五裂的馍渣儿。他一脚踢跑那条狗，又一脚踢飞一群鸡。整个小院鸡飞狗跳，好不热闹。

王凤也黑了脸，喝道，王魁，你疯了吗？

王魁吼道，我疯了，我就是疯了。你们知道吗？我们厂现在正是生产旺季，忙得吃饭放屁的工夫都没有。老板死活不批假，我是赌气辞职回来的。

王芳嘀咕，不就是打个工吗？以后再找活儿，还能找不到？

王魁一下子蹦到王芳面前，手指着她的鼻尖，说，我在这个厂干了十三年，从小工到主管，我容易吗？小工拼死拼活干一个月，才三千元，主管一个月一万多，你知道吗？你去给我找个主管的活儿试试！

王芳吓哭了，躲到了王凤身后。

王琴气恼地说，爹五年没见你，能不想你吗？

王魁说，想我，看看照片行不行，打打电话行不行，把他送广州去一趟行不行，非得让我回来？我哪个月不给他汇钱，他缺吃缺喝缺穿了？

王凤重重地叹了一口气，说，我们过去不是不知道嘛，以后不哄你了。

王魁冷笑着说，以后？还提以后？以后不到那一天，你们休想让我回来！

王凤想再说些什么，张了张嘴，却什么也没说出来。她们鱼贯走进屋，走进爹的卧室，围坐在爹的床边。显然，院子里发生的一切，爹尽收耳底。爹浑浊的眼泪像雨天屋檐滴水似的纷纷落下来。王凤给爹擦眼泪，爹的眼泪没擦干，她自己的眼泪反倒流了出来。

吃晚饭的时候，王魁说，我已经给老板打电话了，想收回辞职报告。老板同意了，让我尽快赶回去上班。顿了顿，王魁又说，明天一早，我就走。

爹一口饭含在嘴里，不嚼了，呆呆地看王魁，嚼得半碎的饭粒一点一点从嘴角掉出来。

三个姐姐你看看我，我看看你，都低下了头，默默吃饭。

第二天一大早，天刚亮，王魁就背着行李，要离家远行。王魁向爹辞行，院内院外，却没有爹的影子。姐姐们簇拥着他，把他送出村庄。

回到家，天大亮了。王芳清扫爹的卧室，王凤和王琴去厨房准备早饭。王芳发现，爹床边的桌子上，放着一个打开的烟盒，背面歪歪扭扭写了一行字：宝儿，爹对不起你，今后不再拖累你了。王芳还发现，爹的床上，堆着一摞红彤彤的百元钞票，钞票下面，也是几张打开的烟盒。她把烟盒抽出来，只见每张烟盒的背面都写着一行日期和几百、上千不等的金额。

王芳凄厉地喊，大姐、二姐！

王凤和王琴应声而入，接过烟盒一看，都慌了神儿。王凤哽咽着说，快、快，给王魁打电话，让他快回来！

狗恋蛋

小时候，黄泥湾家家户户都很穷，但是，记忆中狗却特别多。不知道为什么那么多家庭都要养狗。看家护院？家里又没有值钱的东西。何况，人都吃不饱，哪儿有多余的粮食喂狗呢？

好在狗并不择食。孩子们拉屎，一不用蹲茅坑，二不用纸擦屁股，拉完了，当娘的拉长腔调，一声吆喝——狗喔喔，几乎整个村庄的狗都闻声而来，不仅呜呜地低吼着抢完地上的屎，甚至连小孩的屁股都舔得一干二净。

那个年代，粮食不够吃，吃肉更是奢望，多数人家一年到头不见荤腥。但是，我们沾了邻居吕苕的光，偶尔也能打打牙祭。

吕苕是我们出了五服的堂叔，他家和我们家隔一条狭长的弄堂。他是一个老光棍，家徒四壁，门裂着缝，窗户用草绳绑着，居然也养了一条狗。不过，他养的是母狗。母狗到了发情期，整日整夜狂吠不止，令人心烦。有时候，母狗在前面跑，一群公狗在后面追，追到麦田里，把麦苗压倒一片；追到菜园里，把青菜萝卜踩得东倒西歪。村里人形容男女之间情投意合，有一个粗俗的词，叫作狗恋蛋。小时候，我不懂是什么意思，长大了才明白，狗到了发情期，谈恋爱谈得惊天动地的，就叫作狗恋蛋。

吕苕将弄堂的一头堵严实，让大家暂时绕路走，将他的母狗拴在弄堂深处。母狗的叫声往往能把附近村庄的公狗都招来。一旦公狗迫不及待地跑进弄堂，也不管它和母狗的婚配进展如何，整个村庄的男人都如临大敌，拿扁担的拿扁担，操挖锄的操挖锄，个个奋勇争先，将弄堂的另一头也严严实实堵上。吕苕身先士卒，冲到最里面。随着几声惨叫，公狗就被打翻在地。

吕苕倒提着被打死或打昏的公狗，笑嘻嘻地走出弄堂，得意地说，这个胆大包天的"强奸犯"，被我"正法"了！

黄泥湾有个说法，叫作狗肉不上席。人们嫌弃狗不择食，不让狗肉上自己家的灶台，不用自己家的碗筷吃狗肉。狗肉大餐只能在户外进行。

公狗被吊在村口那棵枫香树下。大家一起动手，有人给狗剥皮开膛破肚，有人搬土坯垒临时锅灶，有人将家里煮猪潲的大锅刷干净扛来，有人挑来井水，有人抱来劈柴，有人去菜园里拔了葱摘了辣椒，有人折了树枝当筷子，有人捡了瓦片当碗盏……集体吃一顿狗肉大餐，整个村庄仿佛过年一般热闹。

只要吕苕的母狗发情期没过完，总能吸引附近村庄的公狗闻声而来。每年黄泥湾的老老少少就能吃几次狗肉尝尝荤腥。

吃完最后一块狗肉，喝完最后一口肉汤，大家又一起动手清理战场，尽量抹去杀狗吃肉留下的蛛丝马迹。

有一年春上，吕苕的母狗又发情了，一只干瘦的黑狗颠颠地跑进我们村的弄堂，未来得及和母狗成就好事，就被吕苕带领着老少爷儿们将它就地"正法"了。

天下没有不透风的墙，纸毕竟包不住火。

邻村刘湾丢了一只黑狗。刘湾的人手执家伙，浩浩荡荡赶到黄泥湾查找。他们在村口枫香树下找到一撮黑狗毛和几根新鲜狗骨头，就立在村口痛骂，什么丑骂什么，把黄泥湾人的祖宗十八代都翻来覆去骂了许多遍。

黄泥湾人做贼心虚，几乎家家户户都关紧门户，躲在家里，没有人敢出头辩解。还是吕苕壮了胆子，嬉皮笑脸地跑到村口，说，各位老表，到家里坐坐，喝杯茶。

伸手不打笑脸人，何况都是乡里乡亲的。但是，刘湾有个人喊了一声，打这个王八羔子！大家一拥而上，将吕苕团团围在了中间⋯⋯

自始至终，黄泥湾都没人再露头，听任刘湾人将吕苕打个半死，又将吕苕的母狗打死拖走了。

吕苕气息奄奄地躺在村口，低声呻吟着。

傍晚时分，回娘家借粮度春荒的赵寡妇扛着半布袋粮食，路过村口，看见吕苕躺在路中间头破血流一动不动，迟疑了一下，停下了脚步。赵寡妇独自抚养五个孩子，生活艰难，想改嫁，没有人家养得起那么多张嘴，没有人敢应承。也有人撮合她和吕苕，吕苕也愿意，但是，赵寡妇平时正眼都懒得瞧他，绝情地说，我宁愿一家子都饿死，也不会进他的门。

赵寡妇放下布袋，蹲在吕苕身边，问他，你怎么了？怎么躺在这里？

吕苕将肿胀的双眼睁开一条缝，气若游丝地说，黑狗⋯⋯是⋯⋯刘湾的⋯⋯他们⋯⋯找来了⋯⋯打的⋯⋯

赵寡妇一下子蹦了起来，拍着屁股，恶声恶气地骂，黄泥湾的人都死绝了吗？你们有嘴吃人家的狗肉，怎么没有人帮他一把⋯⋯

吕苕在床上躺了半个月没下地干活儿。黄泥湾人轮流给他送饭，伺候他；生产队里研究决定，吕苕属于工伤，没有算他缺勤，给他补记了半个月的工分。

说来也怪，吕苕能够下地以后，居然把家里的被褥卷巴卷巴，把锅碗瓢勺归置到一起，搬到赵寡妇家去了。从那以后，两个人同出同进，说说笑笑，好得像一个人。

村里人背后都捂嘴笑，说他们俩是弯刀遇到瓢切菜——正合适，好得跟狗恋蛋一样。

让黄泥巴裹满我的裤腿（创作谈）

21世纪初，我开启了业余写作之旅。那个时候，所有的文字都是游兵散勇，没有运筹帷幄的准备，打一枪换一个地方。后来我开始写我的家乡商城县。商城县是河南省最南边的一个县，而我的家在大别山深处的山窝里，距离县城还有六十多里的盘山路。按风俗习惯和地理特征，这个楚头豫尾的鱼米之乡更多地受到楚文化的浸润，有些南方的味道。无论是气候、植被，还是风俗和生活习惯，整个和中原有很大区别。我觉得这里有很多东西值得深度挖掘一下。这就有了我的系列小小说——"黄泥湾风情"。

说到黄泥湾，我的故乡还真没有这个地名。我的家乡很多村落都叫湾，我家所在的村民小组叫江湾，旁边就是邻组罗湾，翻过两架山，就是刘湾。和我们村庄隔河相望，正好有一个村，叫黄泥榜。中国人是黄皮肤，世代耕作的是黄土地，"黄泥"这两个字多么具有概括性啊，能够传达厚重深沉的乡土气息。于是我就把"黄泥"这两个字移植过来，发明了"黄泥湾"这个地名，并坚持把这个虚构的地名沿用至今。对于我的创作来说，黄泥湾既是一种宽泛的文化符号，又是打上我个人文学创作思想深厚烙印的标识。对我的作品有提纲挈领的作用，对我的创作有一种标签的效果，好像商品贴上了商标。

每次写黄泥湾，我都能看见孩提时期的许多人，我的父老乡亲，他们善良、纯朴、勤劳，但也有很多人性的自私和山民的狭隘。但就是这里的山水、这样的人养育了我，那个时期的生活给我打下了太深的烙印。我喜欢忆旧，好像只有那个时代的乡村才属于我。我在那个时代切切实实地生活过，日子苦涩、困窘、艰难，但那时我们无拘无束，我是快乐的，生活给我留下了难以磨灭的印象。

文学源于生活，但高于生活。我在塑造人物时，大都是根据我记忆里的样子，按照文章表达的需要进行取舍，可能或多或少有我自己的影子。童年的我只是经历生活，处于观察生活的阶段，还没有能力主宰生活。个别作品，比如《亲吻爹娘》，是我个人生活直接的体验，作品中的主人公小三子基本就是我自己。《亲吻爹娘》这篇文章的诞生，就是生活给我的礼物。但是这篇文章的腹稿，在大脑里酝酿了十多年。后来真正着手写时，只用了一个半小时。写的时候，可以说我是饱含深情，一气呵成的。

写文章就像酿酒，生活就是原料，感情就是酒曲。加入酒曲，方能酿出美酒。同样，加入浓浓感情，才能写出好文章。真感情就是好文章。

我的小说大都是乡土小说。关于乡土小说，我觉得大有可为。在当前的乡土小说中，难以看到独特的地域环境、异乡情调、民俗风情的描写，更难以看到具有地域性格的人物形象，以及富有地方韵味的文学语言。失去了地域色彩的乡土小说，也就等于失去了它的内在精神和独有的个性，平面化、雷同化、功利化的创作倾向正在悄悄地侵蚀着乡土小说。我有心放大我的小说的地域色彩。我今后的创作，肯定离不开黄泥湾这一亩三分地。现在的小小说是这样，将来如果把小说写长了，依然是这样。如果写到城市，恐怕也是"黄泥湾人在城市"。但是，我需要重新审视我的故乡，用历史的哲学的眼光，用宽容的博大的胸怀。中国农村从僵硬的计划经济模式向充满活力的市场经济模式全面转型，现在的乡村发生了翻天覆地的变化，是乡土小说发生变化的肥沃土壤。村庄与时俱进了，我也不能落后。我希望自己从古旧的废墟里走出来，呼吸一下新世纪的空气，我希望自己能够表达近半个世纪的黄泥湾。一方土地的地域色彩、地域文化，是一个独特的、有机的生命体，它深藏在山水土地间、蕴含在民俗风情里、沉淀在乡民的性格心理中，作家只有老老实实地深入进去，用全部的思想感情乃至生命去感受、体验、辨析，才有可能真正写出这一地域的形态与神韵来。未来的黄泥湾一定是旧貌换新颜的。

对乡土世界的书写与观照（评论）

刘　敏

　　周作人曾提倡文学"须得跳到地面上来，把土气息、泥滋味透过了他的脉搏，表现在文学上，这才是真实的思想与文艺"。阅读江岸的小说，便能感受到他作品中"土"的气息、"泥"的滋味。江岸的小说具有泥土般的质地，质朴、自然而又温情。如果要用一个词来归类江岸，那便是"乡土"。

　　江岸的文学创作总是立足于乡土，这里的"乡土"指向家乡、故乡或本土等精神家园意义上的文化空间。他在文学创作上，有着强烈的乡土意识和乡土情结，他曾在一次访谈中谈道："一方土地的地域色彩、地域文化，是一个独特的、有机的生命体，它深藏在山水土地间、蕴含在民俗风情里、沉淀在乡民的性格心理中，作家只有老老实实地深入进去，用全部的思想感情乃至生命去感受、体验、辨析，才有可能真正写出这一地域的形态与神韵来。"可见，江岸有意放大他小说的地域文化色彩，这种创作策略也使其个人风格更加鲜明、突出。

　　"一方水土养一方人"，人类活动受到地域文化的影响，文学创作同样如此，地域文化对作家有着深远的影响。正如严家炎先生所言："对于二十世纪中国文学来说，区域文化产生了有时隐藏、有时显著然而总体上却非常深刻的影响，不仅影响了作家的性格气质、审美情趣、艺术思维方式和作品的人生内容、艺术风格、表现手法，而且还孕育出了一些特定的文学流派和作家群体。"受到生于斯长于斯的故乡的影响，江岸的作品带有深深的地域文化烙印。本文立足于江岸的"黄泥湾"系列小说，去审视他笔下的乡土世界。

一、独具特色的民俗风情

江岸的故乡位于河南最南端的一个县，那里的气候、植被、习俗和生活习惯与中原有着很大区别，更多地受到楚文化的影响。所以，在江岸的小说中，故乡被描写得充满了浓郁的地方色彩。"我的家在大别山深处的山窝里，距离县城还有六十多里的盘山路"，在远离城市现代文明的古朴小山村里，村民大多呈现出质朴、善良、热情的民风。江岸满怀温情地描绘着这片土地上的人和事。

乡土为江岸的文学创作提供了宝贵的资源，更成为他精神上的寄托。对故乡的关注，几乎成为他创作的重要来源，他根植于乡土，并从中汲取艺术生命的营养。江岸有着浓厚的乡土情结，乡土也成为他文学创作的主要对象。他曾说："一个人骨子里留下来的最深刻的记忆，就是二十岁以前的经历。我十九岁走出家门读大学，十九岁以前的农村生活给我留下了不可磨灭的印象。"这里的"农村"，是具象的居住地，更是江岸心灵的栖居地。他将视域聚焦于豫南这片土地，并将这片土地上承载的人、事、物都投射到一个叫"黄泥湾"的乡村。"黄泥湾"，处于中原大地的一隅，它拥有稳定的文化结构，并呈现出自己独特的地域风貌。美国乡土小说家赫姆林·加兰曾说："艺术的地方色彩是文学生命的源泉。"诚然，江岸也有意识地在自己的小说中去创造这种"地方色彩"，进而完成自己的与众不同。他笔下的乡土世界有着浓郁的地方色彩，主要体现在其古朴的社会民俗和神秘的精神民俗。

"黄泥湾"在江岸那里作为一种文化符号存在，作者将其付诸笔端，赋予它生命的形态。这种生命形态有着自身独特的文化品格，这品格更潜藏在它独特的民俗风情之中。

（一）古朴的社会民俗

《汉书·王吉传》中有"百里不同风，千里不同俗"的说法，不同地域有不同的风俗，风俗的不同也反映出生活的不同。江岸通过黄泥湾，让读者领略到当地独特的民俗风情的同时，更为我们呈现了他们真实的生活方式和生存状态。

江岸的小小说有大量关于婚嫁、丧葬、礼仪等方面社会民俗的描绘。社会民俗是在特定地域环境中长期形成的多种形态的集合，其内容较为广泛："既包含对有关家族、村落、社团、庙会等民俗的描写，也包括对人生礼仪、节日习俗的描绘。"江岸的小小说为我们呈现了当地农村婚丧嫁娶的特有习俗。费孝通在《乡土中国》中提到，中国农村社会是由血缘关系和地缘关系组成的综合交错的关系网。中国社会存在一种差序格局，在这种差序格局内"每一个网络有个'己'作为中心，各个网络的中心都不同"。血缘和地缘也遵循着这种差序格局，在这种秩序内的社会，人与人之间总是有着或亲或离，或远或近的关系。在这种人际网络内，人的生老病死、婚丧嫁娶便成为时刻需要面对的事情。江岸通过一篇篇小小说为我们展现了豫南一带独特的婚丧嫁娶风俗。

首先，江岸有颇多作品涉及丧葬习俗。《八大脚》中，家中办丧事，请人抬棺材埋葬必须孝子亲自出面，具体请法为"八个人，一人一条毛巾，一块香皂，一双鞋，一包点心"，"不管老的小的，也不管辈大辈小，都必须给人家行大礼"。《噙口钱》中，当给舒雅婆婆封棺时，场景为："木匠提着板斧……亲眷们看见了，更加撕心裂肺，他们大吼着不要不要啊，夺木匠的斧子，把木匠往灵堂外面推。"在黄泥湾，亲人离世时，"嘴里必须噙一枚铜钱，待封棺之前拿出来，穿根红绳，挂在长门长孙的胸前。这个铜钱叫作噙口钱，不是一般儿孙能够拥有的，它不仅可以庇护儿孙，更是身份和地位的象征"。《长明灯》中，"我"跪在父亲的灵堂前彻夜守灵，为了尽孝，"我"守着长明灯，为了不让灯熄灭，不敢有半点轻慢。《送老》中，彭奶奶在彭大年病危之际，让二儿子赶回来守在彭大年身边，其中一个原因便是"黄泥湾衡量一个人这辈子活得值不值"，一个重要标准就是"看死的时候是否有儿子在身边"。《摔老盆》中，举办丧事时，黄泥湾人讲究痛哭，这是一种仪式。在早晨出殡时，要有孝子来摔老盆，"在黄泥湾，摔老盆可不是一件小事。只有长子才享有这个权利，代表着他在家族的地位和身份，更意味着遗产可能的归宿"。《寿材》全篇围绕奶奶的棺材展开叙述。在黄泥湾，不把棺材叫棺材，"通俗叫'板'，文雅一点叫'寿材'"。寿材的木料、厚度及工艺等都颇有讲究。奶奶的寿材最初是由四寸厚的柏树制成，寿材上了桐油。但接二连三的变故，使得奶奶的寿材不断被占用。奶奶的寿材也最终由四寸厚的柏树板逐渐变为单薄的杉树板，再到最后火柴盒似的松树板寿材。这篇小说自然不是用来介绍寿材的，而是通过奶奶寿材的变化来传达生活中不可把控的变故，以及思考如何善待老人的问题。此外，奶奶寿材的变化一方面预示着她寿终正寝的逼近，另一方面也将老人悲凉的晚年处境表现出来，令人动容。从奶奶以及附近老人对第一副寿材的态度——奶奶"不时抚摩一下，那种慈爱的情形，就像抚摩她的乖乖孙儿"，附近的老人"都来看奶奶的寿材，摸一摸，敲一敲，十分羡慕"，可以看到一副好的寿材对于黄泥湾老人来说是一件幸福的事情，寿材之于走向结束的人生具有重要意义。

其次，有关婚嫁的习俗。《改口钱》开篇便具体介绍了黄泥湾女子在出嫁时要改口钱的习俗："新媳妇往往利用始称公婆为爹娘的机会，索取一点儿改口钱，以便日后买针头线脑。红包递过来了，新媳妇大都扭捏地推拒两三个来回，待钱数涨到令人满意的程度，才肯羞涩地揣进兜里。也有新媳妇冒傻气，给了就收，反而会让大家笑话。"母亲若是怕女儿到了婆家吃亏，便会像金枝的母亲一样千叮咛万嘱咐"改口钱少了千万莫接"。《娘亲》中也简单介绍了女人生孩子的习俗，按照当地的习俗，女儿坐月子期间，母亲需要去照顾，并带去染得红红绿绿的豆米、虎头鞋、对襟小褂等物品，等到孩子满月，娘家的亲眷要来喝满月酒。

除了婚丧嫁娶的风俗，江岸在作品中还介绍了其他社会民俗。《留碗底儿》描述了豫南乡村待客的一种礼仪，主人会给客人端出一大碗饭，大碗是海碗，"阔大得似一只脸盆"，但是这种大碗只是一种形式，或者说是一种仪式，"表明了主人的热情大方，您大可不必当真，统统吃完"，"倘若真的吃完了，对主人，则很伤面子，显得备的饭菜不够多；对客人，则有失尊严，仿佛您连基本礼数都不懂"。《吃轮供》描述了农村在赡养父母方面独特的解决方案，小说开头便详细介绍了"吃轮供"："黄泥湾的人老了，住女儿家只算走亲戚，住儿子家才算正经八百地过日子。儿子多的老人，轮流到儿子家生活，黄泥湾人将这种候鸟似的生活方式称为'吃轮供'。"

江岸以小小说的形式将这些独具特色的社会民俗，一一呈现、记录和传播。同时，这些独特的风情、风俗、风物又给当代读者以新奇之感。

（二）神秘的精神民俗

精神民俗是有关意识形态方面的民俗，"主要包括民间信仰、民间禁忌、民间巫术、民间哲学伦理观念及民间艺术等等"。江岸对黄泥湾人的精神民俗的描绘主要体现在民间信仰和民间哲学伦理观念等方面。

《喊魂》中，卫青由于受了风寒，发高烧，轩子的母亲便想以"喊魂"的方式治好卫青的病。"黄泥湾的人犯了病，把原因都归结到招惹了鬼神上面，说病人的魂让鬼神拿走了，要用豆米茶送鬼神，把魂喊回来，病兴许就好了。""喊魂"在这里作为一种民间信仰，寄托了当地民众对鬼神等超自然力的精神体的信奉和尊重。《红灯照》里也涉及对鬼神的信仰，在黄泥湾有这样一个说法，"没过十二岁的小娃子常常能看见大人看不见的东西"。这些信仰大都带有神秘色彩，是他们民间生活的一部分，在民众的社会生活中具有特殊的现实意义。

江岸的小小说除了这些具有神秘色彩的民间信仰，还会涉及对一些陋俗陋习的批判和反思。《冥婚》中，讲到黄泥湾有悠久的结冥婚的风俗，"让亡故的儿女在阴间配对"。《冲喜》中，父亲病危，母亲想要通过给

"我"办喜事来驱除父亲的病魔，以求转危为安，这显然是一种迷信习俗。作者在文中也直接道出这种做法为陈规陋习，因为"冲喜"，才十七岁的"我"便要成婚，这意味着"我"将失去上大学的机会，梦想也因此断送。《望子成龙》中，张广因为封建迷信，让孩子按照自己推算的最佳时间出生，造成孩子的脑瘫，酿成了一场悲剧，引人深思。作者以现代人的视角，重新审视沉塘、冲喜等一些应予摒弃的古老民俗，给予理性的反思。

从江岸的小小说创作来看，他更像一个民俗记录者。他笔下的民俗风情，是历史文化沉淀中逐渐形成的民族文化心理与审美趋向，对乡土民俗的关注，来自他的个人生活体验和有意观察，这也成为他创作的重要部分。江岸在小说中描绘了以黄泥湾为对象的豫南地域丰富多彩的民风、民俗，表现了这片地域民间文化旺盛的生命力。通过对江岸笔下这些社会民俗的解读和研究，可以透视到一种独特的生存形态和生命基调。

二、人物形象的地域文化解读

人物作为小说三要素的核心，在作品中的地位不言而喻，江岸的小说塑造了一大批鲜活生动的人物形象。他所塑造的人物，具有独特的审美价值，也具有独特的地域人物性格。这些人物具有的精神特质，与地域文化形态有着密切联系，主要表现在：中原传统文化影响下的孝道与仁爱；黄泥湾较为纯粹的乡村形态，生成了人物简单可爱、纯朴宽厚的特质，同时也带给人物狭隘、落后、自私的一面。

首先，传统文化影响下的孝道和仁爱。中原文化源远流长，儒家文化是其重要组成部分。儒家提倡的孝道和仁爱在中原地区的百姓思想中根深蒂固，江岸笔下的黄泥湾人物也是如此。

孝是中华民族的传统美德，作为父母、子女之间的伦理要求和道德规范，是促进家庭和睦、社会和谐的必然要求。孝不仅具有道德意义，同时更具有社会意义和政治意义。江岸在小说中渗透的孝道思想更多体现在道德和社会层面，具有说教的意味。江岸在作品中提出的孝，是儒家思想所倡导的孝道伦理思想。儒家的孝道伦理思想是以人的亲情为基础，强调子女对父母应尽的责任和义务，在尽孝上要从物质和精神两个层面满足父母。孔子曾言："今之孝者，是谓能养。至于犬马，皆能有养。不敬，何以别乎？"（《论语·为政》）"意者身不敬与？辞不顺与？色不悦与？古人有言曰：'人与己与不汝欺。'今尽力养亲而无三者之阙，何谓无孝之名乎？"（《孔子家语·困誓》）从中可以看出孔子主张儿女对父母的孝，不仅要有物质层面的满足，更要有精神和情感上的关爱。为父母提供物质层面的需求是基本要求，更重要的是在精神层面关怀他们，尊敬他们。这些思想在江岸的小小说中多有体现。

《吃轮供》叙述了奶奶轮流到儿子家生活的晚年生活。通过对比"我"母亲、大娘和婶子三人在赡养问题上对待奶奶的态度，衬托出母亲的孝顺、善良和贤惠。母亲教育"我们"百善孝为先，要善待奶奶，自己也身体力行地孝敬奶奶，"第一碗饭总是盛给奶奶。有了好吃的，也是奶奶碗里最多。就是吃稀饭，也数奶奶碗里最稠"。而大娘和婶子则冷眼对待奶奶，奶奶在婶子家住了半个月，就由之前的白白胖胖饿得骨瘦如柴。小说结尾，曾经不愿好好赡养奶奶的大娘和婶子，也有了"善有善报，恶有恶报"的宿命般结局，"大娘患食管癌，几个儿子装聋作哑，根本没有延医问药，她竟被活活饿死"；婶子的儿女在她晚年也没有好好孝敬她，"因痛风难忍，一截麻绳寻了短见"。而"我"的母亲则"还算健旺，只是头发花白了，在我们弟兄几个家里吃轮供，这家住不到一个月，那家早将娘抢走了"。三个人不同的晚年境况，颇具教育意义，告诫读者要善待父母，行孝道。

《松套》中的刘有福儿女双全，且都考上了大学，在外人看来，刘有福真有福气，但实际上，刘有福的儿女并没有真正体恤到父母的艰辛，只是一味索取。为了三个孩子的学费和生活费，已经年近七十的刘有福还在奔波劳碌，最终在一个春寒料峭的日子累倒了。刘有福的遭遇，值得我们深思，父母无私地将爱给予子女，而子女们又应该如何对待自己的父母呢？

《再给爸妈烧回炕》和《亲吻爹娘》中的主人公都以实际行动表达着对父母的爱，充满了温情，令人感动。人物对父母的关怀，更多体现在精神层面对他们的关爱和尊重。江岸通过作品主张关注父母的内心世界，密切与父母之间情感上的联系，给予老人精神和感情上的慰藉，给予他们爱和幸福。

仁爱思想是儒家文化的核心，千百年来也逐渐成为中原人的主体文化品格。通过江岸的作品，可以感知到其中的仁爱思想。在《碾砣上树》中，推子是个孤儿，在村里吃百家饭、穿百家衣长大，在那个并不富裕的年代，村里的乡亲都默默地关怀着推子，即使知道碾砣隔三岔五上树的原因，也没有人说破，"只是拿来饭食，让推子吃饱"。后来推子当兵复员回来，以自己的行动回报黄泥湾的乡亲们。不论黄泥湾的村民还是推子，都怀有一颗仁爱之心，懂得给予与感恩。《药渣》里，村民得知辣椒婶的小儿子殉职后，都纷纷去看望安慰辣椒婶。当辣椒婶的药渣倒到村口时，人们赶集般地拥过去，发疯地踩药渣。因为在黄泥湾，"大家都相信，药渣被千人踩万人踏，病魔就会被吓退，吃药的人病情就会迅疾减轻"。在《一家人》中，袁树德无私地照顾非亲非故的两位老人，如同一家人。怀有仁爱之心，善良忠厚，勤劳纯朴。江岸塑造了很多这类人物形象。

"乡土社会的生活是富于地方性的。地方性是指他们活动范围有地域的限制，在区域间接触少，生活隔离，各自保持着孤立的社会圈子。"这种孤立的社会圈子，使得其内部秩序的稳定，从另一层面来说则体现了它的封闭性。黄泥湾在地理位置上是远离城市文明的偏远山村，呈现出较为纯粹的乡村形态，具有一定的封闭性。

地理位置对于个体性格的形成，有着重要影响。黄泥湾虽然为作者虚构的地名，但的确是他故乡的真实缩影。远离城市文明中心、处于闭塞偏僻位置的黄泥湾作为由血缘和地缘关系建构起来的共同体，有着约定俗成的稳定的生活秩序，由这片土地上的人们共同维系。人与人之间也总是存在着或远或近的亲属、姻缘、邻里及雇佣等关系，这种文化场域形成了人物性格善良忠厚、勤劳纯朴的特质。上文提到的小说人物的仁爱思想已体现了这一点，在此不再赘述。

此外，江岸也看到乡村百姓狭隘、自私、愚昧、落后的一面。《孤岛》中，因为黄泥湾人对传宗接代、血脉延续的重视，狗剩娘在生狗剩时难产，狗剩爹不假思索地选择了保孩子，这件事情对狗剩娘打击很大，自此以后便郁郁寡欢，造成了她生活的不幸。《溺水者》里，落后的贞操观，以及人们的无知和愚昧，带给人物悲剧的命运和不幸的生活。《望子成龙》中的张广更是因为封建迷信，导致孩子缺氧成了脑瘫儿。还有《冲喜》《冥婚》《沉塘》中的陋俗，也透露着村民们狭隘愚昧的思想。

江岸所塑造的人物形象，善良忠厚、勤劳纯朴、简单可爱，在他们身上，流淌着传统文化中的仁爱和孝道思想，充溢着具有地域性格的情调。江岸笔下的乡土世界虽有愚昧、狭隘和落后的一面，但作者在描绘中更多的是去贴近乡村生活的本真，为我们塑造了一批鲜活的人物形象，他们以强有力的生命形态证明着自我的存在，他们以自己的生存方式展现着生命的真实。

三、观照充满温情的乡土世界

江岸的小小说总是渗透着一种温情，温情也成为他的小小说值得关注的焦点。他的小小说多着眼于平凡人和普通事，并用温情的笔调书写他们普通的世俗生活和情感世界。温情在江岸的作品中体现的"是一种美好精神的寻找，是对人与人之间一种美好、和谐关系的寻求"。作为游子，作为乡土作家，江岸在乡村生活中的个人体验和独特经验，使得他的心灵与乡村有着难以割舍的密切联系，因而江岸总能以充满温情的目光审视故乡的人和事，在诗性叙事中描绘故乡的风俗人情和人物的纯真美好。对待乡土"温情"的态度，也使得他即便是批判乡土文化中的落后因子，态度也并不是那么冷峻、锋利。

在江岸的笔下，没有完全的坏人，也没有完美的好人，他们身上或多或少都存在一些缺点，但他们内心深处总有可爱之处，给读者以温暖、美好之感。

首先，在江岸的作品中，总是能够流露出亲情、师生情以及爱情等情感的温暖和美好。在《木匠大爹》中，木匠大爹大娘一辈子都在打打骂骂，但当木匠大娘真正离开人世后，木匠大爹又对她充满了思念，"竟滋生出一种深挚的感情"，这种感情便是在朝夕相处中生成的亲情。《孤岛》中狗剩爹对狗剩娘的感情，最终也在朝夕相处中化为不可割舍的亲情。《寿材》中，当父亲看到奶奶寿终正寝被安放在小匣子般的棺材里时，不禁痛哭，"哭声惊天动地，响遏行云，连远处稻场上觅食的麻雀都被吓飞了乱糟糟的一大群"。此情此景，令人动容。《喊魂》通过"喊魂"这一古老习俗，流露出玉环婶对儿媳卫青的疼爱之情，卫青也被玉环婶"喊魂"的行为感动，紧握着她的手带她回家，体现了人间的温情。《亲吻爹娘》《再为爸妈烧回炕》等更是通过一个个简单的故事描写了家的温暖，爱与亲情的美好。《碾碌上树》里乡亲们对推子的默默关怀，《药渣》中乡亲邻里之间的温情，《旦角》中姑娘和旦角之间真挚的爱情，《冥婚》中春儿和林子之间矢志不渝的爱情，以及《纪念品》《没有鳔的鱼》等都表达了师生间可贵的情感。江岸的小小说总能在平凡生活小事中捕捉到质朴、真挚、美好的情感。

其次，江岸小说中的温情还表现在来自陌生人的关爱。江岸的小小说不仅充满着温暖的亲情、美好的爱情、和睦的邻里情、温暖的师生情，还有来自萍水相逢的陌生人的关爱与温情。《珍贵的礼物》里，小伙子主动配合雪梅的善意谎言，假装是瑶瑶爸爸的朋友，配合雪梅上演了一出戏，并假借瑶瑶爸爸之名主动送给瑶瑶一份生日礼物。来自陌生人的帮助，守护着瑶瑶内心对爸爸的期待。《一家人》里，没有父母的袁树德与无儿无女的一对老夫妇，在一次偶然的机会下相识，自此以后，袁树德待这对老夫妇如同亲生父母，老夫妇两口也真心待袁树德如同自己的孩子，后来老两口口齿不清了，"除了一遍遍唤着树德树德，便不知再说点什么好了"，可见彼此感情之深厚。这些故事发生在陌生人之间，其情尤为温暖可贵。

在黄泥湾系列小小说中，江岸以他细腻温情的笔调追忆着故乡以及故乡的人和事，并在叙述中注入深沉的情感。江岸不仅根植于这片土地，更满含深情地关怀着人的生命及生存。

此外，江岸的乡土题材的小小说中还透露出强烈的怀旧色彩，这种怀旧色彩主要表现为作者将以往生活的回忆作为创作的题材。童年生活经验对作家的影响很深，西格蒙德·弗洛伊德认为童年的记忆对艺术家的创作有着举足轻重的影响，童年作为每个人生活方式和价值观念形成的重要起点，在此期间的生活经历和情感认识对于人类个体，尤其是作家来说具有重要意义。这就不难理解江岸小小说中强烈的怀旧色彩了。江岸的小小说融入了他个人成长过程中独特的生活经验和生命体验，以《亲吻爹娘》为例，江岸曾说过该小说几乎就是他生活的翻版，他本人基本上就是作品中那个人物"小三子"。

乡村生活和记忆，一直是作家创作的重要资源，江岸的文学创作也不例外，他将乡村生活的经验和对乡村世界的想象融入对世俗生活中人和事的叙述之中。在他的作品中，主要审美对象是家乡的风俗风物及地域人物。江岸的确是描写乡土的能手，他的作品大都从故乡生活的泥土里汲取资源，抓取素材。他用脚步丈量家乡的土地，用生活体验故事中的人生百态，用温情的目光关怀着这片土地上的人和事。他深情的守望，实际上是对地域文化根脉执着的坚守，对灵魂家园永远的守护。

江岸笔下的黄泥湾，有着传统的生活方式、朴素的道德观念，以及简单和谐的乡邻关系，他是以往回看的姿态，去审视记忆中的乡土世界，并融入个人深刻的生命体验。此外，江岸也有对现实乡村世界的观照和沉思，包括对老人现实生存境况和精神世界的关注，对新旧观念矛盾冲突的描写，对乡村伦理秩序改变的担忧，等等。他清晰地认识到"现在的乡村发生了翻天覆地的变化，……村庄与时俱进了，我也不能落后"。可见，江岸对乡村世界的关注是持续性的。他不仅关注记忆中的乡村世界，以怀旧的色彩去叙述，而且随着时代的发展，也主动去关注乡村的变化。这种持续性，就意味着他在不断深入生活，不断提高作品意旨的深度。

但江岸对现实乡村世界的观照仍不够深入，随着城市化以摧枯拉朽的速度改变着我们的一切，不论生活方式还是思想认知，乡村都在发生改变，即便是偏远山村也不例外，乡村原有的稳定结构正在遭到瓦解。这就需要作者对于乡村的变化有更多深入的思考，比如城乡矛盾，乡村生态问题，乡村空心化、荒芜化问题，等等，都有待作家的挖掘。此外，乡土作家在书写地域文化时，要更多地与"人的存在"结合起来，贺仲明在《乡土文学的地域性：反思与深入》一文中，对此有深入的分析："乡土地域性的内涵不是单纯和外在的，而是丰富且具有变化的，它不仅是外在的地理风景和生活风情，也包括更深层的乡土文化。并且，在将来的社会中，现实中的地域性可能会随工业化的发展而消失，文化精神会作为地域性更重要的一种存在方式。理解和把握了这一点，乡土文学对乡土社会的表现力才会更强，也才可以拥有更兴盛的生命力，有更辉煌的前景。"

总的来看，江岸的文学创作与乡土有着密切的联系。他采取面向民间的文化立场，以世俗关怀的精神去关注普通人的世俗生活，尤其是远离城市文明中心的农民群体。江岸没有从精英知识分子的叙事态度和理论立场出发，而是从民间走来，以平等对话的姿态试着靠近和理解他们，将黄泥湾这片土地上人们的真实生命形态和生活图景描绘出来。对日常生活的细致描写，对民情风俗的热情关注，都以一种鲜活的面貌展现在读者面前。这种描写让我们更加贴近乡村生活的原生态，黄泥湾在江岸笔下也呈现出独立的生命形态。

可以说，江岸是乡土文化的守望者，也是代言者。

吴万夫

　　吴万夫，河南光山人，中国作家协会会员。迄今已在《清明》《四川文学》《啄木鸟》《时代文学》《文艺报》等数百家报刊发表中短篇小说、诗歌、散文等 200 余万字。小小说处女作《阿香》于 1992 年被郑州电视台拍摄成电视剧。作品荣获《人民文学》征文奖、《飞天》小说奖、梁斌小说奖等文学奖项 50 余次，被《小说选刊》《小说月报》《中华文学选刊》《作家文摘》等转载。部分小小说、散文被收入《中国新文学大系》《百年百篇经典微型小说》等选集选本及中小学语文教辅教材。数篇小说被译介至加拿大、土耳其等国家，并入选其大学教材。已出版中短篇小说集《金土》、散文集《给心灵通通风》等 10 部。

坠落过程

那天，她从菜市场买完菜回来，走到距离自家楼房的马路对面，突然看见三岁的儿子正爬到没有栏杆的阳台上。

那是一幢三层建筑物。按最迅捷的速度计算，从楼下跑到楼上，尚需一段时间，何况她当时还在马路的这一边，根本没有选择的余地去抱下儿子。

她的心猝然悬在嗓子眼儿，紧张得窒息了一般。她清醒地意识到儿子一旦跌下来的最终结果：即使不摔成肉饼，也会摔个头进脑裂！她像一尊泥塑木雕，立在那里痴傻了一般。

在她看见儿子的同时，儿子也惊喜地发现了她。她下意识地摆摆手，示意儿子赶紧爬下阳台，离开危险之地。

可是儿子却错误地理解了她手势的意思，做了一个拥抱的姿势向她扑来——儿子一脚踩空，跌了下来——

"儿子——"

在那一瞬间，她的一声杜鹃啼血式的尖厉呼喊，宛若鹰隼的长喙，扎破了所有人的耳膜；又如一只小鸟，扑打着银白色的翅膀，剑一般划破了城市晴朗的上空。所有的行人和车辆，立时便都定格在那里。就在这短短的时间里，人们似乎都看见了她的儿子所处的绝境。有人痛苦地闭上了眼睛；有人眼睁睁看着她的儿子在空中画出一道优美的弧线，若一只翻飞的小燕子，倒栽着跟头跌了下来。人们知道那个场面将惨不忍睹，个个都埋下了头。

但谁也不会想到，就在他们闭上眼睛的一刹那，却有一道黑色的旋风，从他们眼前呼啸而过，绕过所有的障碍物，穿过一条十几米宽的马路，向她的儿子坠落的地方冲去。

当人们愣怔过来的时候，发现她正跌坐在地上，三岁的儿子在她的怀里哇哇大哭。

儿子安然无恙。

她却脸色惨白。

好奇的人们纷纷围拢上去，问长问短。有的对她惊叹不已，又有的对她表示怀疑。因为按照距离和坠落速度，她根本不可能来得及赶到并稳稳接住。可是当时的现场，除了她又没有第二个人——不是她，还会是谁呢？

当人们再三询问时，她却嘴唇乌紫，汗珠涔涔，蓦然晕厥过去。在众人的积极抢救下，她才苏醒过来。

人们坚信是她救下儿子确定无疑了。

多少天来，人们一直对这件事情非常感兴趣，街谈巷议，沸沸扬扬。

后来，市电视台知道了这件事，决定以"母子情"为题，拍摄一部反映社会伦理教育的片子。

导演循着人们提供的线索，找上了她的家门。尽管导演再三央求，却遭到她的满口拒绝。导演又提出给她一笔丰厚的拍摄酬金，她仍是闭口缄默。街道居委会的人也对她进行苦口婆心的劝说，她思忖良久，才没带任何条件地答应下来。

导演请来了特技设计师，依照她的儿子制作了一具形态逼真的模型。可是在投拍的时候，怎么也达不到预期效果。尽管她拼命冲刺，气喘吁吁，总是距模型坠地好长时间才能赶到。导演很着急，试拍了几次都没有成功，后来干脆又找来一名运动员作为她的替身演员。但运动员使尽浑身解数，仍是不遂人意。

人们永远没有看见那个真实的坠落过程。

看夕阳

这是发生在美国洛杉矶的一个真实的故事。

一天，两位老人离开旅游团，相携着到山崖上看夕阳。夕阳无限好。橘红的霞光燃烧了西天的云絮，有如一场缤纷而下的太阳雨，溅落在山石草木上，跳动着灿烂无比的光芒。

两位老人站在崖边，如醉如痴地欣赏着美景。

突然，她感到有一个东西在往下坠落。

她下意识地伸手一拽，拽住的正是她失足的丈夫。

她拽住他的衣领，拼命地往上提拉，但无论怎么努力，都无济于事。他悬在山崖上也不敢随意动弹，否则两人会同时摔落谷底，粉身碎骨。

她拽着他实在有些支撑不住。她的手麻了，胳膊又肿又胀，仿佛随时都会和身子断裂开。她知道她瘦弱的胳膊根本经不住他太沉的身子。她只能换用牙齿死死咬住他的衣领，坚持到最后一刻。她企望有人猝然出现，使他绝处逢生！

他悬空在山崖上，就等于把生命之符钉在鬼门关上。在这日薄西山的傍晚，有谁还会来到山崖上，注意到他们这一幕呢？他说："放下我吧，亲爱的……"

她紧紧咬住牙关无法开口。她只能用眼神示意他不要吱声。

一分钟过去了。

两分钟过去了。

十分钟过去了。

冥冥中，他感到有热热的黏黏的液体滴落在他的脸上。他敏感地意识到血是从她的嘴巴里流出来的，似乎还带着一种咸咸的腥腥的味道。他又一次央求她道："亲爱的，放下我吧！有你这片心意就足够了，面对死亡，我不会埋怨你的……"

一小时过去了。

两小时过去了。

他感到有大颗大颗热热的液体，吧嗒吧嗒滴落在他的脸上。他知道她的七窍在出血了，他肝肠寸断却又无可奈何。他知道她在用一颗坚毅的心，和死神相峙、对抗、争夺。他幡然感悟到生命的分量此时此刻显得无比沉重，死神正鹰鸷样拍打着玄色的翅膀，向他长唳而来，俯冲，袭击，一不小心，生命就会被包埋在蚕茧里终止了。

不知过了多长时间，旅游团的人举着火炬找到山崖上才救下了他们。

她在洛杉矶的一家医院住了好长时间。

那件事情发生后，她的整口牙齿都脱落了，人也从此再没有站起来。

他每天用轮椅推着她，走在街上，去看夕阳。

他说："当初你干吗拼命救下我这个糟老头子呢？亲爱的，你看你的牙齿……"

她喃喃道："亲爱的，我知道如果我当时一松口，失去的就是一生的幸福……"

他推着她向夕阳走去。

人们看着他俩融在夕阳里成为美丽的一景。

挑着的家

日落时分，他挑着他的家来到了小镇。

说家，其实就两只箩筐，里面是两个年幼的孩子，外加一口锅、一个蚊帐和一只变形的洋瓷盆。孩子大的两三岁，女孩，是个瘫子；小的，不到半岁，男孩，是个盲人，且患有严重软骨病，是个永远长不大的孩子。

到小镇的时候，各家已炊烟缭绕。他选了一处宽大的廊檐安顿。他放下箩筐，将孩子放在水泥地上，任他们玩耍。然后，他从近处的地上拾来麻巾，搓麻绳挂蚊帐。窸窸窣窣，他费了很大的工夫，才把破旧而肮脏的蚊帐拴在廊柱上。他的蚊帐一经挂出，就成了小镇街头的一道风景。

等他拴好蚊帐回过头瞅俩孩子时，孩子们已爬离箩筐好远了，头上、脸上、手上全脏兮兮的，嘴巴正吧唧吧唧津津有味地咀嚼着泥巴。

他忙又把他们收拢在一起，俩孩子便在箩筐里拍着小手，呜呜嗷嗷怪叫。

他拿出变形的洋瓷盆，到附近的池塘里舀来清水。

他又找来了几块砖头，紧挨墙根支好了锅。

他要生火做饭了。

一顿饭他足足做了两个多小时。他把火烧得浓烟滚滚，直冲云霄。浓烟刺激得他不断咳嗽和打喷嚏，声音沧桑而沉闷，若锈蚀的铜音，传递得很远。人们便循着这声音和气味围了上来。

有人凑上前故意吓唬他："干啥的？"

他便懒懒地答："讨饭的！"

"讨饭的为何不讨饭，烧火干啥？"

"俺还有个家……"

"这也算是一个家？"

有人便笑出了声。

后来，小镇的人都喜欢来"参观"他的"家"。时间长了，大家便向他问这问那。

有人说："这俩孩子是你亲生的？"

"捡的。"

"有老婆吗？"

"冇。"

"拾这俩残废有甚意思？——累赘！"

"看你说得！俺的日子还指望他们哩！"

有人便掩嘴窃笑。

他却毫无反应。

很快，他和小镇的人们打成一片。有时，他还抱着那男孩四处串门儿，俨然真正的父子。

小镇的人们还看到：尽管他不会做饭，但他一日三餐都在做饭。他是在极力模仿生活，模仿过一个普通家庭的平常日子。他讨饭从不在外面吃。他每次都把讨来的饭菜带回"家"，再生火重做一次，和两个孩子共同分享。并且每次他都要把灶火烧得浓烟滚滚，直冲云天。

有时有吵了嘴的夫妻，相互怄气，陷入僵局，这时男的就成天坐在他"家"里，瞅着他往来穿梭、奔波如大鸟的身影，便忽然有一种冲动的感觉，匆匆赶回家，和妻子立时握手言欢，和好如初。

一个大雨天，凄厉的风纠结急骤的雨，织成一张迷乱的网，罩向大地。小镇很快就湮没在烟雨空蒙中，到处水流湍湍。

大雨之后，他为两个孩子逮了很多的鱼来吃。过后，女孩和男孩仍向他要鱼吃。他没有再为他们逮。雨霁天晴,他要出去讨粮食做饭吃了。可当他从外乞讨回来时,女孩却已栽进下水道被冲走了。女孩见过他从水里逮鱼,看着哗哗而流的下水道,就挥舞着小手,兴高采烈地向下水道爬去,没承想一头栽进去,就再也没能爬上来……

当人们告诉他这个不幸的消息时,他悲恸欲绝,哇的一声号起来。

从此,他离开了小镇。

那个被他挑着的"家",不知又被他挑到了哪里。

小小说创作随想（创作谈）

一

当今时代，受经济大潮的影响与冲击，生活在转型期下的小小说作家，自然也难免出现浮躁现象，功利思想严重。这个时代，什么都可能产生，"不怕你办不到，就怕你想不到"，"肢体写作"、无视世俗的"芙蓉姐姐"等已不再是新闻，"一夜暴富"也成为各种可能……

就在这个特殊的时代背景下，许多小小说作家，也就不可避免地出现浮躁与急功近利思想，读书少了，生活少了，批量生产出来的小小说，自我复制，粗制滥造，缺少深度，甚至连起码的可信度都没有了。这样的小小说投放于市场，难免会让人蹙眉，对小小说产生怀疑。有些小小说的初学者，一上来，就是奔着发表、获奖，目的十分明确，所写题材，是多年前早就被人写滥了的，主题肤浅，细节失真，一看，就知道缺乏阅读与生活阅历。当然，作家写出的作品，主要是给人看的，让人在阅读中获得美的享受，不可能深藏闺中，秘不示人。英国作家博斯威尔认为："阅读是为了写作。"一名作家，如果缺少阅读和生活，仅仅为了一时的发表或获奖，是很难成大器的，即使侥幸取得一时成功，但后劲不足，难以形成"井喷"。

还有一些初学者，刚刚发表了几篇小小说，就自以为掌握了小小说的创作规律，觉得自己不得了，常以作家自居，沾沾自喜，目空一切，认为小小说创作不过尔尔，缺乏虚怀若谷的心怀，少了做大作家的气魄。殊不知，他们迈出的，不过是万里长征第一步，他们离小说艺术殿堂还相差甚远。小说创作犹如绘画，谁也不敢说最初的就是最好的，也许画到最后一幅才是最成功的。

更有不少小小说作家或作者，不去考虑如何提高自己的艺术造诣，而是想方设法靠拍马溜须等手段，投其所好取悦某些办刊人，达到发表、转载、获奖的目的，以此满足自己可怜巴巴的虚荣心。其结果可想而知，利用手中仅有的一点儿"权力"给作者批发各种"桂冠"的，其刊物离市场也就会越来越远；靠投机取巧的作家或作者，希望自己一蹴而就，自然离消亡的时间也就不长了……

注重作品的思想性、艺术性、可读性等，永远是一名作家追求的艺术标尺。作为一名小小说作家，必须摒弃一切急功近利思想，沉入生活，戒骄戒躁，潜心创作，才能写出有分量的作品。

二

责任感与使命感，应该是每个时代、社会、国家强调和呼唤的精神所在。一个人无论从事何种职业，都应该心中常存责任感，敬重自己的工作，在工作中忠于职守、尽心尽责，对一定时代、社会和国家所赋予的使命具有一种感知和认同，并在这种使命感的指导下，完成自己的使命，实现人生的价值，这样的人才是一个有责任感和使命感的人。

有这样一则小故事。乔治做了一辈子的木匠工作，并且以其敬业和勤奋而深得老板的信任。年老力衰之时，乔治对老板说，自己想退休回家与妻子儿女享受天伦之乐。老板十分舍不得他，再三挽留，但是他去意已决，不为所动。老板只好答应他的请辞，但希望他能再帮助自己盖一座房子。乔治自然无法推辞。

乔治已归心似箭，心思全不在工作上了。用料也不那么严格，做出的活儿也全无往日的水准。老板看在眼里，却什么也没说。等到房子盖好后，老板将钥匙交给了乔治。

"这是你的房子，"老板说，"我送给你的礼物。"

老木匠愣住了，悔恨和羞愧溢于言表。他这一生盖了那么多华亭豪宅，最后却为自己建了这样一座粗制滥造的房子。

同样，每个作家都是在为自己建造"房子"。作为篇幅短小的小小说，不可能像鸿篇巨制那样形成宏大的叙事场面，小小说只能是一把小小的手术刀，永远无法切向生活的纵深。作为一名小小说作家，更不可掉以轻心，仅仅满足于隔靴搔痒，小打小闹，永远游离于生活之外，给自己建造出粗制滥造的"房子"。

作家衣向东说，责任感是一个作家走向成熟的标志。小小说作家同样不可忽视责任感和使命感这个问题。我曾给一位朋友的长篇小说写序，专门就生态问题谈了作家的责任感。这篇评论在《文艺报》发表后，引起不少朋友的关注。我向来认为，作为一名有责任感的作家，理应关注现实，关注社会，关注生活，这样的作品才能经得起时间的检验，才能更有生命力。然而，我在很多作家的作品里，已很少再能看到作家的责任感与使命意识了。处于纷繁骤变的当下，面对各种利益的诱惑与驱使，小小说作家更需要一种担当精神，只有勇立潮头，才不至于被时间的潮水击垮，甚至被遗忘。

三

美国著名作家、诺贝尔文学奖得主海明威说：作家的任务始终只有一个，那就是写得真实。

然而，我们有些小小说作家，总是把小小说写得不伦不类，胡编乱造，脱离实际，以我们的阅读经验，很难与生活联系在一起，一看就知道是假的，小小说与生活总是产生"八千里路云和月"的尴尬局面。当然，我不是提倡小小说必须照搬生活。我是说，现实主义也好，浪漫主义亦罢，作者必须建构有"根基"的房子。这座房子可以是五光十色，但决不能是海市蜃楼，遥不可及。古代的《诗经》，虽然短小，但都是辑录生活中老百姓身边的人和事，只有生活与艺术完美结合，才能经得起时间的检验。

作家只有将自己植根于现实生活，经过艺术再加工，写出的作品才能真实、可信、感人。我发表的诸如《谋杀》《做人》《觉醒》《制造悲剧》等一大批小小说，都是现实主义题材的作品。在老家生活的那段时间，周围的父老乡亲，无论遇到什么事情都喜欢找我，希望通过我手中的笔反映他们遇到的问题。其实，发生在他们生活中的事情，只具备一篇新闻的要素，并不是所有的东西都能写成小说。我想，这可能是因为我以往的作品都是写发生在他们身边的人和事，使他们感到真切自然，所以才对我产生如此的信任。

需要声明的是，我并不是要求每一位小小说作家，都去临摹、照搬生活。我只是说，每一位小小说作家，应该多写贴近现实生活的作品，尽量少一些"风花雪月"的无病呻吟。作家不是做生活的拓片，虚构才是艺术的生命力。真正优秀的小说家，在根植现实的基础上，一定会给自己安上想象的翅膀。

德国著名作家马丁·瓦尔泽在"21世纪年度最佳外国小说（2009）"颁奖仪式上的演讲时说："所有值得一提的小说都在讲述人们的情感冲突。当人们发现情感、发现整个存在都必须屈从现行的习俗、道德和法律制度的时候，冲突就会出现。所以小说是在为当代撰写历史。"

作为小说"四大家族"的小小说，自然具有小说的属性，同样需要塑造出独特的人物性格来，写人与人之间的关系，写人的生存状态与情感诉求，等等。麻雀虽小，五脏俱全。小小说应该像其他文体一样，具有肩挑现实、关注生活的义务。生活有真善美、假恶丑，小小说也应流派纷呈、百花齐放，但千万不要做无根的浮萍，游离于生活之外。只有这样，才能有小小说的繁荣与百花竞妍。

小传奇（评论）

何　弘

　　关于小小说，我曾写过几篇文章，但都是就小小说创作的整体情况和一些理论问题而言的。在此之前，我不曾为任何一位小小说作家的小小说写过专门的评论。因为对这些精短的文字，尽管读起来饶有兴味，但只就某一篇写篇评论吧，为一两千字的作品写等于或超过其篇幅的评论会显得过于夸张；为某一部集子或某一位作家的总体创作写评论吧，面对篇目众多、题材各异的大量作品又不知从何说起。所以多年来，尽管有不少作者和刊物约稿，我都一一婉拒了。当然，以此作为不为小小说写评论的理由，无论如何是有些牵强的。凡事总有个开始，那就让万夫做这个"第一人"吧。

　　近年来，吴万夫在中短篇小说创作方面取得了不小的成绩，引起了相当的关注。他的中短篇小说集《金土》出版的时候，我曾专门写下了这样一段推介性的文字："特殊的生活经历，使他能够始终以充满人文关怀的目光关注底层小人物的生存状态，无论是描摹乡村还是刻画城市，他都能透过对社会世态万象的描画而对人性有探幽入微的深入挖掘；长期小小说创作的磨炼，使他的作品形成了结构精巧、语言洗练、于质朴中见幽默、于调侃中见温情的风格特征。"但是坦率地说，对吴万夫这样一位从小小说起步的作家来说，我对他的了解其实仅来自自己读过的有限的几篇中短篇小说，他的小小说此前我一篇也不曾读过。近来，集中读了他的几十篇小说，最突出的感觉依然是他对底层小人物生存状态、心理状态、人际关系的持续关注和深入挖掘。小说作为一种叙事艺术样式，经历了从生活故事化、人物性格化到内心生活审美化这样的发展过程，但拥有最大读者群的作品依然集中在前两种类型上。对小小说这种受到篇幅严格制约的叙事样式而言，注重故事性和人物性格的鲜明性就显得更加必要。生活的故事化，其实就是生活的传奇化。但传奇并非真的就是天外飞仙表演的不可思议的奇迹，只要细心观察，在我们的日常生活中其实广泛存在着这样的奇迹。能够发现这一点，就有了将生活故事化的能力，也就具备了成为一名小说家最基本也是最重要的条件。吴万夫这方面的能力显然非常突出，他的小小说，一言以蔽之，就是表现小人物在平凡的生活中演绎的种种奇迹。

通过对日常生活中小人物一些传奇事件的书写，吴万夫的小小说很好地表达了当下人们的生存状态，并对现实生活中人与人之间复杂而微妙的关系进行了深入的探究。比如《井》，写生活在吃水不便地区的一家，自家打了一眼井，在干旱的季节为全村人共用，不仅给自己带来了用水的不便还引来了种种矛盾和大家的不满，父亲在一次大雨中悄悄毁了井，重新和大家一样到远处挑水吃，于是他们的关系又恢复了平静。这个作品所揭示的可能正是极富中国特色的人际关系，正所谓凡事须从众，你做十顿饭救济众人却会因一人未吃上而开罪于人。而《画驴》，写的则是一个人整天被领导训，后来画了一头驴，提醒自己把领导的训斥当驴叫，不再与领导冲突，于是和领导搞好关系并得到了提拔；提拔后当上领导的他看一位新来的小伙子总不顺眼，就屡屡训他，后来发现这小伙子的桌子上竟也放着一张画的驴。这篇小小说很好地揭示了领导与群众的关系，位置不同决定了态度的不同。《在电话那端》写的是一对经常电话聊天却从未谋面的男女，想要确立恋爱关系，男方向女方索要照片，女方就发来丑女的照片考验男方，男方看后不再接女方的电话，女方把自己真实的相片寄给男方，男方看后再给女方打电话却再也无人接听。所谓以谎言验证谎言，得到的只能是谎言。在 2010 年虎年春晚《一句话的事儿》演出之前若干年，吴万夫已经为其做好了注脚。这样的作品还有很多，如《阿香》写的是因对人不信任而对人对己造成的伤害；《恶意电话》写的是因对人不尊重而带来恶果；《真心哭笑》写的是违背社会规范制造的尴尬；《谋杀》写的是人言可畏，人们用愚昧的想象和风言风语杀死了无辜的人；《越陷越深》写的是无法解释且越描越黑的误会；《疯狂者》写了一位大智若愚的人，其中疯狂者不疯，不疯者自狂……在这类作品中，《我欠王鸽一枚蛋》是写得较好的一篇，把人与人之间或施恩图报，或滴水之恩以涌泉相报，或因受人之恩而始终生活在对方的阴影中这类关系的复杂性、微妙性写得很到位。

吴万夫的一部分作品则是通过对略带夸张的传奇事件的叙写，揭露了当下丑恶的社会现实。如《新闻人物》《镇长的意见箱》《会议裤》写的都是当下官场的荒唐事件，《女人·鹦鹉》写的是鹦鹉出卖了丈夫，把丈夫偷情的事泄露了出来。这类作品当然还有不少，我以为保持对社会现实的批判姿态对关注现实的作家而言是非常必要的。在写作中，吴万夫采取了一定的诙谐、夸张处理，但度的把握在此显得特别重要，所谓过犹不及，过度的夸张会给人带来不真实感，过度的诙谐会消解作品的意义，这对作品的批判力量会带来一定的影响。

吴万夫还有一小部分作品，思考的是生命的终极问题。比如《有关死亡的三个命题》《拒绝玩笑》写的都是生命意外终结的事件。生命的脆弱、生命终结的突然在吴万夫其他不少作品中也都有表现，只是不如这几篇这么直接罢了。《生命的支撑》写的是信仰对生命的支撑，《在后方》思考的则是生命的意义。在人生的历程中，钱与物质是最重要的吗？信仰对生命有着怎样的意义？这的确是当下值得每一个人思考的重要问题。

吴万夫的一部分作品，在艺术上进行了自己的探索。如《意想不到的结局》，写一位丈夫外出的女性半夜出来小解，风把门吹上，自己被一丝不挂地锁在了外边。这篇小说表现的重点在于人物处于特殊情况下的心理状态，对小小说创作来说，这应该是改变固有的注重讲故事抖包袱模式、推动其走向细腻深入的有益尝试。而《怪胎》，一直把关子卖到最后，给人留下了很大的想象回味的空间，处理得也很好。《捕鼠》则写一个憎恶老鼠、天天想尽办法捉鼠的人自己却变成老鼠被捉的事，有点卡夫卡的味道了。《黑锅》则写的是一个人半夜捉到贼却被贼反咬因而被众人看成贼的故事。作者在这里表达了绝对的真相无法明了，就像历史，永远只存在于叙述中这样的历史真实观。

而在吴万夫的所有作品中，我最为看重的则是他描写爱所演绎的奇迹、爱对人的拯救的这类作品。其中，《坠落过程》写的是母爱驱使下潜能被激发所演绎的奇迹，《看夕阳》写的是爱的坚忍，《祝你平安》写了陌生人之间的关爱，《挑着的家》写的是爱心与尊严，《意外》写的是意外事件中爱对人的拯救，《建立在一元钱上的爱情故事》写的同样是爱心对人的拯救……有时候，只需要付出一点点爱，可能就会改变另一个人的生命走向，自己的生命也会因此灿烂。吴万夫的不少作品都表达了这样的观念，而且这种观念在吴万夫的其他很多作品中都有体现。这类作品还有一些是从反面来写的，如《做人》写的是一个人的恩将仇报对另一个人的改变，这是对爱心的最大伤害。关于在街上扶起被车撞倒的老人反被诬告这类事件有很多报道，法院也有不少判例。我对这些判决最大的不解在于，法官何以会把判决建立在当事人不可能出于爱心做这种事的基础上呢？如果没有确凿的证据，我宁愿相信每个人都是有爱心的，都是会出于爱心对危难中的人伸出援手的。我希望法官也能相信这一点，因为这样的判决其实是对爱心的制裁。吴万夫的这类作品好就好在有温暖的东西在里面。文学不只是要把生活的残酷、生命的荒诞、世事的荒唐揭示给人看，更要让人们在看透生活与生命的真相后，在黑暗中看到亮光、在严寒中感到温暖、在绝境中看到希望。吴万夫的这部分作品应该说做到了这些，显示了文学存在的价值。

最后，我想说的是，我将这篇评论定名为"小传奇"，直接的用意当然在于表达吴万夫的小小说所写的基本是小人物演绎的生活传奇这样一层意思，同时也是要表达这是小小说这种精短的叙事样式所演绎的传奇这样一层意思。但是，"小传奇"并不小，它是"小演绎的大传奇"。多年来，吴万夫以及众多的小小说作家，通过自己不懈的努力，使小小说成为一种为千千万万读者喜闻乐见、雅俗共赏的艺术样式，书写出了一段文学史上的传奇。所以，小传奇不小，我相信吴万夫们会写出更大的传奇。

胡 炎

　　胡炎，1969年生，河南平顶山人，曾用名胡双庆。中国作家协会会员、平顶山市作家协会副主席。已在《北京文学》《时代文学》《清明》《黄河》《莽原》《天津文学》《文学界》《作品》《雨花》《广西文学》《四川文学》《广州文艺》等全国各地文学期刊发表小说近200万字，出版小说集4部，多篇作品被《小说选刊》《作品与争鸣》《作家文摘》等报刊、年度选本转载评介并选作中学语文阅读试题，另有多部舞台剧上演并在中央电视台播出。曾获《莽原》文学奖、冰心图书奖、河南省"五个一工程"奖、首届河南文学期刊奖、小小说金麻雀奖、《小小说选刊》优秀作品奖、中国微型小说年度奖、首届师陀小说奖优秀作品奖、河南省戏剧大赛文华奖、黄河戏剧节金奖等。

锁链

　　我终于找到了她。在此之前，她已失踪多日。我没想到她会蛰居在这个偏僻的小山村。一座老宅，四面漏风。屋子里，盈满酸湿的酒气。我不知她何时开始酗酒。她的头发已有些许花白，枯坐在墙角的地铺上，眼神呆滞。我看到了满屋的流浪狗和流浪猫被纤细的锁链套着脖颈，另一端，系在她的手臂和腿上。她像一个五花大绑的犯人，被锁链控制。

　　我叫了一声："柳絮。"

　　她迟钝地转了转眼球，似乎很久才把我认出："你怎么来了？"

　　"我来……看看你。"我的声音里，有抑制不住的颤抖。

　　她显然看到了我手里的酒，眼神放出光来。我把酒菜摆好，没等我斟酒，她就抓起酒瓶，仰脖喝了几口。

　　我说："不着急，慢慢喝。"

　　她哈了口气，说："下次来，多带点。"

　　我说："好。"

　　她拣起带骨头的肉，吃得很潦草，然后把骨头丢给那些流浪动物。动物们一哄而上，锁链牵拉着她的四肢，但她似乎很幸福，脸上现出微微的笑意。

　　"干吗一声不吭躲到这里？"我说，"我们找你找得好辛苦。"

　　她不回答，只说："喝酒。"

　　我仔细端详着她，当年文友圈里那个如花似玉的美人，已经难觅旧迹。她就像一幅画，被尖刻的岁月剥蚀。

我说："回城吧，大伙儿想你。"

她依旧不答，还说："喝酒。"

我知道，她不想再提及旧事，也许许多过往她已遗忘。酒善于杀伤人的记忆力。可我不会忘。她有过三次婚姻。第一次，是一个筑路工。她不喜欢，但筑路工穷追不舍。她来自外地，无依无靠，在公司给大腹便便的老板当"秘书"，陪酒，是一大业务。就在一次酒醉后，她坐上了筑路工的摩托车，在她的出租房里，筑路工扒光了她的衣服……

"我有什么办法呢？"当时，她这样向我们哭诉。

这场婚姻结束于家暴。在第二次婚姻到来之前，她多次在文友聚会后让我送她。她的双臂像一条藤蔓，在暗影里缠住了我。我有过心动，但我不得不把她推开。在城市的另一处，我的妻儿在等我回家。

当她向我们发出婚礼邀请的时候，我们都有些惊讶。她嫁给了一个保安，其貌不扬，大她十五岁。可她对这桩婚姻很满意，靠在保安的肩头，竟有些小鸟依人的感觉。

"知道吗？他喜欢读书，光《水浒传》就读过三遍！"她说这话时，柳叶眉在跳舞。

这场婚姻在半年后猝然终结，保安得了肝癌，撒手人寰。

好长时间，她躲在出租房里，闭门不出。我们多次探望，均无功而返。直到有一天，我们在她的朋友圈里看到了几只流浪动物，才知道她成了动物保护志愿者。她抱着那些小可怜，笑意盈盈，那些小狗小猫，在她怀里就像乖弱的婴儿。

一场宴席，庆祝她"满血复活"。那天她牵了三只流浪狗，每只小狗都穿着漂亮的衣服，脚上还有小小的鞋子。这个晚上几乎成了她的独角戏，我们都是观众。她说做一个动物保护志愿者有多么神圣，这是一项拯救人类良知的事业；她更诅咒人类完全无视那些生灵的尊严，需要时牵在手里，厌弃时一脚踢开。她亲眼看见过一个小孩儿踢一只流浪狗。"天哪，"她捂着胸口，"小狗有罪吗？它何辜被人类欺凌？该死的人类！"

最后这句话无疑打击面太大，但我们都缄口。不管怎样，她能走出来，我们都松了一口气。而她第三次结婚，我们根本想不到。我以为她的心已经伤透了，怎么可能再去接受一个男人？但她真的接受了。那是一个将近六十岁的小老头，鼻翼上有一颗豆大的黑痣，像一只苍蝇趴在那里。他开一家小超市，日子倒也殷实。

很长时间里，我一直困惑，她选择的男人为何一个比一个老，一个比一个猥琐？这是一个谜，解不开，便唯有祝福。

这场婚姻持续的时间更短，小老头儿是个赌徒，连店铺也输掉了。我无法想象一个女人带着一群流浪狗和流浪猫走在大街上的样子。但我知道，她有多么无助。

最后一次见面，她当众烧掉了自己的文章，还有刊发她作品的报刊。她觉得文字是最可恶的东西。它们躲在纸上，潜入岁月，然后在某一天突然现身，提醒着你所有的不堪，刺痛你，嘲笑你。

散席时，已是子夜。在悬铃木滞重的阴影里，我抱了她。这是第一次，也是唯一一次。自此，她关闭了朋友圈和所有的联系方式，人间蒸发……

最后一杯酒喝完了，她把瓶子举起，瓶口对着嘴，晃了又晃，终于饮尽了最后一滴。一只流浪狗不知何故，突然拼命挣脱。她说："想跑？没门儿！"猛地把链子向后拖，小狗四蹄蹭地，发出了几声绝望的悲鸣。

我看着她，她的脸上竟有几分狰狞。这一刻，我蓦地想到了保安和那个小老头儿，两个老而猥琐的男人。我猜测，她会不会以为他们会像这些小动物一样，轻易被她控制，就像控制自己一次次无法控制的命运……

屋子里响起本不属于女人的鼾声。她睡熟了。我想把她四肢上的锁链打开，但我最终放弃了。

我来到屋外，看着夜空。满天繁星就像无数流浪的灵魂。我下意识伸出手，朝一颗星星拉拽了几下，然后，又转向另一颗星星……

这个动作，我几乎浑然不觉。

千重门

我知道他叫锁子。大家都叫他锁子。他的广告语很特别："我的世界没有门。"我把那串钥匙拿出来，在手里把玩了一会儿，递给他。

锁子皱皱眉："什么意思？"

我说："捡的。"

就在刚才，一道宝石蓝的划痕穿透暮色，扑入我的眼帘。那是一串钥匙，缀着精致的宝石蓝色的饰物。我犹豫了一下，把它捡起来。饰物上淡淡的馨香，让我产生了片刻的迷醉。

"放你这里吧，也许还能物归原主。"我说。

锁子"嗯"了一声，不置可否。

但我走出几步后，又后悔了。我走回来，把钥匙重新攥在手中。

"也许……还是我拿着好。"

"打算碰碰运气？"锁子笑了。

"什么？"

"开一扇没进过的门。"

我也笑笑，这句话很幽默，我喜欢。

梦幻歌舞厅投射出一种别样的温馨，宁静、现代、高雅。在这个寂凉的夜晚，我能想到的去处，只有这里。

舞池里早来的几个人在跳舞，缠绵、静默，若有所思。我往四周看了看，拣一个不大显眼的包厢坐下，几案上的红烛柔和似水。这烛光更像是在空气中洇开来的，视线在其中有种微漾的感觉。

我闭了会儿眼，眼前似乎飞舞着一些什么，自由，随意，没有定向。后来，我听到了一个女人的声音："可以坐在这里吗？"

"当然。"

我看着她，婀娜，清秀，眼神有些忧郁，我感到了心灵深处某种轻微的颤动。

舞曲响起来，柔曼而舒缓。舞池里人影晃动，造成一种温情的气氛。我沉默。女人同样沉默。良久，女人似乎是随口问道："怎么不跳舞？"

"坐着挺好。你呢？"

"彼此。"

我们要了两听饮料，慢慢地啜吸。女人不时注视着我，这让我略略有些不自在。我把手伸进裤兜，摸出一张纸。我的裤兜里总会装着一张打印纸，这是我多年的习惯。我把纸放在膝盖上，折叠起来。女人好像有些惊讶，目光始终落在我的手上。

一架纸飞机叠好了。我托起它，想把它放飞，但我旋即打消了念头。这显然不是玩纸飞机的地方。我又把它拆开，还原为一张纸。

"你挺有意思。"女人莞尔一笑，"这好像是小孩子的游戏。"

"没事的时候玩一玩，感觉挺好。"

眼前再次飞舞着一些影子，旋转，起落，如羽如蝶，那是纸飞机的影子。纸飞机似乎在我的心灵里飞舞了许多年。我喜欢那种飞翔的姿态，很美。

我们又陷入沉默。迷离的光斑亮了又暗，来了又去。舞曲给人的感觉像雾，潮湿、迷蒙、流动、包容。

女人抬起头，好像鼓了鼓勇气，说："可以认识一下吗？"

"无名氏。"我耸了耸肩。

女人有些失望，掏出一支薄荷烟，抽起来。

"随便聊聊？"她弹出两个烟圈。

"当然可以。"我说。

我们有一搭没一搭地聊些不合逻辑的废话。后来，我们聊到了酒。我说："我曾经是个酒鬼。"

"嗜酒如命那种？"

"不，嗜酒不要命。"

女人开颜："好可怕。"

"每次饮酒都有飞的感觉。"我说。

旋转、浮沉、游移……梦幻与现实重叠、疏离、颠覆……世界洞开了一重重幽玄之门，到处都是自己的异形……

"有次酒后，我碰掉了一颗门牙。"我说，"从此，一扇门关闭了。"

"真是一颗划时代的门牙。"女人调侃。

"说说你的雅趣吧。"我说。

"我吗？"女人想了想，"我喜欢钥匙，准确地说，是它的装饰品。"

女人说着，从坤包里取出一串钥匙。钥匙上的饰物让我一惊。片刻后，我把捡到的那串钥匙拿出来，和她的钥匙放在一起。

"天！"女人打量着，"这是我三天前丢的那串。"

"真有缘，"我说，"现在物归原主。"

又一支舞曲响起。我们心照不宣，站了起来。那串钥匙被碰了一下，叮的一声，隐匿无踪。我顿了一下，想寻起它，但女人拉住了我的手："不管它，我们跳舞。"

酥胸纤腰，轻揽怀中，有种无以名之的温柔。乐声如风行水上，清明舒缓。我感觉自己的肢体，正在一种巨大的虚无中消融。

夜已深，我送女人回家。眼前是一扇门，一扇女人的门。女人把钥匙插进锁孔，钥匙旋转的声音，锐利地刺入了我的耳膜。门显然要打开了，我伸出手。女人不解地看着我，良久，也把手伸出来。两只手叠在一块儿，又松开。女人无力地靠在了门上……

三天后，我决定出趟远门。去哪儿，我不知道。我只是感到一些飞舞的影子在陷落。这感觉真的很糟。

　　我在街上邂逅了锁子。他好像在寻找什么，神色焦急。

　　"怎么了？"我问。

　　"我的钥匙丢了。"

　　"这对你还不是区区小事？"

　　锁子苦笑了一下："说来你不信。我的锁是经我专门改造的，现在好了，我竟然死活打不开自己的门！"

　　我下意识地去摸自己皮带上的钥匙扣，那里一无所有。

从生活到小说（创作谈）

小说是虚构艺术，却绝非凭空杜撰，生活是创作之源。如何处理生活真实和艺术虚构的关系，是小说作者始终面对的课题。

第一，挖掘偶然中的悖论。

《德富老汉的最后结局》写于 1997 年，被业界同道喻为当代小小说经典作品之一。这篇小小说的原始素材源自《平顶山晚报》的一则"一句话新闻"，说的是某县一老农在田里犁地时，意外地被自家的耕牛顶死。当时深受触动，想象的惨烈画面在脑海中挥之不去，于是，这篇作品开始不知不觉地发酵。

所有的偶然，往往有内在的必然。越是无法理解、难以接受的东西，越是富含着人生的哲理。认知它，需要作家从地平线上升起，需要高度。

人爱牛吗？当然。牛爱人吗？应该。但为什么会有悲剧发生？苦苦追寻中，我突然意识到，那是一种不平等的爱。人与牛之间，永远无法摆脱奴役与被奴役、统治与被统治的关系。在这样的关系中，爱的建立是有前提的。而这种前提一旦被打破，那种爱便轰然瓦解，不堪一击。德富老汉死在了他的鞭子上，牛的隐忍与反抗也爆发在那条鞭子上。而牛最终被肢解蚕食的命运，同样源自人与牛之间永远无法跨越的人格渊壑。这是一个现实世界中几乎无解的悖论。

这个发现让我激动，灵感就此爆发。但这不足以完成一篇小说。如果把创作喻为行船，那么生活真实只是船下的河流，真相才是文学的彼岸。

为了抵达真相，我们就要亮出小说艺术最重要的利器：虚构。为了强化人与牛的感情，我把德富老汉虚构为一个鳏居多年的老人，如此，他与牛相依为命、相濡以沫，才更具有情感冲击力；为了强化命运的反转，体现终极关怀，我为德富老汉创设了几种美好的终极愿景……但虚构无非是作家对生活经验的广泛调度和合理想象，它终究来自生活，来自我们自身的生命意识、情感体验和理性思考，以此形成人物的行为方式和心理动机。换言之，虚构不可虚假，必须有根可依。

小说是多种艺术元素的有机结合，诸如语言、结构、表现手法、艺术风格等等，这需要作家的文学积累，也需要一定的艺术天分。将美好撕碎、将悲剧写成诗，是我这篇小小说的追求。所以，我注重语言的诗化，注重暗示、象征和道具、细节，注重意象性和画面感，如此，美好与惨烈的巨大反差才有震撼人心的力量和石破天惊的效果。此外，写作时力图传达最原初、最本能、最贴近生命的感觉，也使这篇作品呈现出主题的开放性和多义性，有了更广阔的外延。

第二，保持对生命的敬畏。

作家，要始终保持对生命的敬畏。《二十米》《长夜》《一路走好》，来源于我在医院陪护父亲的亲身经历。在年迈的父亲抢救的十多天里，我对生命、生死、灵魂有了更深刻的体验和思考。在《二十米》中，我将重症监护室一个女保洁员外在的麻木与内在的悲悯融合起来，"她要让那些亡魂在她清扫的二十米里干干净净地走过"。二十米，是一个普通人对生命本能的敬畏，也成为她送别生命的独特方式与潜在自觉。《长夜》以诗歌的意象和密织的细节，书写生死关头的生命陪伴和人性的灰色地带，凸显人性中不可磨灭的爱。《一路走好》则在近乎残酷的现实摹写中触碰人性的挣扎与伤痛……

从本质上说，正是缘于敬畏生命，我们才会关注人的喜怒哀乐，关注人的遭际和命运。而当我们的目光探寻到生命的底部，我们或许就会隐隐看到灵魂的模样。

　　文学，生命是底色，命运是载体，灵魂是本质。当你穿过生命的幽深并借助虚构的翅膀，便可突破真实的局囿而完成对生活的提炼与升华。

　　第三，彰显人文情怀。

　　对人的尊严、价值、命运的维护、追求和关切，对理想人格的倾力打造和重塑，对人类精神的珍视和追寻，是作家可贵的人文情怀。

　　荣获第十六届《小小说选刊》优秀作品奖的《洁癖》，把一个处于生活边缘的火化工对灵魂近乎圣洁的终极追求作了极致化表现。《石狮子》将"我"与泯灭于历史中的石匠的人格和艺术理想合二为一，在渺小与伟大、短暂与永恒、小我与大我的哲理思考中，呈现历史和人文的深广。《第四棵梧桐树》把"盘核桃"的细节和初恋时梧桐树下的雨中相约作为人生的两端，通过老人幻觉中与亡妻简洁而富有情趣的对话，隐含了两位老人一生的挚爱与思念。《兄弟》以朴素的文笔，在人生的"寒秋"中涌溢着相濡以沫、不离不弃的非血缘刻骨深情。"荒野童话"系列之《有猫头鹰和灯光的夜晚》《宝贝开花》《忏悔的天使》，则采用寓言的艺术手法，对那些卑微的底层群体寄予了深深的悲悯和精神关怀，凸显了卑微者潜在的人格理想、挚诚情感、心灵救赎和生存智慧，赋万物众生以平等的尊严和生命的温暖。

　　因此，善于发掘人性悖论，敬畏生命，永葆可贵的人文情怀，在生活的缝隙中借助虚构抵达灵魂的真相，是提升小小说文学品质的有效途径。而生活，会给我们无尽的馈赠。

口碑载道，贵在走心（评论）

杨晓敏

认识胡炎是 20 世纪 90 年代的事。那时候二十多岁的胡炎已是小小说队伍的新锐作家了。胡炎的小小说，以其沉稳干练的文字表现力见长，在朴素的叙事中挖掘人性悖论和生活哲理，表现出一个优秀写作者的情怀和格局。

《德富老汉的最后结局》是他的早期代表作，主人公德富老汉日渐衰老，不免设想人生如何收官："一种是寿终正寝；一种是正在田里做活便蓦地倒下，永远融入泥土，和先辈们一块扎根在故土，看世代沧海桑田，看自己的后辈们犁地；还有一种最美满的结局，和他的老牛一块静静地老去，相拥辞世，永不分离，为那边的列祖列宗们顺带牵去一头有情有义的牛，该是多美的事！"一个与土地结缘的老农民，设想的人生结局温馨而祥和。

在漫长的岁月中，老牛以它的温驯、沉默和辛勤耕作，给德富老汉带来了极大的安慰，这一切归功于德富老汉当初对老牛的驯服，先是鞭打压制其烈性，而后又倍加呵护，一头牛从此变得听从使唤。可是这一天老牛突然不听使唤了，"就在德富老汉的鞭子抽在老牛脸上的时候，老牛猛地转头一冲，将德富老汉顶在了地上，然后老牛前腿跪在德富老汉的腹部，用尖硬的犄角挑开了德富老汉的喉咙"。

暮年老汉的最后一鞭，或许是不堪的生活之重；垂老的"牛性"逆袭，或许同样是久蓄的报复之源。人与牛与生俱来的征服与奴役的关系，那种皮鞭之下的配合与顺从，是否存在着本质上不可调和的错位？从立意的深刻性来说，彰显出作者对于现实生活独到的发现和认知。多少年过去了，这篇作品的主旨依然是个见仁见智的讨论话题。德富老汉一辈子驭牛，春耕秋种，最终被牛用犄角挑断咽喉，惨死在田野的结局，和太多人与家畜相依为命的故事大相径庭，让关于人性与牛性以及对于宿命的话题有了新的解读。

作者讲述的题旨，一半在情节中，另一半在现实里。作品从一开始极尽描述秋日的祥和景色，借此烘托人物的愉悦舒心，是在为人物最后的悲剧命运所形成的反差铺垫，让读者在视觉和心理上产生强烈的震撼效果。将老牛拟人化处理，意在阐述人与动物同等的尊严，主题倾向于人的专断与牛产生的不平等依附，牛由此滋生的隐忍与报复，细思犹怜。作品意在笔先，力透纸背，极具现实意义。

戏曲是中华国粹，梨园舞台，生旦净丑，戏里戏外，舞台上下，唱不尽的酸甜苦辣，说不完的人生悲欢。《花旦》的"角儿"在除夕夜，奉领导之命为客人唱戏，陪客人喝酒，舞台很小，酒席很近，再唱一段可以，敬领导一杯可以，碰一杯还行，交杯酒不喝，《夫妻双双把家还》不会唱，那是自己对生活画的红线。一位艺高品优的花旦形象赫然而立，也浸透着艺人舞台光鲜之下的背面。结尾，花旦与年轻的当红新秀，是两种人生选择的巧妙对比：新来的戏校生会说话又年轻漂亮，很快在领导那里走红；辞职单干的花旦在野外的土戏台上，一样唱得声情并茂、字正腔圆。作家的褒贬爱憎，不着一字，清晰可见。

初读《母亲是一条鱼》，满腹疑问，觉得题目似乎与内文风马牛不相及。写母亲，母亲迟迟没有出场，反倒用大半的篇幅，写两个男人做鱼吃的琐事。身为编辑部同事，又同是漂泊异乡打拼，两个男人将一条寻常的草鱼，做出了不同的花样，也做出了友情与亲情的滋味儿。母亲只闪现在儿子的手艺里和儿子的回忆中。

"我妈是做鱼的行家，我爸是捉鱼的高手。我就是吃着我妈做的鱼长大的。"一句话，让慈爱善良、默默奉献的母亲形象瞬间饱满起来。吕方说："其实，我妈做了一辈子鱼，却从来不知鱼是什么味道。"由于身体原因，她不能吃鱼。这一句慨叹，将儿子对母亲的感恩思念之情推至高潮。不能吃鱼的母亲，为全家人做得一手好鱼，而她自己何尝不是一条含辛茹苦、用一生喂养亲人的"鱼"呢？这种结构和布局，惜墨如金，以一条鱼为情感之线，巧妙串联起世间两代人之间的亲情。此时无声胜有声，一切尽在不言中。

《第四棵梧桐树》用倒叙的手法，讲述了一个老人深情怀念亡妻的故事。故事从拉开帷幕开始，以老妻矫正与治疗老汉的早期老年痴呆症设置情节，如盘核桃练手、罚站立练腿、唱歌练发声等，在这一来一往的对话中，妻子透出的几分严厉中犹见温情，老汉的怯弱中透着几许包容，人物性格悄然显出独有的特征。这几个情节像一个个完整场景，定格在读者脑海里，虽然没有详细追忆与子偕老的诸般滋味，却可以想象出他们曾经相濡以沫的一生。

主人公的目的地是第四棵梧桐树，此情此景，令老汉"心头蓦地一热，僵滞的大脑，瞬间被记忆激活"。因为这里曾是他们年轻时约会的地点。如今逝者已矣，老汉再次想起那句"好好活着，别让我担心"的嘱咐，想起老妻为他康复身体的良苦用心，愈加陷入深切的怀念之中。这种逆时序的表现方法，足见作者对小小说文体聚焦优势的谙熟，凭借故事结构的精巧布局，把艺术的击打力放在最后，体现出独辟蹊径的艺术匠心。

胡炎写官场人物的作品颇有特色，巧用隐喻，警示意味明显。《鱼鹰》讲的是一种左右互搏术。一面是言传身教，一面又发出人生的慨叹。如果我们来品味这种"矛盾"，就会发现它最终还是统一在"思索"两字上。不管是作者的激昂笔调，还是沉重述说，都会引起你对某些本质的东西的深入探究。一对渔民老友以放鹰渔猎为生，水生和家贵自小下河学习渔猎本领。父辈们教导说鱼鹰贪吃，捕鱼之前要先用绳子扎起它的脖子。"一天，水生的脸色凝重了，眼神里多了层伤感。许久，水生叹了口气，说：

'家贵进去了。''为啥?'水生沉默了,眼望着天际,半晌说:'他忘了扎上自己的脖子。'"极为生活化的一席话,形象而生动地刻画了人性贪腐的过程。结尾处,主人公亲手为鱼鹰扎上脖子,用生活细节点缀精神世界,堪称精彩的一笔。

小小说也是一种形式的艺术,从某种意义上说,作品形式也是主题内容的有机部分。形式之美,则需要作者苦心孤诣地探索,才能真正体味到它的魅力所在。那种思想内涵与艺术形式完美统一的作品,会给人带来赏心悦目的阅读快感,也会让作者对于开发自身创造力变得自信。

胡炎认为,小小说是大众文化,平民艺术。的确,胡炎的小小说,贴近百姓生活,语言沉稳老到,人物质朴鲜活,一种本真的神韵溢满纸上。他力求自己稿纸上的一字一行,凸显出平民百姓的足迹、普通人群的心声、心灵世界的奥秘和触手可感的有烟火味儿的生活,具备坚实纯粹的民间质地。作品里的故事如在身边,思之又可增智受益。以千字文章,抒发人间真情!

红　　酒

　　红酒，河南省作家协会会员，洛阳市作家协会理事，洛阳市小小说学会副会长。主要从事小说、散文、随笔创作。《头牌张天荤》《花戏楼》分别获得年度全国小小说佳作奖和优秀作品奖；《二功子》《咖啡男人》获全国小小说原创奖；部分作品入选《中国当代小小说大系》《新中国 60 年文学大系》《中国新文学大系》等选本；小小说《主角》《坯王》《大钟馗》等作品入选多地中学语文阅读试题。出版有小小说集《花戏楼》《大钟馗》《青衣风月》和散文集《把自己站成一棵挺拔的树》，其中作品集《花戏楼》荣获第四届郑州小小说学会优秀文集奖。曾获第五届小小说金麻雀奖。

小贱妃

在相思古镇，"小贱妃"马花也算是个名人。

马花在戏校时外号叫麻花儿，不是因名字与麻花谐音，而是马花确确实实喜欢吃麻花。马花早上练功时，无论是踢腿、云手，还是小翻、卧鱼，都会抽空腾出手掐一节儿麻花放嘴里嚼，那嘴鼓鼓囊囊一刻也不能闲着。师父一棍子打在马花手上，咬着牙骂：你马花就是根捋不直的扭股麻花儿啊！

马花从戏校一毕业就分到了县剧团，正赶上剧团赶排《秦香莲》，马花在这出戏里演皇姑。马花娘来给女儿送麻花儿，见马花一身彩妆，珠花满头，惊得瞪大眼睛，嘴张了半天合不拢。回去后，满镇子吆喝：俺马花是县剧团的台柱，老演皇帝家的闺女！

每当头戴凤冠身穿大红龙凤蟒袍的皇姑一亮相，台下喜欢马花的那些人准会给她来个碰头彩。论说马花应该按剧情进入角色，可马花不管，在台口手端玉带侧身站定，冲观众就频频地丢媚眼儿，八匹马都拽不回来，气得剧团里那个整日戏比天大的导演老在后台指着马花喷着唾沫星子说：马花，这皇姑可是有着皇家气派的公主千岁，你得表现出她的雍容和跋扈才行，别老让她跟开店的马寡妇似的，好不好？

马花漫不经心地对着镜子，跷着兰花指取下鬓前的珠花，不耐烦地说：知道了，知道了。可说归说，就是不改。扮演秦香莲的师姐恼死了，说马花老跟她抢戏，人家观众到底是看谁呢？背后一脸轻蔑地叫她"小贱妃"。

小贱妃就小贱妃吧，马花根本不计较。就这样，"小贱妃"代替了"麻花儿"，叫着叫着就叫开了。

马花越长越媚，眼角吊吊地爱瞟人，纤纤细腰，盈盈一握，走起路来，袅袅婷婷，一颦一笑，风情万种。小生洛成和花脸海椒经常和马花演对手戏。台上台下，把小生、花脸俩人弄得五迷三道，心荡神摇，疯了似的亮开膀子追。《西厢记》中马花演崔莺莺，那洛成就是张君瑞。"待月西厢下，迎风户半开；拂墙花影动，疑是玉人来"这四句念白，让洛成给诠释得缠绵悱恻、荡气回肠。"安得后羿弓，射此一轮红"，到底还是小生计高一筹，水磨功夫一展开，就如同那锣鼓经里的急急风，一阵紧似一阵，最终如愿以偿抱得美人归。婚宴上，花脸喝得烂醉，只挽着袖子嚷着说和那禽兽张君瑞有夺妻之恨！

婚后的马花似乎更媚了。戏校又分来一群学生，马花也经常没大没小地和人家开玩笑，荤素都有。有时，正和人说着戏，也不知哪句话好笑，马花就毫无顾忌地俯在人家肩上，直笑得花枝乱颤、百媚丛生。日子长了，那帮学生也不喊马老师了，而是直接叫她"小贱妃"，把马花他男人洛成恨得牙痒。马花不管，马花把这日子过得就像自己喜欢的零嘴儿麻花儿一样香香甜甜有滋有味儿。

也不知从啥时候开始，县文化局有个头儿突然深入基层，经常到剧团视察工作。头儿只在马花出现的地方溜达，譬如练功房，譬如马花家楼下……

在练功房时，头儿的眼睛像图钉一样，只按在马花身上，时不时地把手放在马花的细腰上说，穿这么少冷不冷啊？操心程度跟人家妈似的。出差回来，把天津卫最有名气的麻花儿给马花捎了一大包，俩月都吃不完。马花她娘又来送麻花儿，碰上了，拉马花到一边说这人是戏里的花花太岁吧？马花没心没肺地笑着，不理她娘，也不管把脸拉得足有两丈长的小生洛成。

转眼又是柳蘸鹅黄融融春色盎然的大好时节。这天夜里，月挂柳梢，微风过耳，处处弥漫着草儿若有若无淡淡幽幽的清雅芳香。今儿的戏码还是《秦香莲》，马花的皇姑已经扮上了，端个大茶缸风拂弱柳千娇百媚花魂月魄般地从后台走出，就在水房的半截儿花墙外，被人抱住了。只听那人急急切切地在马花耳边火辣辣地低声说道：小贱妃，看明月照着我孤形单影，盼佳期盼得我神魂不宁……

　　马花吃了一惊，险些把空茶缸给扔了。看清是谁后，马花腰肢一拧，用力挣脱，媚媚一笑，兰花指戳着那人的额头，一声"你呀"，娇唇轻启，亮开嗓子唱道：

> 怨只怨你一念差，
> 乱猜诗谜学偷花。
> 果然是色胆比天大，
> 夤夜深入闺阁家。
> 若打官司当贼拿，
> 板子打、夹棍夹、游街示众还戴枷。
> 姑念无知初犯法，
> 看奴的薄面就饶恕了他。

　　唱的却是花旦红娘的段子，中规中矩，字正腔圆，全没了往日的妖媚惑人。

跑龙套

相思古镇总有相思的故事。

剧团的花脸姓海名椒，浓眉大眼，人如其名。

海椒小时没想唱戏，唱戏是偶然。爹老把海椒按在板凳上剃头，手艺真不咋样。每次剃头，海椒都跟杀猪似的吱哇乱叫，那嗓门不小，能传出去二里地。隔墙儿他二叔早先在个草台班子里唱花脸，听这孩子嗓门大，模样虎虎实实还透着股灵气，就说这孩子是块儿唱戏的材料，没准儿能红。

正巧县剧团招人，二叔拉着海椒就来报名。老师问海椒，会啥？海椒不言声，大眼睛忽地一扫，身子一拧，给老师来了十几个侧手跟头，虽不成章法，可不至于东倒西歪。老师又问，会唱不？海椒说会，站得直直的，眼观鼻，鼻观口，连说带比画来了段"城门城门几丈高，三十六丈高。骑白马，带把刀，城门底下走一遭……"儿歌，他娘教的。

老师笑得前仰后合，说，中中中，这孩子中！

海椒的行当属于净，主工架子花脸，扮演过《盗御马》中扶危济困、除暴安良的绿林好汉窦尔敦，直把个红盔红髯蓝花脸，河间府响当当的人物演得惟妙惟肖、出神入化。剧团大院里一帮半大孩子一见他，就蹦着喊"窦尔敦、窦尔敦"。海椒不答话，扎开架势，哇呀呀呀呀一阵叫板，眉毛乱动，眼睛瞪着铜铃般大，吓得那些孩子四下逃窜。

同门师姐名叫风月，青衣，在戏里演秦香莲。素日说话柔声柔气，水样的性格。海椒一直把师姐当意中人，心说这样的女子，只有自己才能呵护她一辈子。海椒眼中的师姐就是白素贞，就是七仙女。有啥好吃的，总想着师姐，海椒不会温存，总把东西往师姐怀里一送，直眉愣眼地说，给，说完转身就走。

团里新调来个导演，白净脸，头发有些自来卷，给师姐风月说戏时，声音很腻，时间长了，师姐看导演的眼神跟看海椒愈加不一样。看导演时柔情似水，看海椒却充满慈爱，海椒觉得跟他娘看他的眼神没两样，于是海椒郁闷得不得了。

有天夜里，皎月高挂，满地银辉，海椒一出宿舍门，便撞见师姐与导演在当院那棵槐树下约会。海椒自己都说不清，怎么会突然亮开嗓子喊了声"好大雪"。

此时正值槐花飘香，哪儿有什么大雪？同宿舍都是些不安分精力过剩的小伙子，听得海椒一声叫板，即刻跟火烧蜂房汤浇蚁穴似的跑出来说："雪在哪儿？雪在哪儿？"师姐与导演站在月亮地里尴尬不已，俩人拉着手扭身就跑。伙伴们嘻嘻哈哈回房了，只留下海椒望着如水的月色发呆。

师姐和导演成亲了，海椒一场大病后倒了嗓。倒了嗓的海椒只能跑跑龙套或在后台打个杂。海椒心灰意懒，跑龙套也常出错。《铡美案》中包公唱道：慢说你是驸马到，龙子龙孙也不饶。头上打去他的乌纱帽，再脱掉身上蟒龙袍。这时，按剧情要求应该是王朝拿乌纱，马汉脱蟒袍。可海椒扮演的马汉心不在焉，不光脱掉了驸马爷的蟒袍，还顺手把陈世美的髯口摘了。台下观众笑得东倒西歪，直喝倒彩，还说：这包公厉害，铡驸马爷还先拔胡子！

《大破天门阵》里，海椒演亲兵。戏剧中讲究兵对兵、将对将，宋、辽两军对垒，有场开打。一阵急急风中，海椒扮演的宋兵提着两把刀上场了，谁知和辽兵一打照面，却忘了下面的动作，一愣怔，提着刀又下场了。演辽兵的演员心说，还没开打怎么就走？想救场，情急中，也不顾剧情，嘴里喊着："呔，哪里逃！"提枪就追。

也就是唱戏，要真的是两军交战，岂不是长辽国威风，让堂堂的大宋朝丢尽了脸？就这两件事儿，就把海椒整得灰头土脸，抬不起头来。以前那个威风凛凛的窦尔敦彻底不见了。

架子花脸如今成了跑龙套的，但凡戏里有衙役马童，就有花脸海椒无奈的身影。戏外，海椒的目光一直追逐着师姐风月，痴心不改。

师姐不是不晓得海椒的心思，也给海椒介绍过俩姑娘。头一个，师姐再三催促，海椒推辞不过，见了。回来，师姐问，相中没？海椒说，跟你比，差远了。第二个，师姐亲自带他去了，师姐跟那姑娘说，这是海椒，剧团的架子花脸。海椒说，那是以前，如今我跑龙套。师姐说，海椒人好心眼好。海椒说，我说话冲，脾气辣，会打人。那闺女看海椒敦敦实实，拳头像油锤，心下也怯，匆忙告辞。不用说，吹灯拔蜡无半点指望。师姐气晕了，说，莫非你想气死我？海椒不吭声，半晌，才说，师姐，你生气的样子也好看。

日子过得飞快，海椒还是孑然一身。导演在一次会演中认识了另一座城里的台柱子，追逐新人去了。师姐以泪洗面度日如年。海椒见不得师姐这样，心疼得要死要活，大着胆子说，你别伤心，还有我呢。师姐却是不允。

冬日的夜晚，海椒心事重重总嫌夜长。披衣下床，在院里踱来踱去。突听师姐房内呀的一声惊叫，接下来却死寂无声。海椒一激灵，顾不上多想，一脚踢开房门，只见师姐倒在地上，青丝纷乱，脸色蜡白，悄无声息。海椒泪流满面连声叫着师姐、师姐，两手一抄，抱起师姐软软的身子就往医院跑……

又是一年槐花香，师姐风月要和海椒结婚了。闹洞房的人已走，海椒还呆呆地坐着不动。师姐一口韵白，娇声说道：看天色不早，官人还是歇息了吧。

海椒朝自己大腿上使劲儿拧了一把，颤声说：师姐，这回我不是跑龙套吧？

花戏楼

相思古镇上的花戏楼，不知什么朝代就已经有了。

花戏楼坐北面南，雕梁画栋。戏台两侧有楹联一副：一曲阳春唤醒今古梦，两般面孔演尽忠奸情。虽年代久远，朱漆褪尽，但字迹遒劲，依稀可辨。当年的花戏楼风光无限，城里的角儿们以能在这里唱戏为荣。

一般的角儿甭来古镇现眼，古镇人挑剔得很。但女伶翠儿却格外受古镇人的青睐。

翠儿常来花戏楼，一演就是十天半月。往往不到开戏时，满场子已是黑压压一片了。这还不算，墙头上树权上，就连对过儿阿九婆家那青瓦房上都有人，或坐或站，瞪眼抻脖，盼亲人似的盯着花戏楼"出将"处的团花门帘儿。

翠儿的行当是大青衣，古镇人最爱看她演《梅妃》。翠儿演的梅妃一出场就把人心抓牢了，她蛾眉紧锁，满腹幽怨，吐字如玉。一句"雪里红梅甘冷淡，羞随柳絮嫁东风"的念白，真真是令人泪如雨下，寸心似剪。这时，人们早忘了翠儿，台上站着的那个绝色女子分明是唐玄宗后宫内新近失宠、婉丽能文、感叹景物尚在、人事已非的梅妃江采苹。

翠儿唱得好，长得更好。古镇上的老戏迷愿意用戏词儿来夸她：十指尖如笋，腕似白莲藕，这样的好姑娘几世来修？天仙还要比她丑，嫦娥见她也害羞。

乐队的琴师是翠儿她男人，一把板胡拉得如同山涧溪水般恣情肆意、跌宕有致。男人熟悉翠儿的嗓子，就像熟悉板胡上的音律节拍，高亢低缓都有讲究。高亢时那板胡将翠儿的嗓音烘托得犹如红云层叠、松翻涛卷，低回时又好似玉帘卷翠、清夜烛摇，拿捏得不偏不离，伺候得恰到好处。台上台下，小两口红花绿叶，琴瑟合鸣，恰似神仙眷侣。

古镇上的桃花开了谢谢了开，翠儿戏里依然是才情过人满腹幽怨的梅妃，戏外还是那个让人眉开色悦总看不够的美娇娘。其实，翠儿也有难言之隐，眼瞅着同门的师姐师妹都拉着大的抱着小的，翠儿身边缺少的就是一张口奶声奶气叫娘的那个小人儿。虽说她和三代单传的琴师合卺数年，可翠儿的肚子就是没动静。翠儿也不免跟戏中失宠的梅妃似的惆怅起来，说话小声小气，看琴师的眼神怯怯的。

终有一天，翠儿有喜了，琴师欣喜若狂，恨不得站花戏楼里喊一嗓子。琴师端吃送喝，沏茶打扇殷勤照应。翠儿更是功不敢练，嗓不敢吊，每日里保胎安神是头等大事。

花戏楼突然就静下来了，静得让古镇上的戏迷们心有不甘。于是，这段时间，城里的小凤仙、九龄红、十里香都来过，可有一样，来了，演了，动静却是不大，最多三天就收拾戏箱，雇个牛车，无论你是仙是红还是那香，都随牛铃铛一下一下摆晃出的单调声响渐行渐远。

翠儿生了个男孩的消息就像有人倏地推开了轻掩的柴门，吱呀一声，便打破了小巷的清幽，整个古镇沉寂了些时日后，一下子就又活泛起来了。

有了孩子的翠儿肌肤如雪，发如漆染，星眸迷离，比起先前来更是妩媚撩人。不过，有细心人发现翠儿与往常有点不一样，不一样在哪儿？一下子难以说清。好像性子大了，嗓门高了，时不时也要对琴师男人耍个小脾气。

古镇赶集似的热闹，翠儿又要出演《梅妃》了，十里八乡的人们摇着小船，走完水路走旱路，早早聚在花戏楼前，不消说了，那场里场外黑压压一片，墙头树杈青瓦房上又满是人。

花戏楼装扮一新，顺廊檐挂一溜儿红纱灯。戏台上的团花门帘儿一撩，翠儿扮演的梅妃在一群紫衣宫娥的簇拥下登场亮相。她一袭白衣，梅花点点，水袖扶摇，裙裾飘飘，莲步轻移，踏歌曼舞。忽地曲风一转，梅妃欣然唱道：下亭来只觉得清香阵阵，整衣襟我这厢按节徐行。初则是戏秋千花间弄影，继而似捉迷藏月下寻声……这是整出戏中梅妃得宠时的唱段。

正当镇子上的戏迷们如痴如醉忍不住击节相合时，原本随着婉转曼妙的唱腔紧拉慢奏烘云托月的板胡突然在翠儿甩高腔时戛然而止。翠儿猝不及防，那声音顿时失去依靠，如同大雁孤飞，残梅落月，硬生生岔了音儿。满场皆惊，哗然一片。

花戏楼的当红名角儿怎能唱出分岔的高音？琴师在当紧时刻咋能收弓凉弦儿？古镇人一头雾水，不晓得翠儿和琴师这对红花绿叶怎么了。

日子水一样淌过，翠儿会经常到花戏楼来，满腹心事地看着戏台两侧的楹联，纤细的手指临空顺着遒劲的字迹出神地描着，一下一下，描的是"两般面孔"四个字……

我的小说我的情（创作谈）

生活假如是一幅画，那么从接触小小说后几年的感悟与体会就属于工笔重彩而非轻描淡抹。

小小说我写得不多，选定的题材不似别人那么宽泛，我除了陈年旧事、家长里短外就是说书唱戏梨园生活，这似乎是一种情结。

喜欢戏剧，无论国粹京戏还是不起眼的地方剧种。儿时，父亲常带我去看戏，记得我总是小跑着跟在父亲身后，从剧院那两扇大得惊人的后门进去，穿过并排放着一溜儿大茶壶的开水房时，总会见到那个倒了嗓无法粉墨登场而改烧开水的李姓艺人。每次见到他，他总是把一条腿高高地跷在花墙上用力压腿。以前，大名赫赫的他在那个小城中被誉为活关公。

父亲有个朋友姓陈，湖北人，在剧团乐队拉二胡，参加过抗美援朝。陈叔的战友拉小提琴，会唱程派青衣。有个雨夜演完节目后，在回驻地的途中，陈叔的战友踏响了地雷。陈叔脱下雨衣，把战友的碎片拢在一起背了回来。我见过那件雨衣，就挂在陈叔单身宿舍的门后，随着门动，忽忽悠悠忽忽悠悠的，就像他那个会拉琴会唱程派青衣的战友活生生地站在那儿，唱词清悠，水袖翻飞。

我父亲也是一个戏痴。父亲说过他过世时一定不要放哀乐，放段青衣唱段就可以了。如今我对戏剧的喜爱，更多的是出于对父亲的缅怀。他去世有些年头了，我没写过一篇悼念文章，只要静下心着手动笔，眼前就一片模糊，终是不了了之。于是，就有了《小贱妃》《跑龙套》《花戏楼》。

以后，我还会创作类似题材的小小说，权且当它是一种思念和心愿吧。

没来由地喜欢地域性文化，或许别人觉得很土。我的陈年旧事类小小说中选用的语言有些就是我老家的方言。以前回老家，到村口上总有不认识的人极热情地打招呼，问：你是谁家女子？我对这个称呼喜欢得不得了。女子，很书面的称呼，可我能在豫西一个贫瘠的丘陵山区听到这样的语言，我觉得我老家这个地方很文化，于是就写了《花媳妇》《俏阿绫》和《柿花淡淡香》。

在一座小城里长大，在火车站对面，有个书场，书场的大门很像四川的茶馆，一扇一扇全木质的。上面雕刻的有花，年代久了，门上朱漆褪落，像个来不及补妆的妇人。书场里挤满了听书人，或坐或站，说书人说得精神，听书人听得痴迷。鼓键声、弦乐声、掌声、笑声和着书场外瓜子烟卷的叫卖声，如腾如沸，热闹非凡。还是小孩子时跟父母去过一次，也就是那仅有的一次，书场里的声音和影像就刻在了记忆的硬盘中。

许多年过去了，那个声音随着岁月的步履已渐行渐远。可忽有一天，听到了王玉功老师的鼓书，或许就在他催动玉鼓，银色的月牙板上下翻飞的刹那间，记忆的大门蓦然打开，似是首老歌，在心底反复回放。萦绕在心头挥之不去的感觉也很能折磨人，放不下了就去写，又有了《头牌张天辈》《唱坠子的云儿》《二功子》。看到文中的主人翁在我的文字中活泛起来，萦绕心间的思绪才缓缓消散。

当把一种情结转化成文字并刊出后会有种感觉，那种感觉妙不可言。

当然，尝试写作与老师们的悉心指点密不可分。写作不光凭一时冲动，更重要的是必须掌握技法，我觉得我很幸运，身边有几位大家，他们既是良师又是益友。

写作不光能带来快感，在耕耘的过程中同样痛苦不堪。写人物怎么才能做到有血有肉神形兼备？由此想起一件事来。有个画家恳求圈内大师点评自己的画作，大师一一看过，并不言语，只取来画布颜料，手抖抖一抹，然后说了一个字：韵。画家即刻明白是自己的画向外的力量太强，内在韵味弱了。我不敢将自己的感悟能力和思想境界与那位画家老师相提并论，可举一反三，我至少明白了其中况味：小小说除了好看好读外，它的文学性以及内在的韵味亦必不可缺、至关重要。

　　喜欢小小说，喜欢这种精短文学传导出的一个个美妙瞬间。我想我还会继续沉醉其中，含情脉脉地阅读，含情脉脉地书写，不能自己。

戏里戏外写人生（评论）

杨晓敏

在庞杂的小小说写作者中，红酒是以"小小说票友"的身份出道的。在舒适优裕的生存状态里，闲暇时读一本小小说杂志，迷恋于这种精短文学体裁传导出的一个个"美妙瞬间"，细细品味故事里每一个鲜活人物的命运履痕，的确容易沉浸其中不能自已。

随着现代生活的丰富多彩和文化消费的日渐深入，纯粹的文学功能正被溶解到更多的不同阶层的人群中去。和许多业余写作者初始一样，小小说读得多了，会积累起一种把自己的想法诉诸笔端的欲望。2005 年，在朋友的一再鼓励下，红酒创作出了自己的第一篇小小说《头牌张天辈》，而素材则选取了自己从小爱唱爱听的"梨园生活"。因这一发端，在此后的几年里，这一方天地让她流连忘返，再也割舍不断。多年见惯了舞台上的帝王将相、才子佳人、是非忠奸、悲欢离合，一旦置换到笔下来进行整合与表现，以期引起读者共鸣，是一件奇妙的充满诱惑的挑战。此类题材，人物最具传奇特色，如不能编排好戏里戏外、台上台下的或悲壮或缠绵或亦正亦邪的故事，不稔熟演员"唱念做打"的门里功夫，断然刻画不出此等"戏剧人生"。作者本没有想当作家成名或以写作来谋生的精神和生存上的负担，能轻装上阵，更没有太多的关于写作方面的条条框框来束缚，只是在阅读精品佳作时所激发出来的冲动，来催涌出自己内在的文学方面的潜质，反而写起来真切自然、得心应手了。那些舞台角色与现实生活中的角色在作者笔下，或统一或错位地陆续粉墨登场了。

　　《头牌张天辈》中的张天辈是舞台上的大腕，唱起戏来字正腔圆、顾盼生辉，惹得大姑娘小媳妇春心漾动。而生活中的张天辈却不同凡俗，饮食起居、待人接物皆恪守自己独特的行为准则。一篇两千字的小小说，作者写活了四个人物：张天辈，我行我素、敢作敢为；女戏迷，痴情相许，夫唱妻随；曲艺队长海椒，"责任干预"、快快失落；"小贱妃"，戏里戏外轻佻风骚，都通过一两个细节恰到好处地展示出来。让读者看到了在特定历史环境里，无论是舞台上的假戏真做，还是生活中的真实人生，情节设计得合情合理，铺垫、伏笔和若隐若现的呼应，把人物形象描绘得血肉丰满。

　　《花戏楼》则写得另有一番人生况味。在丈夫琴师的调教和演唱时天衣无缝的乐器配合伴奏下，戏剧新秀翠儿渐渐唱成了"角儿"。舞台上的鲜花掌声使她在生活中误入迷津。有了孩子后，翠儿在家里开始颐指气使了，"性子大了，嗓门高了，时不时也要对琴师男人耍个小脾气"。无奈之中，怅然的琴师丈夫也在舞台上以"曲误"让骄矜中的她花容失色："翠儿猝不及防，那声音顿时失去依靠，如同大雁孤飞，残梅落月，硬生生岔了音儿。满场皆惊，哗然一片。"这是一篇以戏喻人的故事，其教育意义却远在戏外。在日常生活中，漫说夫妻，即使同事、邻里抑或路人，实际上无时不处于一种互动和谐、相生相克的生存环境里。翠儿想打破这种平衡，得到一次教训似在情理之中。作者的语言行云流水般生动，小说结构故事性强，对人情世故能洞察入微，颇有高手风范。

　　红酒崇尚经典，写作数量很节制，从不草率成篇。《小贱妃》章法严谨，内容厚实，由于熟悉舞台人物的音容笑貌，所以下笔能流光溢彩。作为民间演出，并不是一件苛刻的事。"小贱妃"于舞台上不顾"皇姑"身份，边演戏边与舞台下的观众抛媚眼儿，把自己活脱脱变成了"卖唱女子"，惹得满场哗然。然而舞台上这种取悦于现场和张扬个性的"贱"，并不等同于俗世生活中的轻浮，在关键时刻表现出的凛然不可侵犯的姿态，逼得想占便宜的文化局"头儿"倒吸一口凉气。请看结尾：兰花指戳着那人的额头，一声"你呀"，娇唇轻启，亮开嗓子唱道：怨只怨你一念差，乱猜诗谜学偷花。……若打官司当贼拿，板子打、夹棍夹、游街示众还戴枷……唱的却是花旦红娘的段子，……全没了往日的妩媚惑人。

　　小小说写作能使冷清的纯文学与大众保持联系，以极少的篇幅、极短的时间抓住读者。小小说的经典化写作，潜移默化地提升着这种民间文化成果的质地。《跑龙套》是作者写得最为出彩的作品，戏中跑龙套的海椒属于客串角色，而师姐却是"台柱子"。如何使这两个舞台上反差极大的人物在生活中产生爱情，作者在精心构思中设置悬念，采用反衬、英雄救美等细节，层层递进，显得引人入胜，饶有趣味。尤其是最后洞房花烛新人娇柔呼唤时，海椒朝自己大腿上狠劲拧了一把，颤声说："师姐，这回我不是跑龙套吧？"此话深得文学艺术创作的个中三昧，可谓神来之笔。寓意、双关语的运用，使主人公的性格顿时丰厚起来，题旨意味深长。其他作品如《二功子》追求极致的语言韵律的美，《柿花淡淡香》如散文诗一样抒情，《俏阿绫》的人物刻画活灵活现，妩媚动人。红酒以现代人的观念，成功地演绎出具有戏剧舞台和人生舞台双重角色的复杂人性，这是一个令人惊羡的开端。

戴玉祥

　　戴玉祥，河南固始人，笔名弗尼、文月。在《人民日报》《小说选刊》《解放军文艺》等发表文学作品 300 余万字；多篇作品被多家选刊转载，入选年度选本、排行榜、高考语文模拟试卷。获 2019 武陵杯世界华语微型小说特等奖等奖项。出版有小小说集《不该送达的玫瑰》《红色诱惑》《一棵白菜的意外遭遇》，长篇小说《女生十八岁》。

一棵白菜的意外遭遇

临出门的时候，我发现了那棵白菜，它蹲在墙角，可怜巴巴地看着我。它是我昨天才从超市里买回来的，还没来得及享用，这又要出差了。想想两个月后回来它腐烂的样子，我决定把它送人。

我拎起那棵白菜，出了门。

一家快餐店前，我把白菜放到正在洗菜的女服务员身边，我说，我要出远门，这棵白菜，不吃也是烂掉，就给你吧！女服务员冲我笑笑，说，那就笑纳了。这时候，一个腆着肚皮的男人走过来，先看看那棵白菜，再看看我。男人说，谢谢老兄，只是我们这店，不用白菜，对不起呀，请老兄拎走。男人这样说着时，表情就有些古怪。什么人哪，我心里嘀咕着，拎起白菜，转身走了。身后，有声音跟过来：小倩，你长不长脑子，平白无故，人家会送你一棵菜？这菜里要是有毒，闹出人命来，我找谁去？

怎么能这样想？老子是搞破坏的人吗？我觉得那个男人简直不可理喻。

我拎着白菜，继续往前走。

一家院子，大门开着，几个人坐在院子里闲聊，我走过去，对其中的一个人说，我要出远门，这棵白菜，不吃也是烂掉，就给你吧！

那个男人盯着我看了会儿，脸色明显阴沉下来。

一个女人突然啐口唾沫，说，你什么意思？

没什么意思，我说，就是觉得这白菜不吃也是烂掉，可惜了。

你是说，我们只配吃快要烂掉的东西，是吗？女人站起来。

不是不是，我解释，我是想这白菜不吃也是烂掉……

女人斩断我的话，说，你到底啥意思？女人向我跳过来，手指戳着我的鼻子，说，滚，给我滚！

我还想解释些什么，见女人这架势，觉得没必要了。我转身离开。刚出院门，就听那女人说，老头子，你这才离开位置几天哪，这人就拿白菜来糟蹋你了，你想想，要是还在位置上，他敢这样来侮辱你？那时候，人家拎茅台五粮液，我都嫌礼轻，现在……

女人呜呜哭起来。

这是哪儿跟哪儿啊！我觉得好笑，想笑，但笑不出来。

我拎着白菜，继续往前走。

前面是一个十字路口，东来西往的，人贼多。我把白菜放到路口，退到不远处，看着。

一位妇女，拎着菜篮，从白菜身边经过时，停下来，目光在四周扫过后，像是发现了什么异常，匆匆走开。

两个民工模样的人，看见白菜，冲它跑过去，可在距它约两米远的地方，突然停下来。接着，转身往来时的方向飞跑起来。他们的跑动，引起一位胳臂上套着红袖的老人的注意，老人追着跑了一阵，忽又折回来。老人跑到那棵白菜跟前，瞅了又瞅后，掏出手机。

不大会儿，防暴警察过来了，他们先在那棵白菜周围画上白线，而后开始疏散过往行人。

有人嚷，不得了啦，恐怖分子放炸弹了！

接着就有人问，在哪儿呢？

接着就有人答，在一棵白菜里。

一条鱼的思想品德

我在庭院的西南角修了一个水池，放养了一些鲫鱼。早晨起来，我喜欢站在水池边，看那些鲫鱼在水池里游来游去，很是惬意。

一天早晨，我发现一条鲫鱼肚子朝上。我知道，这条鲫鱼，怕是要死掉了。我将它网了出来，想把它杀了。就在我准备杀它的时候，鲫鱼说话了。鲫鱼说，主人，知道你放养我们，就是为了杀我们，吃我们的肉，这些，我们都懂，也无怨无悔，但是主人，你能不能留我些时日，等我将肚子里的籽都甩出来了再杀我，好吗？

我看看它，最后还是将它放回水池里。

那鱼回到水池后，就开始甩籽，像是在争分夺秒，一刻也没有停息。后来，水池里竟然冒出许多小鲫鱼来。那鱼告诉我说，你可以网我了，杀我了。我看看那鱼，说，你让我的水池里多出很多小鲫鱼，你功不可没，不网你了，也不杀你。那鱼听了，说，你们人类怎么这样，这样做，不是让我不诚信吗？不行，你必须网我、杀我！我觉得那鱼真的很有意思，很好玩。我逗它说，你这样说，我还就是不网你、不杀你，看你怎么着！那鱼听了，转身就往池沿上撞。我喝住它，说，你这样做，就没有责任心了，那些小鲫鱼，还那么小，你竟然要撇下它们，你心好狠哪！那鱼听了，觉得有些道理。那鱼说，那就再给你些时间，到时候，再不网我、杀我，我就撞死。我说，好好好。我嘴上这样说，心里，是不准备网它、杀它了。我觉得，一条鱼，为了诚信，竟然勇于拿出自己的性命，难能可贵。

但那条鱼，还是让我网它、杀它。并且态度坚决。

那天，我突然听到那鱼在喊叫，声音凄惨。

我跑过去，看见水池里的鱼，大大小小，都浮在水面，大张着嘴巴。那鱼见了我，很坚决地说，水里缺氧，来，从我开始，将大一些的，都网上去，杀了，否则，我们谁也活不了。我知道是这个理儿，只好用网，将一些大的鱼都网了上来，杀了。只是，那鱼，我没有杀。我觉得，在面对危险时，它挺身而出，是好样的，怎么能杀它呢？我将它放进一个水盆里。那鱼哭闹，说，你们人类怎么可以这样呢？这样不是陷我于不仁不义吗？说过的，从杀我开始，你怎么可以这样做呢？那鱼说过后，就往盆沿上撞，撞了几次，好像只是头晕了点，并没有大碍。那鱼知道，这样再撞，也是死不了的。

那鱼想到绝食。

只是，我没有看出来。

后来，我出差了。等我回来，已是一个月后了。我看见水盆里的水都快没了。我不解，问那鱼，这水盆里的水怎么快没了？那鱼看看我，有气无力地说，你走了，怕贼进来，我一天到晚扑腾，是想让贼知道，屋内有人，这样贼就不敢进来了。那鱼还说，你回来了，我就可以放心走了。我说，你要去哪儿？那鱼说，还能去哪儿，你要是觉得我还有用，就赶快将我杀了，这样，我死后，总还是有点儿作用。那鱼说完，便闭上了眼睛。我不忍心杀它。只是，我并不知道，那鱼早就绝食了，要不是怕有贼进屋，恐怕早就死了。我给水盆里又添了些水。我说，我不会杀你。还说，你这样的品德，我们人类，都应该学习的，我怎么会杀你呢！这时，我听见那鱼叹了声气，接着便死掉了。

我捧起那鱼，目光在它身上碾过后，便后悔起来。后悔没有满足它的最后愿望。我将那鱼拿到砧板上，破开了它的肚子。这时候，有一个声音在说，扔了吧，死鱼不能吃的。紧接着，便有呜呜的声音漫过来。

我停住手，两行泪水，啪啪，砸到地上。

红色诱惑

故事发生在抗日战争爆发后。豫南。

当时我在地主家打短工。正是收麦插秧的季节，天上下着火，我光着脊背，手攥镰刀，在割麦子。

一位年轻后生走过来，走到我跟前，喊我声"大叔"，我才发现他。后生穿着天蓝色的褂子和裤子，都褪了色，但很干净；后生长得也干净，皮肤白白的，像是学堂里的学生或先生。见我在喘气，汗水由脸上往下流，在肚皮处形成几条黑沟沟，后生嘴巴张了张，像是还想说什么，可什么也没说。后生接过我手中的镰刀，弯下腰，沙沙割起来。真是大出我意料，我真没有想到，后生干活儿竟然会这么利索。我歇了一会儿，而后接过后生的镰刀。后生看着我，同时指指河那边两条泛白的小土路，有些顾虑地问我说："大叔，去西北方向走哪一条啊？"我说："啥子地方吗？"后生想了想，还是说："就是去西北方向的那一条啊！"我知道后生对我不放心，这年月，汉奸特务到处都是，后生的顾虑可以理解，我手指着河那边的小土路，说："那一条通往延安，那一条通往汉中。"后生深深鞠了一躬，急步走开。河边，后生和衣扑进水里，像一条撒欢的鱼，很快上了对岸，跳上那条通往延安的小土路，雀跃着跑开去。

我再割麦子时，脑子里就晃着后生的影子。

小河就在麦田边，清清的河水，上面荡漾着涟漪。

我真想扑进去，赶走肚皮上的黑沟沟，可我不敢，我怕那个脸上有着刀疤的"狗腿子"。偷眼四望，热浪扑脸，大地像烤熟了一般，"狗腿子"的影儿也没有。我丢下镰刀，向河边走去。

这会儿，我看见一位姑娘喊着"大叔"向我跑过来。我心里乐颠颠的，钉住了。姑娘上穿红色短褂，下着荷花裙，发黑如墨，肤嫩似脂，齿白唇红，脸绽桃花，分明大户人家"千金"。姑娘来到我跟前，口吐兰香，玉手指指河那边两条泛白的小土路，说："大叔，去西北方向走哪一条啊？"我说："啥子地方吗？"姑娘想了想，还是说："就是去西北方向的那一条啊！"我乐了，心想今天这是怎么了，刚刚过去的那个后生也是这么问的呀，我笑而不答。姑娘倒好，头一扭，转身奔河边就走。这下我急眼了，猛跑几步，拦住姑娘，手指着河那边的小土路，说："那一条通往延安，那一条通往汉中。"姑娘冲我吐吐舌头，跑开了。在河水里，姑娘宛然一条美人鱼。我看得目瞪口呆。更让我目瞪口呆的是，我看见，姑娘上岸后，竟然也跳上了那条通往延安的小土路。

姑娘的倩影牵着我的目光，直到望断，才发现自己其实在河水里泡得有些时候了，我慌慌上了岸，回到蒸笼般的麦田里。

沙沙沙，看着倒下的麦子，我的心里很不是滋味。自己帮地主打短工，到头来，还不是没有立锥之地？这样寻思着，忽听有说笑声漫过来。我抬起头，见是一群青年男女，像是走了很远的路程，风尘仆仆的，但彼此还在说笑着，谈论着。他们来到田边，站在那儿，齐声喊："大叔，去西北方向走哪一条啊？"他们的手，同时指向河那边两条泛白的小土路。我说："啥子地方吗？"他们没有回答，但那一双双明亮的眼睛仿佛鬼子岗哨上的探照灯在黑夜划亮了一般，在我身上晃着。半晌，有人说话了："大叔，我们是去延安。请问去延安走哪一条呀？"我有些感激涕零，感谢他们对我的信任。其实，延安我是听说过一些的，前不久，国民党特务抓住两个年轻人，说是去延安的。去延安就要抓吗？后来打听才知道，延安是打鬼子、打国民党反动派的。我扔下镰刀，跑到他们面前，冲他们抱抱拳，而后手指着河那边的小土路，说："那一条通往延安，那一条通往汉中。"他们围过来，祝福我，与我握手，亲吻我，那一刻，我被幸福包裹着。

他们像一群小鸭子在河水里扑棱会儿，后来就跳上了那条泛白的小土路，还唱着：

夕阳照耀着山头的塔影
月色映照着河边的流萤
春风吹遍了平坦的原野
群山结成了坚固的围屏
啊，延安
你这庄严雄伟的古城
到处传遍了抗战的歌声
啊，延安
你这庄严雄伟的古城
热血在你胸中奔腾
…………

这年秋末，我得了重病，卧床不起，儿子要去抓药，我清楚自己没救了，阻止儿子。儿子跪在我床边，哭着说："爹，那儿子一定给你买一副好棺木。"我说："给爹织个草席裹尸就行了，省那钱，去买些木头，在小河上架座桥吧！"儿子不解，问我："爹，架那桥干吗？"我说："天冷了，有年轻人还要过河呢！"

创作随感（创作谈）

一

花开。花落。

人生亦如此。

常常，我伫立于花前，边看花开花落，边思考人生苦甜。人亦如花。花虽然终归要香消玉殒，但它的妩媚、它的芳香，会留人间。

花乃我师。

师从花，我知道我的肉体，也终归会化为一缕青烟，从凡尘消失。但我的精神，恰如那花，虽香消玉殒，但其妩媚、芳香，犹存。

创作的确艰辛。每一篇作品，都需要苦心经营，从立意到构思到用语言表达出来，宛若孕妇的十月怀胎一朝分娩。其中辛酸苦辣，唯创作者知。但创作同时也是愉悦的。当你的作品被选入语文教材，那么多学子在学习，你心里是甜的；当你的作品得了大奖，那么多人仰慕你崇拜你，你心里是甜的；当你的作品被拍成电视剧或者电影，那么多观众评头论足，你心里是甜的；当……

正因为这样，我爱上了创作。

我的非情节式微型小说写作，是一种推陈出新的文体艺术模式，既有长、中、短篇小说的基因，又有先锋文学的内在特征，是在博取百家之所长中创立发展起来的。多年来，我与新加坡作家张挥、英国作家凯瑟琳·曼斯菲德、日本的星新一等都坚持这一写作模式，得到了国内外专家学者的肯定、报纸杂志的认同和广大读者的认可。

坚持这样的创作模式，让我在文坛独树一帜，并逐渐形成了相对独特的风格。

花香消玉殒后，妩媚、芳香犹存。

我创作的作品，作为一种精神食粮，也会永存世间。

二

小院的墙外，栽了玫瑰，花开时节的热闹，就不说了。

单说说冰天雪地的严寒里。在这样寒冷的天气里，玫瑰花自然是没有的，玫瑰身上的叶子也没有了，满身的刺裸露着，孤寂地竖在那儿，任雨水淋，任雪片压，任冷风咬。一些细小的枝条，已显现出枯萎的迹象。玫瑰本身，仿佛也在濒死的边缘挣扎。我真担心，玫瑰过不去这个冬天。但我的担心，真的是多余了。

春风过来后，我发现，玫瑰的身子开始泛出青色，继而冒出米粒般的芽芽，继而窜出蕾蕾，继而叶绿花红，继而……

玫瑰用一冬的坚守，等来了梦想成真。

创作也是这样。

一次路过公园，见树荫下，那些男男女女正悠闲地打着麻将，真想给自己放会儿假。只是，这样的想法，在脑海里闪了下，就被我删除了。

时间对于我，真的很重要。

有朋友劝我说，看你忙得，也放松放松。我也想放松一下，但我不敢。我怕放松了，就懒惰了。我的业余时间，好像都交给了创作，都在摆弄那些文字。身边有几位搞文学的朋友，现在大多不写了。其实，我的这些朋友不是不想写，而是真的写不下去了。没有坚守住。

沙里淘金，我算不得金，但我毕竟是坚守下来了。我这样的坚守，收获的是：作品走进了高考模拟试卷，走进了语文教辅书，走进了选刊，登上了世界级的排行榜，走上了大大小小的领奖台，实现了图书常规出版。

常常，我来到小院的墙外，站在那些玫瑰前。

我说，伙计，我们真的很像！

玫瑰说，是的，伙计。

非情节化微型小说写作的践行者（评论）

张祥丽

　　小说作品不仅仅是历史的、人性的，更应该是社会的、精神的，小小说亦是如此。社会层面不应该全部交给社会学家、研究学者去讨论、研究，聪明的小说家，一定会在作品中涉及很多的社会问题，而且这样的关联更加含蓄、深沉、高远，这种以艺术形式的延宕创作出来的作品，才构成小说作品的神韵，使之能够流传下去，长盛不衰。

　　最早知道戴老师的名字，是几年前看到了一本他担任执行主编的《蓼城文艺》。

　　在 QQ 上，偶尔也会就小说及写作问题和戴老师说上两句。

　　戴老师多年来一直坚持非情节化微型小说的创作，在国内多家报刊发表作品三百余万字，多次获全国性大奖，一些作品被多家选刊转载，入选年度选本、排行榜，戴老师算是一位高产而又优产的作家了。在中学语文阅读资料、高考语文模拟试卷中也经常见到戴老师的作品。读其作品，有以下几点感受：

　　第一，贴近生活，以人民为中心。可以说，戴老师是一名真正的人民艺术家，很多作品就是描写一些小人物、小事件，小说中的主人公仿佛就是生活中的你我他，仿佛就在我们身边。作者通过对生活中形形色色人物的颂扬或鞭笞，给读者心灵以陶冶与感化，小中见大。例如《一棵白菜的意外遭遇》，以一棵白菜为线，将快餐店老板、退休老干部、买菜妇女、民工等形形色色的人物串联起来，于幽默风趣中揭示了现实社会的信任危机。

第二，善于在结尾处使用意外、戏剧性的转折手法。如此，唤起读者的阅读期待，吸引读者一口气读完，读完后有一种"哦，原来如此"的感叹。如《那个女人是谁》一文中，草编造青出轨的故事、拆散青和叶的婚姻，自己取代了叶，成了青夫人，而结尾笔锋一转，原来叶早就出轨，正是借助草的计谋，将计就计，达成了自己的目的。再比如《失联》一文中局长因为陌生男子的反常举止，自己做贼心虚，外出潜逃而被纪委查出贪污受贿等，终被抓捕，最后竟然发现那个陌生男子却是个傻子！这个故事其实也在警示人们千万莫做亏心事。其他还有很多，如《小梅是谁》《太可怕了》《你真阴毒》等文结尾处皆采用转折，作为揭示真相"原来如此"的手法。

第三，言有尽而意无穷。有些篇目采用开放式的结尾，给读者留下充分的想象空间。如《子晴》《子阴》的结尾，借助主人公的梦境作尾，梦境是美好的，但现实又是怎样的呢？也许现实还是像往常那样不尽如人意，也许现实通过主人公的努力争取会有所好转，给读者一个想象的空间自由发挥。现实生活中又有多少人正过着和主人公类似的生活？哪怕做个美梦也是好的。

第四，对世态百相的刻画活灵活现。比如《公交车上》，老大爷在公交车上打电话时表现出的艰苦朴素与下车后实际生活的奢靡，和年轻人在公交车上打电话时表现出的生活奢华与下车后实际生活的穷酸，形成了鲜明的对比，不禁让人掩卷叹息：现实中不正是有很多这样的人吗？有的人道貌岸然，表面上清正廉洁，实际上却生活糜烂腐败；有的人生活在社会底层，为了所谓的面子和让别人瞧得起，吹牛虚夸，甚至"打肿脸充胖子"，实际上生活却过得窘迫难堪。

其实，还有很多感受，在此我就不啰唆了。

1970 年代

非 鱼

　　非鱼，1970年生，河南三门峡人，中国作家协会会员，三门峡市作家协会副主席，河南省小小说学会副会长。出版有小说集《一念之间》《来不及相爱》《尽妖娆》《追风的人》等6部。曾在《小说选刊》《莽原》《广西文学》《山东文学》《安徽文学》《草原》《芒种》《小小说选刊》《黄河文学》等刊物发表作品近200万字。曾获第四届"小小说金麻雀奖"、莽原文学奖、首届河南省文学期刊奖，部分作品被译为英文、日文、西班牙文。

论王石头的重要性和非重要性

坐在我面前的是王石头。

"不死了？"

"没法死。"

我并不知道她到底叫什么，她没有说，我没有问。王石头这个名字，是我在心里给她取的。原因很简单，她坐下来的时候，土灰色的羽绒服随着身体的松懈，在沙发上摊成一堆，就像一疙瘩圆滚滚的石头。

被我叫作王石头的女人，用力擤了一把鼻涕，另一只手去兜里掏纸，没有。我赶紧递过去一张，她擦了擦手，又狠狠地揉了揉鼻子，把肉乎乎的鼻头揉得通红。

"死都没法死，我憋屈。"

我在一家自媒体公司工作，说起来是记者，其实就是接听电话，解答投诉，找点小道消息，甚至遇到像王石头这样的，做一个蹩脚的心灵按摩师。

谁的头顶都是一会儿蓝天，一会儿乌云的，我还一肚子憋屈呢。之前王石头不停地给我打电话，说活不成了，要跳楼，要上吊，要吃老鼠药。每次，我都苦口婆心地劝她，给她找出一万种活下去的理由，说得脑袋缺氧。但过一段，她又会打来电话，我一接，她就不由分说地哭起来："这回我是真真活不成了，你别劝我，我现在就吃安眠药。"

王石头最后一次打来电话时，我刚被头儿训过。原因是我提出要调部门，我受够了每天的鸡毛蒜皮，我不像是在自媒体公司上班，更像一个居委会大妈。头儿说我一屋不扫何以扫天下，小事做不好，到哪儿都是一堆废材，说得我满腔怒火，又无处发泄。正好，王石头打来电话，说她不得不死。

"要死就赶紧。跳楼，上吊，卧轨，吃老鼠药、安眠药，点煤气，抹脖子，哪种方法都行。"我恶狠狠地说。

王石头大概没想到我会这么回答，她愣了一下，喉咙里发出不停嗳气的声音。

"报警找 110，死不了伤了找 120。"我不由分说地挂了电话。

过了几天，头儿说有人找我。

在会客室，我见到了王石头。

她一开口说话，我就知道是她，一个多少次要死而没死的女人。

我说："要死肯定有死的理由，为啥？"

王石头说："日子过不下去了，哪条路都堵死了。"

所有的路都是由一条路引出来的。起头是她得了乳腺癌，还好发现得早，没有扩散，切了一个乳房就完了，连化疗都不用。可她所在的单位找了个借口，把她开除了，她就没工作了。丢了工作，她天天在家穿着睡衣，脸也不洗，愁眉苦脸，老公看了心烦，回家就发脾气。闺女让她检查作业，她心不在焉，总是弄错，闺女也嫌弃她。她更是心懒，屋子也不收拾，到后来，饭也做得七生八熟，老公开始跟她吵，摔东西，甚至动手打她。于是，她开始一次次地想一死了之，最后却变成了以死相逼，把老公逼到别人床上去了。

最后一次给我打电话的时候，是老公在外面几天不回家，一回来又打了她。她真想死的，割腕，就死在家里，她要让家里变成一片血海，让老公一进门就害怕。念着我以前对她的好，一个素不相识的人对她不厌其烦地安慰，她想给我说一声谢谢。谁知我劈头盖脸一顿吼，反倒让她不知所措。

我的脸红了一下。"真抱歉，我那天心情不好。"我说。

她说："也就是那天，我愣怔了好半天，这世上竟然没有一个人关心我的死活，我死了又有啥意思？"

"这是你不死的说法？"

"不是。是我闺女的辫子。"

那天上午，她一直坐在屋里想死不死、咋个死法，饭也没做。闺女跟她爸买了凉皮和烧饼，在客厅吃着，说下午要排练节目，老师让统一梳新疆辫子。她老公说不会，闺女饭也不吃了，抽抽搭搭地哭。听见闺女哭，她心烦，冲闺女吆喝："别号了，我给你梳！"

想到马上要死了，也许这是最后一次给闺女梳辫子，她的心还是疼得不行。一根根辫子编得很认真，编到最后泪都滴到闺女头上了，但闺女没发现。

辫子编好了，闺女照照镜子，转了一圈，让满头的小辫子飞起来，开心地说："妈，你手真巧，编得真好看。"说着搂着她的脖子，在她脸上亲了一口："妈，我以后每天都要编这种辫子。"

呼啦一声，好不容易堆起来的石头块垒全倒了。她叹口气："还真死不成了，死了谁给闺女编辫子？"

"就是，起码你编的辫子好看，你闺女离不了你。"

"可我还是憋屈啊。"

"谁不憋屈？要是憋屈都去死，那世界上人早都死绝了。"

"唉……也是啊。"

王石头临走的时候从包里掏出一个塑料袋，塞给我，脸憋通红，说："这是我腌的泡菜，你尝尝。"

我接了。出门的时候，我问她："还不知道你叫什么。"

她说："我叫祝红梅。"

我笑着说："嗯，比王石头好听。"

她瞪大着眼："王石头是谁？"

河上有风之康某午

我真后悔去见康某午。

回来的路上，脑子里一直嗡嗡作响，我一度怀疑今天早上的一切是否真的发生过。

此刻，我走在从东校门进入校园的那条主路上，身旁有骑自行车、步行的学生匆匆走过，梧桐树枝繁叶茂，咖啡店里飘出浓郁的香味。这会不会也是梦？我闭上眼，各种声音纷至沓来，由小到大，最后混合成康某午的声音：我要醒来，醒来。

你现在就是醒着。我对康某午说。

你如何确定我不是在做梦？他两眼直勾勾地盯着我。

有人成立了一家心理咨询工作室，每周会开设大讲堂，邀请我去讲课。说白了就是利用我的专业名头做广告拉人头，而我，为了两个小时的三百碎银，也是半推半就。

大讲堂来的中年女性居多，还有几对年轻夫妻和几个中年男性，康某午是中年男性中的一个。他在我第二次上课后来找我，说想和我单独谈谈。

对，他用的是"谈谈"这个词，而不是聊聊，或者咨询、请教等客气一点的词。

约好了今天早上十点，他卡着点儿，不早不晚出现。他说他叫康某午，他查过我的资料，包括我导师的情况，很专业，所以他充分信任我。

梦缘——就是那家工作室的名字——不行，跟听讲座送鸡蛋之类卖保健品的差不多。

那你不也去了，为了鸡蛋？我觉得好笑。

不，鸡蛋值几个钱。我是听你的课，想让你给我解解梦。

我又不是周公，解哪门子梦，我心说，但说出来的却是，你说说看。

首先，声明一点，我不能保证我现在是在梦里还是清醒着。这很重要。经常，我以为我是醒着，后来才发现原来还是在梦里。就像现在，我也不知道见到的你是真的你还是我梦里的你……

等等，怎么这么乱，你说清楚点。我打断他。

我好像说不清楚。他说。这就是我找你解梦的原因，我的脑子里乱如麻。就拿今天早上来说，我们约好的十点见面，正常我应该是在七点半起床，然后洗漱、吃饭、锻炼，九点四十分往这儿来。我明明已经起床，用二十分钟解了大手，洗漱完毕，换了衣服，就是我现在穿的这套。我煎了两个鸡蛋，煮了一碗馄饨，吃完饭，洗了碗筷锅具，准备出门去锻炼。我特意看了看表，时间是八点半。锁上门的一瞬间，发现好像没拿钥匙。我拍了一下脑门，醒了，我还在床上躺着，时间真的是八点半而不是平时起床的七点半。

这不奇怪，就是一个普通的梦。

我只是先拿今天早上的情况举个例子，还有很多奇怪的梦。这两年经常这样，弄得我很多时候需要不停地掐自己，来证实我所处的是不是梦境。可有一次，我掐了自己一下，而且眼看着胳膊掐出了一道红印，也感觉到疼，我告诉自己，这不是梦，可当我醒来，发现还是梦。但我胳膊上的印记也在，只是已经由红变青。

我感觉有点冷。

我经常梦到我妻子和孩子，他们在贵州。我妻子是贵州人，离婚以后她就带着孩子回老家了，有快二十年了，我一直没见过他们娘俩。这两年，我频繁梦到他们。梦里的妻子一头短发，她走的时候是烫的大卷发，染成板栗色，太阳光下发红。她瘦了，但很精干。以前她胖，她总嫌我说她胖，说她穿衣服不好看，像个火鸡。事实上，她那时候就是不讲究，乱花钱，衣服化妆品没少买，但没效果，天天一张嘴哇啦哇啦，吵得人心烦。她说我这人寡情刻薄，我像是那样的人吗？我只是实话实说。她接受不了，我们就吵，吵到后来，她带着儿子走了。我经常在梦里见到儿子，他长大了，大学毕业又读了研究生，现在已经参加工作。他既不像我，也不像她，瘦瘦的，高高的，不爱说话，也不爱笑。

这是年龄大了，你想他们了。

当然想，那是我的儿子。但重点不在这儿，重点是我和妻子联系，让她发过来她和儿子的照片，居然和我梦里的一模一样。

真的假的？我有点不太相信。

真的。他们娘俩走后，我很少和他们联系的。当时也是生气嘛，觉得她不应该回贵州，不应该带走儿子。就跟她说，走了永远别回来，我也不会认这个儿子。可谁知她发过来的照片，和我梦里见到的完全一样。康某午有些激动。

会不会，你妻子——前妻，给你发照片这件事，也是你做的梦？

如果这也是梦，可你看，我手机里明明存着这张照片。康某午拿出手机，打开他的相册，让我看那张照片，一个短发的女人和一个瘦瘦高高的男孩的合影。

诡异！甚至有点吓人。

除非，他说，除非我现在还在做梦，和你见面也是在梦里。那他们就不是真的，照片也不是……

打住。我确定此刻不是梦，我是真的，你看这河水，拍打着堤岸，是真的，还有这河上的风，也是真的。其实我脑子里已经有点乱了。

你确定吗？要是确定那请帮帮我。这些梦快把我折磨疯了，我总是分不清是梦是醒，太累了。康某午眼巴巴地看着我。

确定吗？我好像也不敢确定。

小小说创作的态度和人物（创作谈）

《百花园》杂志社副主编马国兴老师曾说：阅读，是一场旅行。

我觉得这句话说得特别好。

脚步再勤，总有到不了的地方。但阅读可以。一本书到了我们手上，就好像我们去了远方。这个远方，可以是外太空，可以是阿拉卡塔卡，可以是某个确定的地方，也可以是某个作家自我构想的王国。我们可以通过阅读熟悉和了解一个作家，也可以熟悉和了解这个作家所创造的空间和人物。只要你愿意，阅读可以帮助我们抵达人的内心，可以和任何时间段的任何作家成为朋友。甚至，阅读还会带来一些小的喜悦。比如某个我喜欢的作家，我读过你的书，看过你写的无数文章，了解你的写作习惯，甚至生活中的小爱好。我熟知你的一切，而你却一无所知。

说这些，我想表达的，有两层意思，一是阅读带给我们的，除了认知上的增长，还有额外的欢喜，可以随时随地开始你的旅程，可以随时随地潜入他人的内心。这么有意思的一件事，一定是要常常地开始，不断地进行。

第二层意思，是作为写作者，我们所要承担的。我们既要经常造访他人，也要应对随时来造访我们的客人。无数散落在远方的读者，可能在某个深夜或者黎明，开启来到我们世界的旅程。因此，作为一个认真而好客的主人，就要对我们所写下的每一个字负责，认真一点，严肃一点，尽所能写得更好一点。

　　小小说，是写人的，就要求我们对人进行研究、揣摩。结合我个人的创作经验，我更喜欢秦俑给我贴的标签——"无性别写作"。什么是无性别写作？我理解的是写作的态度和题材的广泛性。

　　有时候，我一直在琢磨一个问题，当我们写作时，作家的"本我"在创作中占有多高、多重的位置？我觉得除了个人的价值观以及一些基本的经验、积累，作家的"本我"在创作中占有的位置不应过高。我们要从所创造的人物本身出发，"我"是谁，"我"可以是任何人，甚至是物件，是树，是一只兔子。那么，作者就要站在物件、树或者兔子的角度去思考，揣摩人物的走向。

　　这也是很奇妙的一件事。我们可以幻化成不同性别、不同年龄、不同阶层的人，也可以幻化成任何事物。这就是我理解的无性别写作，也可以说是作者本我性别的有意识淡化和弱化。

　　当我们开始写作时，那些人物就已经真实存在。我之前有一个观点，我们所创造的每一个人物，都生活在一个特殊的空间里，按照自己的规律在过着该有的生活。我以前写过的那些人物，个性的王小倩，阴郁的唐度，都市小人物李胜利，年轻的打工者田小，经历了从繁华到落寞的祝红梅——我甚至后悔，我在另一篇小说《论王石头的重要性和非重要性》里，把一个不停要自杀的人物（我在心里给她取名王石头）也叫祝红梅，那样，《百花深处》里的祝红梅会不高兴的，她才不会要死要活。当然，叫王石头的祝红梅也没有自杀成功。这些人物一齐来到我面前，每一个，我都爱他们，爱不过来。我想他们了，或者说我的创作生活里需要他们了，就喊他们来。比如，在《河上有风之刘某甲》里，那个一直在外打工的观头村的田小就来了，在另一篇《河上有风之赵某丁》里，之前在《桐花开》里塑造的桐花也来了，我觉得这很有意思。

　　如果抱着这样的一种情感和态度，去对待我们所创造的每一个人物，这样，我们写出的每一篇小小说，一定会有新的发现。

精神困境与精神返乡（评论）

刘　敏

不同于其他许多女作家文风的细腻柔美，非鱼的文风更为硬朗、犀利，富有浓烈的思辨色彩。非鱼以敏锐的观察力和感知力，清醒地认识到社会中存在的种种问题，人精神世界中的种种病症，进而将自己的思考与反思融入文学创作中，打上个人独特的风格烙印。她的小小说题材也较为多元，涉及的内容驳杂且深刻，如历史题材的"虢国往事"系列小小说，乡土题材的"地坑院"系列小小说，还有带有荒诞色彩的小小说如《荒》《逃》《给我一块橡皮擦》，带有国民性批判的小小说如《真的很疼》《来不及相爱》《最后一滴眼泪》，以及带有文本意识和实验性的作品如《扶自行车的人》等。可见，非鱼的小小说题材广泛，内容丰富，但深入文本内部进行挖掘，不难发现非鱼在文学创作中总是对生命个体给予深切的关注，尤其是对人生存状态的关注，这里的生存状态既包括人的物质生活层面，也包含着人的精神状态层面。非鱼善于通过她敏锐的眼光，捕捉人在生存过程中的各种精神困境，并对人隐秘的内心世界进行充分的挖掘和细致的把握。

近年来，非鱼创作了一系列取材于乡土生活的小小说，着重于描写乡村日常生活中的人和事，不同于用犀利眼光对都市生活中人物内心隐秘世界的审视，她选择用温情的笔调来叙述乡村生活的贫穷与艰辛，恬静与和谐。这种取材的变化和文风的转变，在笔者看来是在精神返乡的内驱力下产生的，面对城市对人的不断挤压和人的精神荒原的不断扩大，非鱼选择回归故乡，寻找精神家园。

一、生命个体的精神困境

非鱼总是能够深入人物复杂多变的内心世界，用细腻的感知力去审视日常生活中人的生存处境，去挖掘人物的内心世界。她的小小说也总是渗透着强烈的反思和批判精神，其中反思和批判的重点，指向人的精神困境。非鱼对生命个体的精神困境的揭示，也显示出作者对人性深刻的洞察力，以及对人的深切关怀。

（一）"孤独"的文本呈现

每个生命个体都以不同的形态展现其内在孤独，作为一种生命体验，这种孤独感是人的宿命，正如周国平曾言："孤独是人的宿命，它基于这样一个事实：我们每个人都是这世界上一个旋生旋灭的偶然存在，从无中来，又要到无中去，没有任何人任何事情能够改变我们的这个命运。"正是这种人类不可避免的孤独，使得作家在创作中有意无意地呈现出这种生命体验，并进一步深入挖掘。非鱼的小小说自不例外，她笔下很多人物身上都或多或少萦绕着一种孤独感。因此，深入具体文本探求她笔下的孤独意识，进而能够更好地认识小说中的人物，了解他们的精神困境，感知生命本体的价值与意义。

在深入非鱼的小小说之前，需要了解何谓孤独意识。弗洛姆在《逃避自由》中曾指出孤独意识实际上是一种人类普遍存在而非个体呈现的精神面貌，王健先生则将其解释为"其重要表征是主体与对象相疏离所导致的一种铭心刻骨的精神空落感"。因此，理解孤独，需要着重抓住"疏离"和"空落感"。正是由于疏离，人与人之间的沟通变得困难，生命个体变得难以理解，进而加剧了人内在精神的困苦。而空落感的产生，便是沟通失效后的精神感受，此时人的精神需要和心灵共鸣均未能得到满足。所以说，人的孤独更是一种无法言说的精神体验。

非鱼在书写人物孤独感上有自己独特的着眼点，她深入生活，从日常小事入手，在琐屑平庸的生活中发掘人的精神困境，并基于个体的生命经验，去探寻人内在无法言说的孤独。非鱼通过日常生活的琐碎叙事，将大众普遍的孤独心理呈现在小说之中，通过一个个普通的人、一件件普通的事，从不同角度使人的孤独形态跃然纸间。这些人物活在孤独的世界里，而孤独的背后则是无法掩盖的人的精神困境。通过解读非鱼小小说中人物的孤独，可以审视到现代人精神的失落、苦闷及失语状态，也让我们自身直面自己的内心世界，进行思考。

《逃》中的主人公"我"因心情不好踢了垃圾桶一脚，但这一脚恰好被人拍到并将照片放到网上，随之引来广大网友的谴责。他们不仅谴责"我"破坏城市文明建设，更说"我"道德败坏，行为不端，缺乏教养，"好像我打小就是个不良少年，一贯仇视社会，脑后长了反骨，搁封建社会早就揭竿而起了"。事态持续发酵，网友们"还查到了我的家庭住址，我的工作单位，联系电话、手机，包括我的身高、体重、爱好、血型……我四岁时候抢过一个叫圆圆的小朋友一块大白兔奶糖他们都知道"。可见，在信息化时代，互联网在改变人们生活方式的同时，其中存在着的网络空间中个人空间和公共空间之间的矛盾和冲突问题同样值得人们关注和思考。非鱼的这篇小小说便展现了互联网中个人信息和隐私受到侵扰的现象，并且这种侵扰直接影响了人物的现实生活和精神状态。"我"被单位辞退，被家人嫌弃，被周边的人围攻，甚至连"我"自己都在进行自我怀疑："我翻出家里的奖状、三好学生奖章、荣誉证书，那是发给我的吗？……这些荣誉，也许都是我用卑劣的手段骗来的，肯定是。"最终，"我"被人群抛弃，选择了逃离。"我"成为不被任何人理解的"坏人"，面对人群的排斥，"我"成为一个边缘人。在群体的抛弃下，主人公变得孤独无助，此时个人的孤独感是无法言说的，更是不被人理解的。

《孤城》是篇充满意味的小小说。题目名为"孤城"，具有象征意味，指向人心灵的无所依，给人一种孤寂之感。在浓雾紧锁的孤城里，处于焦虑、困顿、彷徨时期的人们想要通过故乡找寻心灵的慰藉与归宿。但在现实的境况下，李生没有真正回到家乡，而是选择了走向高楼大厦继续工作。李生想要摆脱这座"孤城"带给自己的焦虑与孤独，只有回到故乡才能得到慰藉。但李生的选择，注定故乡的无法返回，也意味着他的孤独与焦虑将持续存在。

《谁会和我一起走》讲述了李厉然因受到无意间看到的一段话的启发，开始思考一个问题：当人生的舞台落幕时，谁会和自己一起走？他依次问了妻子、同学、同事，以及网友，但都没有得到满意的回复。没有人对他说"我，我会同你一起走。灯灭了，我们手拉着手，一起鞠躬，谢幕，然后安静地转身，离开，我们的戏结束了，在黑暗里等待下一个轮回"。现实是，并没有人真正理解他。他不断询问，只会带来不断的失望和持续加重的孤独感。李厉然想要获得心灵的共鸣，但现实却无人理解，只剩下独自黯然。这种孤独更多来自人与人之间的不被理解，以及沟通的失效。

除此之外，非鱼的文学创作还涉及对老人孤独的关怀，以及对女性隐秘的内心世界的呈现。

《一条忧心忡忡的蛇》《父亲的病》等小小说都集中反映了老年人孤独的内心世界。以《一条忧心忡忡的蛇》为例，小说的开头便极力营造了老人生活环境的清冷、孤寂，院子内只有"老的太师椅，老的人，老的猫"；老人的生活状态更是充满了孤独、寂寞，"一整天，院子里像一幅静物写生，少声音，不流动，甚至空气，也是凝滞的，老人和猫的呼吸都显得惊人"。小说通过蛇的视角来观察老人的生活，在日常琐碎的生活中渗透出无限的孤独之意，"蛇看得有些心酸，她想弄出点什么声响，或者溜过去贴着老人，但她不敢。她的身体冰凉的，不但给不了他一点温度，还会吓着他"。值得回味的是，在大众认知中被视为冷血动物的蛇，在这里却最能感受到老人的孤独，但老人却始终不知晓蛇的存在，更不知道蛇对他的牵挂。老人还有保姆相伴，儿女偶尔嘘寒问暖，蛇始终形单影只，进一步加深了小说整体的孤独氛围。

《红指甲黑指甲》《流浪的兀兀》则呈现出女性隐秘的内心世界。在《红指甲黑指甲》中，索玛的指甲颜色传递出她的心情，"高兴是红，寂寞是黑"。索玛根据心情的变化选择指甲的颜色，反映出她内心的矛盾、感情的激烈以及心灵的孤独。小说的结尾，索玛的手涂上精致的黑指甲，意味着她彻底孤独，她并没有在爱情中获得真正的认同和理解，直至最后西田也实在不明白索玛的行为。《流浪的兀兀》讲述了一个经常去远方四处流浪的女孩的故事。小说以第一人称"我"的视角来交代兀兀的故事，在"我"眼里，兀兀"像一条流浪狗一样，背一只硕大的背包，到处跑，似乎一停下来，她就会立刻枯萎"。兀兀一次次上路前往远方，像是在找寻某种东西，以获取心灵的慰藉和满足。但她始终一无所获。最终，兀兀选择了妥协，找一个合适的人把自己嫁了。这种妥协，并没有缓解她的孤独，反而将读者带入这种感伤的氛围中，加重了小说传达出的孤独感。不论是索玛还是兀兀，她们都有着细腻的情感和敏感的内心世界，她们都在追求可以安放自己心灵的地方，寻找真正理解自己的人，但都以失败告终。

非鱼用她独特的视角，将小说中人物的孤独感生动具体地表现出来。这些人物的孤独不同于尼采富有思辨性的学识孤独，更不同于鲁迅笔下魏连殳式无力反抗的孤独，而是被生存不断挤压的平凡民众的孤独，这种孤独具有普泛性，从中反映出中国民众所具有的普遍性的精神问题。

（二）其他精神困境的文本呈现

除了对人内在孤独的呈现，非鱼笔下的人物还存在着各种各样的精神困境，比如焦虑、苦闷、迷惘、虚无及真情的缺失。

实际上，进入新世纪，世界范围内面临着一个普遍性的精神问题，在科学技术取得极大发展，给人们带来富足物质生活的同时，人类精神的荒原却不断扩大。在商品经济时代，人们纷纷奔向没有灵魂的物质欲望之城。物质的富足和科学技术的发展在改变人们生活方式的同时，也使人们陷入欲望的沟壑之中。在追逐物质生活的路上，人内在孤独、痛苦、焦虑和困惑等精神困境仍如影相随，富足的物质生活和发达的科学技术并没有解决人类所面临的精神领域的问题，反而更为严重。非鱼以敏锐的观察力感知到这一切，并将人内在的孤独、痛苦与焦虑等精神症候通过小小说表现出来。如《荒》《我们这样的人》《真的很疼》《来不及相爱》《最后一滴眼泪》等都反映了这一系列问题。

《荒》是一篇优秀的小小说，简短的篇幅里容纳着丰富的意蕴和内容。作者将人类进化史的缩影投射于尺牍之间，寓言式地将自身对人类历史整体性的把握和认识通过小说呈现在读者眼前，在看似荒诞的情节下阐发了作者对于人类、历史、文明及制度等多方面的深刻思考。题旨宏大，引人深思。小小说围绕主人公民"逃离—回归—再逃离"的叙事线索结构全文。民最初因厌恶城市的遮遮掩掩和诡谲莫测而选择逃离，前往一个荒岛。但在荒岛生存一段时间后，民又因为感到孤独、寂寞，开始结婚生子。随着岛上人员的不断增多，"大家天天早上向他朝拜，温顺地听他训导，实在太高兴、太满足了"。此时，民显然已经"回归"城市生活之中，但随着政治变动，民又开始变得焦虑不安，"他不知道那些觊觎他的权力和他儿子金钱的人藏在哪里，他们什么时候会突然再次发起政变，甚至突然枪杀他们，或者绑架他的孙子"。在这种焦虑不安、忧心忡忡下，民再次选择逃离。"民乘坐一叶小舟，在一个清晨离开了小岛，他的手下已经为他寻找到了另一座荒岛，他将一个人在那里静静地调养。"笔者将这种叙事模式总结为"逃离—回归—再逃离"，其中隐含和展示了民两次逃离的无奈，不论出于对城市的厌恶还是害怕自身陷于危险之中，民选择逃离来逃避内心的不安和焦虑，这种逃离注定是失败的，也就意味着民内在精神困境的无法摆脱。

在《我们这样的人》中，非鱼从日常生活出发，关注生活的细节，具有趣味性。小说通过第一人称叙事，利用"我"的心理活动来推动故事情节的发展，将当代人的焦虑、不安及无归属感生动地呈现出来。

《真的很疼》和《最后一滴眼泪》更是充满了国民性批判，指出人际关系的冷淡，人的冷漠与麻木，人与人之间真情与爱的缺失。《来不及相爱》更是一篇对现代社会快节奏生活方式进行反思的小小说，旨在唤醒人们在快节奏生活下丢失的温情和真情。随着社会和时代的不断发展，人们生活的节奏不断加快，内心也随着快节奏的生活浮躁起来，消费时代正以摧枯拉朽之势冲击着人们生活的方方面面，使得人们不断陷入生存和精神上的双重困境。

此外，非鱼还关注到底层人物的精神世界。"底层"作为一个相对的概念，更多指向社会中处于弱势地位的群体。非鱼以敏锐的观察力，捕捉着底层民众的生活和精神状态，将自己对他们的关怀注入笔墨间，不仅呈现出他们物质生活的匮乏和贫困，也挖掘出其内在精神世界的困境。非鱼的小小说细腻地为我们展现了普通民众在日常生活中的种种精神困境，尤其是对从乡村走进城市的城乡两栖的小人物的精神世界的关注，其中以田小为代表。非鱼围绕"田小"创作了一系列小小说，如《提醒你的过去》《到四五街去找二哥》《谁看见了彩虹》《田小和高丽丽》《田小的房子》《向南方》《田小的动静》《电话》等。作者站在民间立场，以一种平视的眼光，在城乡镜像般的相互映照中呈现那些游荡在城市底层的生命个体的苦痛与无奈，勾勒出生活在社会底层人群复杂的生存状态和城市体验。

非鱼小小说中对生命个体精神困境的关注，不论是通过日常生活的琐碎叙事，还是利用荒诞情节的虚构，都力图为我们呈现中国人内在的精神困境。她从日常生活中探寻生命个体的精神世界，渗透心灵深处窥测人物的孤独感，在反映社会现实的同时，也展示了个体独特的生命体验。非鱼小说中人物流露出的精神困境，实际上反映着作家对人类生存环境和生存状态的双重思考，不论是基于自然美学的思考，还是基于哲学美学的思考，非鱼都注重生命的此在，从小人物日常生活的细节出发，以敏锐甚至犀利的眼光去审视人在生存中的矛盾与挣扎。通过她笔下小说人物各式各样的精神症候，读者可以进一步感知到中国人普遍性的精神困境，引起共鸣与思考。

二、精神的返乡

值得关注的是非鱼围绕"地坑院"创作了一系列小小说，她将笔触伸向乡村生活，书写了很多充满追忆色彩与烟火气息的人和事。不同于早期有关都市生活的小小说，她笔下的乡村生活更具有人情味和人间味，对乡村琐屑生活的描写渗透着丝丝温情和美好，"地坑院"的乡村世界在她的小小说中也呈现出一种自然和谐的状态。她将对乡村生活的书写汇聚到"地坑院"这片土地上。从文学角度来看，"地坑院"明显带有虚构色彩，但同时也是她记忆中故乡的真实缩影。这里的故乡是实指，但更多地指向可以寄托灵魂的精神家园。

通过非鱼的创作年表不难发现，非鱼早期的作品更多聚焦于都市生活的人和事，反映人物内在的精神困境。在有关都市生活的小小说内部，也总是裹挟着一种无端的沉郁，令人感慨万端。在非鱼的小小说世界中，城市中的高楼大厦终究不能成为人们栖息的精神家园，城市生活带给人们的恰恰是与故乡相反的漂泊感和精神的挤压。以《孤城》中的李生为代表，作为在城市中生活的异乡人，他在高楼大厦间感到焦虑、恐惧、孤独，他知道周围都是人，但没有他的亲人。"他的亲人在城外，在距离小城二十五公里的乡下，那里鸡鸭成群，小桥流水，李生迫切地想要回到那里，回到亲人身边，那样才是踏实的。"在城市中谋求生存的异乡游子，漂泊感和无归属感始终萦绕着他们，日常的忙碌或许会暂时缓解他们的孤独无助，但当痛苦降临时他们便想要从故乡寻找慰藉。

因此，非鱼围绕地坑院对乡土生活的书写，无疑是她在各种精神病症存在着的都市生活面前对家园的一种精神返乡。

"精神返乡"这一文学主题，在中国有着历史和文化的沉淀，根植于中华民族的传统文学血脉之中。自《诗经》开始，就已经出现大量怀念故土的诗篇，比如《王风·扬之水》中的"怀哉怀哉，曷月予还归哉"，自然流露出对故乡的强烈思念之情，当然，这种还乡的情感指向是具体的故土家园。在唐宋时期，有王维的"君自故乡来，应知故乡事。来日绮窗前，寒梅着花未"，李白的"此夜曲中闻折柳，何人不起故园情"，崔颢的"日暮乡关何处是，烟波江上使人愁"，诸如此类的例子不胜枚举。进入现代文学，废名的湖北风情，沈从文的湘西世界，师陀的"果园城"，汪曾祺的高邮水乡，林斤澜的"矮凳桥"，这些地方都不再是单纯的确定的空间所指，而是寄托作者精神和心灵的家园，也可以看作人类家园的象征。

　　此外，从中国人深层心理结构来看，精神返乡不仅是文学创作的一个母题，也是深植于国民心中的一种集体无意识。在荣格看来，"集体无意识不能被认为是一种自在的实体；它仅仅是一种潜能，这种潜能以特殊形式的记忆表象，从原始时代一直传递给我们，或者以大脑的解剖学上的结构遗传给我们。没有天赋的观念，但是却有观念的天赋可能性。这种可能性甚至限制了最大胆的幻想，它把我们的幻想活动保持在一定的范围内"。在集体无意识的驱动下，一代代人在某一情感和事物面前会做出较为相似的反应。因此，对于远离故土漂泊者的书写，虽然不同作家会依据个人经验、写作特色及独特意识去进行创作，使其作品带有个人独特的风格特征，但文本内部对于精神家园或者象征着理想归宿的向往与追寻，却有着较为相似的心理结构。非鱼的"故乡"系列小小说中，同样带有"精神返乡"这一具有稳定性的主题。

　　那么，在这种精神返乡内在驱动力的作用下，非鱼笔下的乡村世界又呈现出怎样的风貌呢？

　　第一，乡村生活中自然景观的回归，充满了恬静、自然与和谐。不同于都市生活的高楼大厦，车水马龙，川流不息的车流和熙熙攘攘的人潮，非鱼笔下的乡村世界仍保持朴素恬静的自然景致。比如《桐花开》的开头，有这样一段对乡村的清晨的描写："大清早，太阳刚刚升起，薄雾还没有完全散去，麦秸垛上有潮润的水汽，草尖上挂着细碎的露珠。偶尔能听见一声绵长的牛叫，或者几声清脆的画眉叫，间或有风箱发出慵懒的'咚——啪——'声。""刚刚经历过忙碌的秋收秋种，整个村庄沉浸在一种带有凉意的闲适和静默中。"作者采用动静结合的方式来表现村庄清晨的恬静与美好。在动与静中，人与自然一片祥和，乡村的恬静更显悠长，充满诗意，俨然一派人与自然和谐共生的情景。再如《苇子黄了》中的一段描写："观头村的东边，是山，老君塬。一股泉水从山石间淙淙而下，在山口形成一个水库后，又沿着沟底哗啦啦一路向西。于是，沟里除了野生的、种植的苹果树、桃树、榆树、槐树，村西还生长着蓬勃茂盛的苇子。苇子摇曳，水底有小鱼、小蟹，还有肥嫩的水芹菜、水草。"这里充盈着一种自然之美、和谐之美，人与自然在整个生态系统中处于平等的关系。可见，都市小说中自然景观的缺失，人与自然的远离，在非鱼的"故乡"系列小小说中得以弥补与回归。

第二，相较于虚伪嘈杂、人际关系冷漠的城市，乡村生活更具有温情。《孤城》中的主人公在城市的挤压下，充满了焦虑、不安与孤独；《真的很疼》《最后一滴眼泪》中人与人之间充斥着冷漠；《来不及相爱》中的人物在快节奏生活中感受不到真爱……人与人之间的疏离，温情的缺失，加深着生命个体的精神困境，麻木的灵魂在现实中跌跌撞撞，深陷其中却无法真正逃离。而非鱼则在"故乡"系列小小说中，从乡村琐碎的日常生活中透出人间的温情，如《顶门杠》中村民们的朴实热心，《大巧巧》中五姑的亲切善良，《一罐棉籽油》中外奶外爷对大姐的疼爱，《一棵椿树的存在方式》中哥对大姐的理解，等等，都透露出人与人之间的温暖。小说中人物身上具备的质朴与善良，在物质生活的匮乏和现实的困境下，并没有消解半分。作者通过对故乡人与人之间温情的书写，触动到读者内心的柔软，旨在重新唤醒人间真情。

第三，地坑院里的人物有着自由自在的灵魂和敢作敢为的魄力，与都市生活中活得瞻前顾后、谨小慎微的人物形成鲜明的对比。挣扎于城市的人们，不但在精神世界中有着各种各样精神病症的存在，在日常生活、工作中更是小心翼翼，唯恐自己走错一步带来无法挽回的结果，不断束缚着个人的选择。以《如果这样》为例，小说中的主人公李胜利总是活在不断的选择和追悔中。从后悔大学毕业没有告诉辅导员自己想要留校工作的意愿，到遗憾没有同胖女孩认识，再到后悔没能坚持自己的立场到农村工作一段时间，李胜利总是对过往的错过不断进行假设，并否定着当前的一切，活得拧巴、纠结，也不断地加深着自己的痛苦。正如文中写的："李胜利的假设就永远是假设，没有人能证明他的假设是好还是不好。"实际上，李胜利痛苦的根源应该归于他行动力和魄力的缺失，但他并没有意识到这一点，仍是畏首畏尾地生活着，同时又无法摆脱内心的痛苦。此外，《给我一块橡皮擦》《对手》《幸福生活》《逃》等作品也描写了一个个被束缚的灵魂。而到了"地坑院"系列小小说中，这里的人物一反之前的拘束，他们有着自由自在的灵魂，彰显出敢作敢为的魄力。《谁也不与鸡同眠》中，当娘下决定要挖出一个三丈深转圈六眼窑的大院子时，便雷厉风行地开始自己的行动，即便这在奶奶看来是一件疯狂的事情。此外，在这片土地上，孩童们可以自由自在地嬉戏打闹，他们像《一罐棉籽油》中的大姐一样，"在院里、河里、树上幸福地自由自在生长，把自己长得泼泼实实，天天风一样在山坡上、山沟里刮过来刮过去"。

第三，非鱼还在"故乡"系列的小小说中塑造了勇于同困境抗争的人物形象，在他们身上彰显出生存的力量。在这个贫穷且安静的乡村世界，人面对着生存条件的挑战，通过《谁也不与鸡同眠》《桐花开》《顶门杠》《忧伤的夜晚》等作品，可以看到人物的生存状态，面对生活的粗粝，他们总能坦然面对，奋力反抗。仍以《谁也不与鸡同眠》为例。小说中的一家人挤在一眼借来的窑洞里，为了归还借来的窑洞，摆脱拥挤不堪的生活空间，娘决心修建一眼属于自己家人的窑洞。从选址、挖窑到箍窑，娘最终依靠自己的行动完成了在奶奶看来是疯狂的决定。文中的娘，充分表现了人物面对现实生存困境的坚忍。这也是非鱼对处于物质生活困境中人的乐观和抗争精神的肯定。

实质上，中国人与乡土有着与生俱来的难以言明的精神联系，对于这种联系，费孝通在《乡土中国》中有准确的总结："从基层上看去，中国社会是乡土性的。"乡土之所以成为作者及其笔下人物寄托灵魂的精神家园，一方面在于中国自古以来以农业文明为主，中国人对土地有着深厚的感情，另一方面则在于中国人内在的文化情结，每个人的内心都拥有一方乡土，这是任何人也摆脱不开的精神纠缠，是人类永远的文化情结，这种纠结就像是一根脐带连结起文化的故乡，一旦失去这种连结，人就将饱尝失去归宿的无根之苦。因此，非鱼的精神返乡，与"故乡""乡土"有着密切的联系。在地坑院这片土地上，作者建构起与故乡之间的情感联系，通过精神的返乡，试图消解现代社会带给人的焦虑、落寞、苦闷与孤独。

总的来说，非鱼的"故乡"系列小小说不论从语言、结构，还是叙事节奏上，相较于之前更为成熟，内在的情绪也不同于之前的紧张和沉郁，而是趋向温和。之前人物的困顿、焦虑等情绪在"故乡"系列小小说中得以缓解。这源于作者在创作心理上对故乡的热爱，因为作家的文学创作是潜藏的精神世界的外在表现。正如海德格尔曾言："诗人的天职是还乡，还乡使故土成为亲近本源之处。"故乡，经常成为作家们精神的落脚点。非鱼的"故乡"系列小小说也在勾画出那渐行渐远的精神桃花源，她对宁静古朴乡村生活的书写无疑打开了读者尘封已久的乡村记忆，给生活在浮躁与喧嚣中的读者们打通了精神与现实的通道。当然，非鱼对乡村中人和事的书写，并没有完全沉浸于诗意的叙述中，而是贴着生活本身，同时呈现了生活、成长、生活的艰难与不易。在现代文明对人类精神的挤压下，逐渐远离诗意的我们，需要重返精神家园，重操乡音，找寻灵魂的栖息地。

不论是前期对人精神困境的揭露，还是"故乡"系列小小说中对精神家园的建构，非鱼始终秉持对人的关注，从现实生存到精神世界，一个个鲜明的生命个体跃然纸上，在日常生活中流露出他们被遮蔽着的真实的内心世界。非鱼的"故乡"系列小小说更加关注底层人物的精神生活，在对他们精神困境的挖掘中，透露出非鱼对普通大众的人文关怀。文学被高尔基称为"人学"，而人文关怀则是作家在作品中流露出的一种崇尚和尊重人的生命、价值、情感、尊严以及自由的精神体验。在消费主义盛行的时代，被物化了的人、事和生活，正在以多种方式侵蚀着人们的心灵，人类的精神问题也已在日常生活中不断地溢出。非鱼以细腻的感知去捕捉社会上具有普遍性的精神症状，其中孤独便是最为明显的特征，生命个体在现实处境中的孤独感正以蔓延的方式侵蚀到生活的点滴之中。从某种意义上说，非鱼对普通民众精神世界的人文关怀，是贴近国民精神症状展开的挖掘，具有深刻意味。

纵览非鱼小小说的全貌，能够发现对人生存的关注贯穿于她诸多文学作品中。她用准确畅达又细腻的语言传达出人隐秘的内心世界，呈现出人的孤独、焦虑、困苦等精神困境。她在用同情与理解的心态观照着人的生命体验的同时，更用犀利的语言指出人性、社会及国民性的种种问题；同时指出，在城市对人的挤压下，生命个体处于迷失和痛苦之中，作者转身选择与都市生活疏离，重回故乡，在对故乡的回望中，重新感受生命的跳动和心灵的惬意。

赵长春

　　赵长春，出生于20世纪70年代，河南南阳人。在《小说选刊》《莽原》《四川文学》等发表文学作品200余万字。倡导并实践"我写作"，出版有《我的袁店河》《我的望窗季节》《我的花花诗界》《我的袁店河传奇》《我的二十四节气》等。80余篇作品入选全国多地中招、高招试题。

悬鉴阁

姜唯出家了。

丰山寺。

第一次进丰山寺，姜唯就觉得一切都熟悉，有种亲切感。大殿前紫薇一棵，姜唯总感觉依靠过。紫薇，俗称痒痒树，一摸上去，枝叶颤动。姜唯就伸了手，树反应起来，姜唯笑了，看着远处的袁店河，如梦。

每条路，每间房，姜唯都觉得见过，最熟悉的是悬鉴阁。

悬鉴阁，正对大殿，三层。下空，中为戏台，三层为阁。顶悬一匾：悬鉴阁。黑漆框，蓝底，金字。字好，行楷兼隶，稀疏得当；三字的底，心虚，金实，口阔。单字匀称，整体合一。高悬，斜倾，气势、气韵都好。

——这是后来姜唯感觉出来的。就是好。三个字，如此才好。

上香，早香，晚香。早晨撞钟。傍晚击鼓。哐，哐，哐，声音很远，人们就起来做饭、喂牲口。咚，咚，咚，声音很远，人们就回家做晚饭。姜唯的活计很简单。按照老和尚教的，撞钟慢悠悠的，击鼓慢悠悠的，音有波，一波一波的，荡开。

还有扫地。姜唯扫地也是慢悠悠的。早晚各一次。唰，唰，呼，哗，哗，哗——不同季节，不同天气，不同声音。

扫到悬鉴阁，姜唯总要看那匾额。看着看着，他就在地上画起来，比照运笔，把握气韵。

老和尚说过，匾额是老佛爷写的。那一年，联军进北京，老佛爷带着皇帝往西跑，跑到西安。北京的事儿平息了，老佛爷回銮，不走回头路，就驻跸这里一晚。看阁内有历朝忠臣挂像，一早挥笔"悬鉴阁"，乃去。云云。

姜唯不管这些，他就觉得仰首看字，低头扫字，也是消遣。

扫字，就是模仿着画。地是方砖铺的，老方砖。一方一字，扫帚蘸水。冬天，雪下来，姜唯舍不得扫。像白纸，一格格，写下去，立体，阳光下耀眼。见有人来，就赶紧划拉了。姜唯觉得不好意思。他不想让别人看到，喜欢自己偷偷开心。

日子就这样过去。姜唯不念经，他不识字。听经，听老和尚讲。会意处，姜唯笑了。老和尚双掌合十，看着姜唯，浮上笑意，淡淡的。

二当家有些着急。

二当家着急的是想当家，坐上老和尚的席位，住持。

老和尚知道。大家都知道。

姜唯不知道。也没有那么想。他想的就是晨钟暮鼓，扫地，学字。还有一件事儿，打扫阁楼，三天，两天，时间不等。

如此，一年又一年。

秋天，银杏叶黄澄澄了。姜唯打扫完，仰首，阳光扑进来，一闪一闪。他看见匾额后多了一缕烟，浓浓的。

姜唯揉揉眼，瞪大，看过去，就是。就在匾额后面。

姜唯就爬了上去。不好爬。他还是爬了上去。一炷粗香，抵着匾额，在狠狠地燃。姜唯扑打，匾额被烧透了，"鉴"字出了个窟窿，桶粗。从下面看，拳头大，像个黑黑的眼睛。

大家就都瞪大了眼睛。二当家的眼睛更大，盯着姜唯。

姜唯有些害怕，一个劲儿地舞手，啊啊啊……老和尚双掌合十，念念有词：定数。

老和尚退出了方丈室。二当家成了方丈。

　　成了方丈，就悬赏：凡补写"悬鉴阁"匾额且被选中者，给大洋二百。

　　大洋二百，不少，很不少。人们就写，不少人写，写来写去，没有原来的好看。前两个字笔画多，稠；后一字稀，间架不好结构。

　　方丈想用他老表的，全县有名的书法家，不少店铺的匾额都是他写的，榜书。可是，大家不愿意，说不好看，更没有气韵。

　　姜唯就写了。偷偷地，在月夜，写好，放在大殿上。

　　好！真好！找不出来谁写的，人们说，神赐的。

　　姜唯就写了个"鉴"字。大小，笔势，力道，配上去，天衣无缝。

　　悬鉴阁又光彩依旧了。

　　姜唯还是撞钟，击鼓，扫地。扫悬鉴阁，一天一次。爬上去，擦拭匾额。

　　一年又一年。

　　破"四旧"了。方丈很配合，烧，砸，毁了不少东西。上头说不彻底，守着老佛爷的字，顽固透顶。方丈就点头，如鸡啄米：回去就烧掉。

　　当天晚上，姜唯爬上阁楼，带着糨糊桶，里面装着碎麦秸，和着石灰，糊满匾额，厚厚一层。坐在风里，等半干，书"毛主席万岁"，白底，红字，很耀眼。包括大殿前的龙壁。

　　第二天，没人敢动手了。

　　下午，人们发现姜唯没有扫地。他浑身火烫，躺在半山腰的老和尚骨塔前，看着远处的袁店河，笑……

　　不久，姜唯走了。

　　后来，方丈走了。

　　后来，丰山寺成了文物保护单位，人来人往。

　　袁店河只管流……

赵家大少爷

赵家米铺赵老板最后悔的一件事是让大少爷去南阳读书。

那时候，"米铺"的牌子已经换成"米行"。檀木板，寸厚，油黑；字洒金，黄澄澄，灿亮。看着这些，赵老板觉得家里得有个正经的读书人了，就下了狠心，让大少爷去南阳读书。

当年，袁店镇还没有谁家敢送孩子去南阳读书，去县上读书的就很少。码头上，赵老板千万叮咛，大少爷频频点头。船远去了，赵老板还一直盯向水流的方向。

两年后的秋天，大少爷忽然归来，长衫，眼镜，一把油布雨伞，脸上少了读书前的学生味儿，眉宇间多了分英气。与往常站在柜台前算账相比，大少爷回来后多是昼伏夜出，挨家串户，所讲述的不再是米的成色、米的区别，而是男女平等、土地平均、抗日救国、财富归劳苦大众……不厌其烦。

大少爷有些变化，但袁店镇上下的人还认得他，知道他是从南阳念书回来的赵家米行大少爷。不过，对于他的言行举止，感到了从未有过的陌生。

接着，大少爷又做了一件事，在袁店镇上下引起一场轰动：他瞒着赵老板偷偷卖掉了河边的几亩好地，请人打了几十张书桌，又买回来《开明国语》《算学》，就在赵氏祠堂办夜校，免费收男生女生，识字，学地理、历史。男女生同校，很新鲜。人们说，大少爷读书多了，喝洋墨水多了，犯晕了。

袁镇长也这样说时，他的女儿很为大少爷辩护：这是开民智。

如此热闹一阵子后，来看热闹的人少了，大教室换成了小教室，汽灯换成了煤油灯。灯下，几个人，年轻男女，和大少爷一起看书，低声地讨论什么。有人来，大少爷就在黑板上教生字，领读课文：三只牛吃草；一只羊也吃草；一只羊不吃草，看花。

就像突然从南阳回来一样，半年后，大少爷又突然在小镇上消失了。走前，他解除了与袁镇长女儿的婚约，断绝了与赵老板的父子关系。

赵大少爷如此做派的明显后果有两个：赵老板头发一片花白；袁镇长的女儿脸色苍白。

袁店镇上的人们最后一次见到赵家大少爷是在 1934 年以后的又一个秋天的傍晚。那个傍晚月亮升得很早，月色朦胧，裕隆茂布行的老板正要合门，看见一个背油纸伞、穿长衫的青年从店外走过，走向通往袁店河畔的竹林。虽然看见的只是一个背影，但裕隆茂老板断定是赵家大少爷。

第二天一早，袁店镇的大街小巷出现了不少标语。人们看，一处一处地瞧，目光互相交流。袁镇长带着镇公所的团丁来了，驱赶着众人，揭取着红红绿绿的标语。县党部也来了人，拥向赵家米行。赵老板拿出了父子断绝关系的书约，一脸的老泪。人群的后面，袁镇长的女儿依着一棵大槐树，抚着微鼓的肚子，口唇喃喃有词。袁镇长骑在马上，侧眼看着女儿，阴着脸。

几天过后的一个晚上，人们刚要入睡，几声枪响传来。一群"红枪队"队员，手执红缨枪，紧追着一位戴眼镜、穿长衫的青年，往山上跑……约后半夜，忽然从竹林里传出了一阵恐怖的打骂声，凄厉的叫喊声中夹杂着大少爷"你们还是不是中国人"的高喊；慢慢地，这些声音就低下去了，好像有人被捂了口鼻……夜静了下来，细听，风呼呼，水哗哗。

早上，有人到竹林里去看。几株粗大的竹子下，一副碎裂的眼镜，一件长衫血迹斑斑，被撕裂成几条；地上淤着几摊血，半干；草丛里、竹竿上迸溅着星星点点的血迹、肉块。——这是"红枪队"的杀人手法：将几株竹子压弯后，顶梢绑在一起；再将人绑在竹梢中心，然后，砍断绳子！

赵家大少爷就这样走了。

赵家大少爷走的那个晚上，赵老板被袁镇长早早地请到县城喝酒去了，还有镇上另外几家大商行的老板。

那个晚上，袁镇长的女儿心里忽然隐隐地疼。她蹒跚着身子，想找丈夫问一下竹园子里喧嚣的原因。可是，早早出去的丈夫一直没有回来。直到第二天早上，回来的他，眼睛布满血丝，瞅着她，嘿嘿地笑，目光在她的肚腹上逡巡……

几十年过去了。1985 年春，袁家老宅翻修。在袁镇长密藏的一个铁箱子里，袁镇长的女儿发现了一本书中所夹住的一页纸：赵家大少爷的党员证。

她一下子哭了，泪流满面！

1995 年 8 月，赵家大少爷被追认为烈士。

关于"袁店河笔记"的笔记（创作谈）

一

每个人心中都有一条河，特别是与童年、少年有关，与故乡有关。

我心中的河，就是故乡的袁店河。在方城的县域地图上，才能看到她的标识。这么多年来，我一直写着她。写出来的是故事，写不出的是生活。那些萦绕在童年、少年记忆中的故乡人事，我无法忘掉，也不能忘掉，它们连绵不断、恣意汪洋地走进了我的文字，形成了早年我命名的"袁店河流出的传说"等系列文字，包括后来的"袁店河笔记"。这些文字中，我多用简洁、朴素的语言勾勒人物，加上留白与伏笔，努力做到不动声色，不着意出奇制胜，以此来展示一方水土的人文风貌，成为我自己笔下的"袁店河图"。

在地理概念上，袁店河是袁店河人的袁店河；从文学的意义上，袁店河就是我的袁店河了。

是的，我自己的。

多年来，我坚持表达着对这条河的自我感悟。以这片土地为创作基地或写作之根，以袁店河为文化背景，出版了《我的袁店河》《我的袁店河传奇》《我的二十四节气》，还创作了"我的袁店河辞典""我的麦子记"等系列散文。

二

喜欢读写，纯粹是工作之余的爱好。首先得把工作干好，这是我的饭碗；读写，如同他人的游泳、打球，是我工作之余的乐事。这样，写得就不刻意，有些随意。也是好事，自然，随心。

所以我写字慢，慢慢地写，有着老乡诸葛亮的淡泊劲儿。因工作之便，我有寒暑假可以回故乡，看望父母的同时，听一些古今，觉得有意思，就写。有时一年一二十篇，有时八九篇。有那么两三年，甚至一篇也没有写。这么多年下来，发表二百来篇。您慢慢读，多批评。

况且，袁店河有写不完的故事。虽然就是村边的一条小河，纤细如线，却活泼泼奔腾不歇。炊烟晚霞，草木露水，一人一事，一举一动，都滋养和丰富着我的敏感和好奇，从而多思。回望故乡时，打捞起触动心目的草棒、花叶，抑或只是一缕风的捕捉，都会让我不自觉地拿起笔。

天地造物，虫鸟有意，草木含情，在袁店河，一切都是温暖可爱和美好的。那些人物，有着仙气、胆气、灵气、傻气、土气、清气、骨气、豪气。痴得疯癫，傻得执着，个性峻拔。在题材的取舍上，我更多地想抒写美好，用美好的心善待生命，用生命歌唱生命，抒写袁店河美好的人间草木，保存、保持、保护和传承、弘扬她的温暖、善良、真情。近年来，二十余篇有关袁店河的文字，成为各地中学阅读理解试题，成为高招模拟、中招真题，原因大概于此。

三

在我的笔下，袁店河畔的官员、僧尼、医生、戏者、大盗、土匪、裁缝、侠客、匠人……个个都是传奇、故事。他们没有大的人生张合，有的是对人生的承诺，对亲人的爱，对情的坚守和执着。还有新时代的市井人物，我努力呈现他们在信息环境条件下的社会风貌。这些人构成了袁店河畔丰富的人情世界。

关注我的学者、老师、文友说，挺好。在他们的评论视野里，有地域笔记的感觉，袁店河成为一个文化符号。

如此，就多了写下去的信心和勇气，我得把袁店河写好。

写出袁店河的文化味儿，得有袁店河这方水土所孕育的地域传统、地域特色、地域文化、地域风情。从而保持住读者的感觉：袁店河真的有吗？那么好吗？还存在吗？啥时候得去看一看！如此，我还要多回故乡看看，"用自己的眼睛去读世间这一部活书"，转转老街，吃吃烩面，拍拍闲话，挖掘"水源"，丰富"库存"。

写出自己的独到细节。古来今往，笔记小小说洋洋大观。当今的阅读习惯下，在有限的篇幅中，三两个人物靠三四个细节营造，必须深刻体验、琢磨，把"一条河束住的沧桑"感悟、升华为独家、独到的细节元素。

讲好袁店河故事。不着意出奇制胜，一条线在"走"，运用留白与伏笔，不动声色地讲说，追求无技巧，自然引导出"原来如此"的效果。同时，保持创新，向大家学习，探索表达方法，以免套路。

保持自己的语言风格。继续增强阅读量，丰富语言词汇。随心所写，手写我口。口语化，短句子，袁店河方言本身的楚韵楚意，我想继续恰到好处地运用。

小小说不小，笔记体大担当。我们都努力。

赵长春小小说语言艺术特色（评论）

马　涛

赵长春袁店河笔记的书写中，已经有了一定的文本魅力。其袁店河系列小小说的语言是朴素的，但又是丰腴的、意味隽永的，淡到极处也是浓到极处，他的《我的袁店河传奇》《我的袁店河》《我的望窗季节》等一系列以袁店河乡村风土人文为题材的小小说之所以引起社会的广泛关注以及评论界的一致好评，个性化的语言是其中一个不可忽视的原因。

赵长春小说的语言个性主要表现为地域性方言、生活化、简洁化三个方面。笔者以其有关作品为个案作一分析。

地域性方言

鲁迅曾经讲过，"现在的文学也一样，有地方色彩的，倒容易成为世界的，即为别国所注意。打出世界上去，即于中国之活动有利"。中国地域方言丰富多彩，每一处方言都是其地域文化的重要载体，乡土文学作家们无不有意识地从方言宝库中提炼、采撷鲜活的富有表现力的语汇，用浸润着泥土气息的语言创作出优秀的文学作品。赵长春生于河南南阳袁店河畔，是喝袁店河水长大的，是土生土长的农村娃，他在这片土地生活了 20 多年，袁店河畔的一草一木，袁店河人的方言俚语、行为举止，在其心中留下了深深的烙印，故其创作中使用袁店河的方言俗语时是信手拈来，随心所欲，浓郁的袁店河乡土气息使人感到既亲切又自然。比如《老费其人》中描述老费背《新华字典》的事儿传开了那段："我就是不想当'瞪眼瞎'，就是想识文断字，跑着背《新华字典》，像耍猴儿……""至少将来进城，能分清男女厕所吧，问路时不让城里人坑咱吧！"

赵长春还善于使用民间语言宝库中一些表现力极强的词语，比如：安玉若在屋里睡，有个影子一晃，史寡妇。"大侄媳妇，你干啥？""想找你乱。""乱？你真敢胡说！""不胡说，安史之乱，人家说历史上都有，唐朝皇帝和儿媳妇也乱……""乱"，袁店河的一个俗词，用在男女关系上，就是亲昵而暧昧。

再比如《王大柯耍蛋》，"王大柯因此有个绰号：耍二蛋"。二蛋，在袁店河的语境里，多描述某人实性子、眼皮儿不活泛。比如：这人是个二蛋货，好耍二蛋。方言是真正地来源于生活，和人们的情感有着难舍难分天然一体的牵连。赵长春在小说中还大量运用民间俚语、歌谣等表现农民对生活的体验和理解，一腔一韵表达着农民朴素而丰富的思想，使其小说语言既新鲜、生动又很有嚼头。比如《王记口袋》，"还有那句俗语，只有在滹沱河村，上些年纪的人，还用来讽刺谁谁揣着明白装糊涂，说其是'王家的粮食，你就装吧！'"。

抱墙脚，也是袁店河的方言。盖房时，能"抱墙脚"的是大功。"抱墙脚"后，又几年，他就只用"别瓦刀"了：腰间插一瓦刀，巡回工地。领作，袁店河方言，是对某一行业中领头人的敬称。"在袁店河，王领作盖的房，结实得很。这句话，成了一句歇后语。"这些富有生活意义的词汇在袁店河流域乃至南阳方言中极富地方特色，这些词语在袁店河畔被一代又一代袁店河人在日常生活中使用，很传神，很形象，具有很强的生命力，在日常口语表达中更能被当地人理解，在生活中具有不可替代的表意作用和语言魅力。

生活化语言

不同的风俗、风物、风情反映到文学中，形成了文学多元化的局面，而方言作为一个地域最为显著的文化标志之一，融入文学中，既起到了将地域风俗、风物、风情带入文学从而广泛传播的作用，其本身也为文学语言的丰富引来了活水。

在赵长春创作的以袁店河为题材的小小说中，地方化语言不仅原汁原味地反映了当地人们活生生的口头语言，同时也反映了特定的地域文化，富有浓郁的地方风情和生活气息，具体生动，可闻可感。"滑蛋。还有人说是画蛋。——刀换左手，右手主力道和方向，轻顿数下，蛋液出缝，沿热铁案而滑，或者画。所出图案多与当日宴席主题有关：鸳鸯戏水，交头缠颈，鸳鸯腹间相拥着最后滑脱的蛋黄，是婚宴；松鹤扑案，远山隐约，最后滑脱的蛋黄为太阳，是寿宴；菊丝线白，花朵簇簇，最后滑脱的蛋黄如一注大泪，是白宴；桃园三结义，友宴；白鹿跪孔，拜师宴……不一而足。"（《王大柯耍蛋》）

赵长春的小说立足于民间生活，站在民间的立场来写民间，用极富乡土本色的语言来书写乡村人物与乡村生活。"劈蛋人绷紧嘴唇，双手并用，托刀把，捏蛋壳，巧劲儿一用，蛋壳离刀，刀锋出蛋，蛋黄下落。落下时，有倾、扑、摊、倒、滑等力态，为着想好的鸟、日、花朵等图案铺垫。如此，劈蛋完成大半。铁案发热，蛋清凝，蛋黄熟，配菜叶，妆水果，一副立体画即成。小细铲，大鱼盘，轻装慎端，敬献主家，方成。"（《王大柯耍蛋》）

赵长春在处理运用来自民间的语言时是很讲究的，"俗"的表现方式也是极有分寸的。有些特定的语言词汇是在特定区域内富有生命力的，比如在《藏老木》中，萌子基本上还不会玩别的时候，会玩的就是"藏了没"。"藏了没"在袁店河的方言里，"了"读"老"音，"没"读"木"

音，没有的意思。这里的"藏了没"意思是"捉迷藏"，讲"捉迷藏"当地人不习惯，但对"藏老木"就习以为常了，并且有着一整套熟为人知的游戏规则和方式。

再比如《哨儿汤》。袁店河的名吃哨儿汤，汤趁热，出锅就喝，米没汪成一层薄皮儿，烫嘴，边吹边喝，呼——嘘——，一片声响，如哨。"喝鸡蛋汤——多是最后一道菜，意味'滚蛋汤'，宴席结束。"汤，面条，袁店河人的晚饭，俗称喝汤。

生活是艺术创作的不竭源泉。赵长春从生活中发现了美——它是袁店河畔具体而微的民间习俗，是每日可见的柴米油盐，是人们你来我往的互动交流。他把日常生活场景融入传统文化，传统文化的生命力得以彰显和延续，在某种意义上，这才是传承文化的最好方式。

简洁化语言

仔细阅读赵长春创作的袁店河系列作品，发现他对待小说语言的态度是严肃的，他对于文字是很吝啬的，说惜字如金一点也不为过。赵长春对于汉字是怀着敬畏之心的，因敬畏而珍惜，因珍惜而视字如金，正是基于对于文字的珍惜，他的以袁店河为题材的系列小小说语言在地域性方言和生活化之外，还体现出简洁化的特色。

语言的简洁美要求简短的语句具备明确、纯粹、概括三种特质。在小小说创作中，赵长春运用来自民间的语言时是很讲究的，首先体现在对原始民间语言的提纯净化，以达到简洁之美。"石头坡上石头多。大的。小的。高的。低的。歪歪的。斜斜的。半露身子的。倚靠老树的。""石头坡上的这些石头，有着各种各样的画。小人。马。羊。树。拿弓箭的人，跑的动物。还有太阳，月亮。还有男人，女人，小孩，房子。等等。阴刻。阳刻。"（《花石头》）这样的语言，没有繁华的修辞和冗长的衬托，给人的感觉是纯朴的、原始的、简短的、有力的，也是丰富的。

"悬鉴阁，正对大殿，三层。下空，中为戏台，三层为阁。顶悬一匾：悬鉴阁。黑漆框，蓝底，金字。字好，行楷兼隶，稀疏得当；三字的底，心虚，金实，口阔。单字匀称，整体合一。高悬，斜倾，气势、气韵都好。""上香，早香，晚香。早晨撞钟。傍晚击鼓。哐，哐，哐，声音很远，人们就起来做饭、喂牲口。咚，咚，咚，声音很远，人们就回家做晚饭。"（《悬鉴阁》）这些朴素自然、简洁明快的语句，读来如行云流水，有着浑然天成的美感。锤炼不露痕迹，功力达到自然，这是赵长春过人的地方。

赵长春的袁店河系列小小说都是从日常生活中撷取一人、一事，或一景，娓娓道来，叙述语言简练含蓄，朗朗如白话，却总是能够让人感到一种细微而美妙的韵味，比如《王记口袋》："王家人多，地多，粮食多，就专制了自家的口袋。粗棉线，浆洗，经纬，织布，裁缝，成为口袋，白褐色，自家作坊出品。半人高，桶粗，袋口处有扎口绳，隐袋中，只露两头，拇指粗细。每袋装满粮食，百斤，扛，背，抱，都方便。袋口一侧，五字，墨黑：滹沱河村，王。上下两行。"语言要取得简洁美不但要从沙里淘金，还要善于组织安排，譬如《李古和》："肉铺，面店，杂货店。油坊，茶座，理发店。一街两行，有的是，李家，张家，狄家，位家，都可以开……一竿幌子：量体裁衣。风来，旗子飘动，像是招呼人。每年二月二，龙抬头，李古和就换一面幌子，新崭崭的。包括他的台案，缝纫机，熨斗，尺子，整齐、干净、养眼。"这些语言如随手拈来，简洁朴实，不事雕琢，毫无新奇，却有着一种"清水出芙蓉，天然去雕饰"之美，于简洁中氤氲着生活的诗意。

赵长春创作的袁店河地域风情人物系列小小说，以独特的艺术特色，展示了袁店河人文风貌，构成了具有地域文化符号的"袁店河图"。用赵长春自己的话说："多用简洁、生动的语言勾勒人物，加上留白与伏笔，努力做到不动声色。"

文学是语言的艺术，小说作为文学的一种形式，语言运用的成功与否是小说创作成功的关键所在。而小小说对语言的要求更是达到苛刻的程度，从某种意义上讲，文学创作的过程，其实就是作者个性生命体验的文字呈现过程。

陈小庆

　　陈小庆，1976 年生，河南焦作人。河南省作家协会理事，河南省小小说学会理事，焦作市作家协会常务副主席。有数百篇小小说发表于《莽原》《山西文学》《大观·东京文学》《延河》《时代报告（奔流）》《小小说选刊》《百花园》《小说月刊》《椰城》《上海故事》《喜剧世界》《小小说月刊》《微型小说选刊》《金山》等报刊，作品曾多次获奖，多次入选各种年度选本和中、高考试卷。获评"2014 年全国小小说十大新秀"。

　　出版小小说集《可爱的豆腐》《幸福的瓷器》两部。其中《幸福的瓷器》入选河南省作家协会重点作品扶持项目"青年作家文丛"，并获得焦作市第十三届精神文明建设"五个一工程"奖。

别碰那个首饰盒

第一次见面的时候，她往桌子上放了个首饰盒。

看到我好奇地瞅了两眼那个精美的盒子，她认真地对我说："别碰那个首饰盒。"

我点点头，我当然不会随便碰女生的东西，尤其是那样一个神秘的首饰盒。

我让她点菜，她和以前我相亲遇到的女生一样，喜欢华而不实的菜肴。

这些年，我相亲了一百多次，每次见面都是吃饭，都要花掉我几百块钱，然后回去在微信上聊天。由于我在房子、车子等方面底气不足，对方最后都以冷冷的一句"感觉我们不合适"结束一切。

我习惯了女生的冷漠，习惯了花几百块钱吃一顿冷场难堪的饭。现在这个华丽的餐厅，我已经是第十五次来了，服务员都很熟悉我，她们看我每次都带不同的女生，以为我是个花花公子。我越低调，她们以为我装得越像，我也想是她们眼里感情专一的好男人，可"实力不允许"呀！

说实话，我挺喜欢这家餐厅的菜，但每次都吃得五味杂陈，女生们一直在看手机，有的还解释一句工作忙，有的干脆不解释。

今天这个女生居然没看一眼手机，一直热情地给我夹菜倒酒，我们很认真地吃了一顿饭，她还笑吟吟地和我抢着买单，我当然不会答应。出了餐厅门，我想，又要重蹈覆辙了，就此告别，等着明天在微信上收到那句

"感觉我们不合适"。

没想到她忽然笑眯眯地对我说："我家就在对面小区，想不想过去坐坐？"

这可是破天荒头一回有女生主动邀约我到她家去。我又仔细端详了她一下，她称得上很美，她能和我相亲，完全归功于那个极有社会影响力的媒人对我的过分夸赞。

她家里是做生意的，她目前刚刚接手一家子公司，她说她和我吃饭时，拒接了好几个重要电话，我忙说："那真是受宠若惊！小生何德何能，你其实没有必要……"

"没事，"她笑得太美了，"都是求我办事的，还会打过来的。"

她家在那个小区的别墅区，一个四十岁左右的阿姨开的门，她给阿姨介绍我说："这是老五。"

阿姨忙恭恭敬敬地喊我："老五兄弟好！"我们都笑了。

我根据自己的经验判断她家的装饰，我很庆幸她在吃饭时没有点那些天价菜。她在这宫殿一般的地方居住，居然只和我吃了几百块钱的饭，我马上就被她的懂事感动了。但更感动我的还在后面。只见她放下那个首饰盒，对我说："我这里房间很多，你可以选择一间住下，不用急着回去。"

我激动得直哆嗦，我从未在女生家受到过这般礼遇，但理智告诉我，越是顺利的时候越要警惕，天上不会掉馅饼，这么美丽有钱的女生怎么可能青睐我这个普普通通的小青年？

"你到家了我也该回去了……"我嘴上说着，却一步没挪地儿。

"好吧，不过你可别跟我客气，我是真心留你的。"她又拿起首饰盒。

我还是回去了，理智告诉我一定有什么地方不对劲，我得回去冷静思考一下。到家后，我打开微信，看到她发来的微笑表情和"晚安"两个字。

第二天上午，她约我晚上到她家吃饭。我从未遇到过这情况，忙答应了。

"我爸要见你……"她说。

看来家里也着急她的婚事了，我明白，能够见父母，绝对是女孩满意的。她究竟看上我哪一点了？很明显，房、车问题在她这里不值一提。

带着疑问，我们很快结婚了，我一直怀疑这件事的真实性，但她温热的手，体贴的话语，她那气度不凡的爸妈送给我们的别墅豪车，包括婚礼上，我好兄弟嫉妒的眼神，谁偷偷打我的一记重拳，都那么真实。

让我们婚后唯一产生争执的就是那个首饰盒。

她无数次回避我的疑问，不解释也不让步，每当我望着首饰盒，她就郑重地提示一句："别碰那个首饰盒。"和她形影不离的首饰盒里究竟有什么秘密？难道藏的是前男友永别的信物、肖像或者接头暗号？

如果价值连城，为什么不锁进保险箱？为什么有时候藏起来有时候又让我看见？如果说新婚生活是美满的，这唯一的疑问却如晴朗天空上的一丝阴云，让我感到隐隐的不安。

我曾经趁她熟睡时彻夜寻找这首饰盒，但哪里都找不到。我快要疯了，富足的生活越发使我不安。我们终于爆发了一次激烈的争吵，我对她喊："要么选择我，要么选择首饰盒！"

看得出来，她很爱我，但那首饰盒也极为重要。

她为难地流泪、摇头。

我曾无数次幻想夺过那个首饰盒，一看究竟，此刻我终于扑了过去……

她拼命攥紧首饰盒，但在倒地的一瞬间，她松开了手，我不顾一切地掰开了首饰盒，她绝望地大叫一声："别……"

虽然看不见缝隙，却打开得那么轻松——里面只是一个小镜子，镜子里，我独自坐在出租屋。

猛回头，她和大别墅都已不见，我一个人坐在寂寞的出租屋。

手机微信响了："感觉我们不合适。"

小樱

十几年前的事了，朋友出国，托我照顾他的宠物，一只叫小樱的山鹰。

朋友来到我的办公室，和我话别、拥抱。我们互相替对方擦眼泪，再拥抱，再擦眼泪，跟来的出租车司机看不下去了，催促着，他才把房门钥匙递给我，郑重其事地说："照顾好小樱。"仿佛那是他女朋友。半年前我见过小樱，据说现在毛长齐了，很漂亮。

我下班就住朋友家了，我和他讲好，不会把小樱带到我家，一则是小樱不适应，二则是我不适应，三则是我并没有家。朋友月前说要出国，我就提前和房东讲好，及时退租，但我跟朋友说得很为难，不想去照顾小樱："毕竟，人鹰授受不亲。"

朋友说："它是一只合法鹰，你会喜欢它的。"

是的，他说对了，我会喜欢小樱的。我一进门，就看到一只山鹰站在专用的鹰架上，瞪着一双大眼睛，对我的出现非常警惕，好在朋友说，这鹰特别善良："你给它一点好处，它都能记你一辈子，恨不得把鹰爪掰掉给你啃！"

"恨不得？那咋不掰呢，不还是舍不得吗？"我反驳道。

知道这鹰脾气好，我就和它套近乎："小樱，你好！"它不理我，好像说："你谁呀？"我说："我接下来就是你的了。"说完赶紧加了两个字："主人！"结果发现意思还是没有改变。

我想它能听懂个大概，就继续说："什么主人不主人的，大家都是朋友!"朋友把它夸成一朵花，不会是傻子，为了给第一印象加分，我忙去冰箱里拿出鹰粮——半包鲜肉，给它盘子里放了一点。它警惕地看着我，没吃。我坐下来，拿着一包锅巴吃，它却飞过来，眼巴巴地也要吃。

"原来你喜欢吃零食?"我笑了，它好像也很欢快，我和它分吃了那包锅巴，又吃了包薯条，它渴得一直喝水。

周末，我俩在阳台上晒太阳，我坐地上，它站旁边。它突然靠了过来，很温柔地偎依着我的肩膀，我揽住它的肩膀，随口说我喜欢窗外那个美丽的姑娘。

谁知它听了很激动，起开身体，忽闪着翅膀，仿佛要飞到那个姑娘身边。我当然不敢放它出去，怕它伤人也怕它一去不回，据朋友说，小樱会飞回来，很让人放心的。但我跟它还不熟，万一它不听我的呢?

我蘸水在地上写了一行英文：I LOVE YOU。小樱居然歪头盯着看，直到字迹消失。

难道它懂英语? 它应该懂鹰语吧。

它在字迹消失的位置用爪挠，仿佛在找那行字。

我觉得它喜欢那水写的字，就又写了一遍。

它果然很开心，轻轻忽闪着翅膀，我说："你会把字扇没的。"它闻言立即停下。

但字迹还是很快没了，它很着急，又让我写，我就又写一遍。它看着字迹，又看了看我，突然鹰眼里有些泪水。我以为是蘸水时甩到它脸上的，但看着不断涌出来的泪水，我确定它在流泪。

我安抚它，问它怎么了。它的身体居然在颤抖。

"小樱，小樱……"我喊着它，觉得它真是我朋友说的，是一只善良的好鹰。

我开始带它出门，它蹲我肩上，虽然有些累，但左右肩替换着也还行，关键是好多人搭话，因此还认识了一个姑娘。姑娘按我教的，喊它"小樱"，它很不情愿，直起脖子，看看对方，算是答应。姑娘很高兴，觉得好玩，就和我聊得很熟。我暗地里了解到她还是单身，就有了自己的想法。

我对小樱说："我喜欢那个姑娘。"它似乎不高兴，不理我。

"吃醋了？"我笑着问它。它低头不语，真的像是吃醋了。我突然觉得对一只满眼是你的鹰说这些话不合适，充满了愧疚，忙抱紧了它。

我再次见到那个姑娘，就收敛了很多，小樱好像能看出来，它自己反而对那姑娘态度更好了。

一天分别时，那姑娘递给我一张纸。我到家一看，居然是表白信。我很激动，小樱却很失落，它大概从我的表情懂了那信的意思——我因为姑娘给的东西高兴了。

早上醒来，我想再次确认我的欣喜，却发现那令我激动到凌晨三点还睡不着的信，已经破碎成屑。我非常愤怒，当然是小樱干的！这屋子里没有别的谁能弄碎我的情书，而且它有动机——它暗恋我！

我对它猛吼了几句。它从未见过我这样，呆若木鹰。它躲在门后鞋柜的角落里，再不敢靠近我。

我一天没有喂它。

我无法面对那个姑娘。

朋友两天问候一次他的小樱，我都会说很好，让他放心。事实上，小樱除了这两天心情不好，吃喝拉撒睡一切正常。

直到有一天，我给朋友报喜，小樱下蛋了！

"下蛋？小樱是雄鹰呀，怎么会下蛋？"朋友诧异。

我一下子蒙了，开始和朋友确认："小樱是不是脖子上一圈白毛？"

"对。"

"是不是右脚上有个鹰环？"

"不对，男左女右，小樱的鹰环在左脚。"朋友忙说。

我继续问："大约五斤重？"

"小樱只有两斤，一个月不可能增重那么多。对了，小樱是黄嘴，嘴对吗?"

我看了看身边这家伙,其实不用看,它是灰嘴。

"不,不是。"我发现的确认错鹰了。

那么,真正的小樱呢?我望着眼前这个身份不明的家伙。

它也正望着我,饱含深情。

乐林秘籍

1613 年 2 月，欧洲传教士金尼阁乘船离开中国，回罗马汇报这几年在中国的工作。

码头上熙熙攘攘，不少人拿了梅花或柳枝赋诗作别，还有的在合影——就是两人同坐在长条的行李箱上，让画师就着碧海蓝天和大船匆匆画下样貌，然后各执一份，送人的拿着合影哭得稀里哗啦，要上船的拿着画若有所失。

一个衣袂似仙，长长的下摆不时被别人踩着的年轻人，牵着一头上等毛驴要登船，被船员拦住，双方争执不下，急得毛驴就差嚷出自己是上等驴。

"嘿，王九！王九……"一个留着一撮山羊胡的西洋人用熟练的中国话喊住了牵驴的年轻人。

"哈喽，金老师，我家公子派我来给您送吃的……"这个叫王九的年轻人指了指驴背上扛着的两大包东西，来到这个高鼻子深眼窝的洋人面前。

"铁棍山药？"金尼阁老师笑了。

"还有怀菊花，路上泡水喝，还有我家公子新出的诗集，路上解闷用……"

"Thank you, Thank you." 金尼阁不住地说着感谢的话。

"金老师，驴不能上船，这趟船人多，太挤了，东西我们给您抬上去……"船员显然认得金尼阁先生，赶紧招呼几个工人抬东西。

　　王九一看，也不再勉强登船，就和金尼阁拥抱告别。金尼阁登船，转身向王九挥手，王九大喊："歪耳卡姆图怀庆……"把金尼阁感动得不住地拿小手绢擦眼泪。

　　大船开走了。

　　怀商商号遍布全国，王九在南京和上海经常穿梭，和金尼阁也来往颇多，王九和他的公子，曾经在怀庆府热情招待了金尼阁先生，三人相见恨晚，成了莫逆之交。

　　金尼阁太喜欢中国了，中国如此华丽高贵，读书人温文尔雅，商人们守礼知节，他决定这次到罗马汇报完工作，再回来就定居中国不走了——北京太美了，南京太美了，杭州太美了……

　　他一边喝着用怀菊花泡的水，一边翻看王九送他的两大包东西：除了一包铁棍山药和一罐怀菊花，还有不少小玩意儿、荆疙瘩烟斗、崖柏手把件、麻梨手串、王九家公子出的诗集和亲笔画的《太行揽胜图》、王九画的《公子会见金尼阁老师图》……

　　咦，这里怎么还有本书？封面什么也没写，里面画了奇奇怪怪的图案和密密麻麻的线条。金尼阁翻开这本略有些旧的书，愈看愈入迷。根据他的经验，这是本乐理书，而且很高深，似乎还有什么新的重大发现。他终于在书中发现了朱载堉王子的名号，他在怀庆府听说过这位音律大家，于是激动不已。

　　在船上的日子，金尼阁手不释卷，终于弄清楚这本书所要表达的东西了，这正是重要的十二平均律啊！船上有人带了乐器，金尼阁借来几种，像笛子呀、喇叭呀，比画了几番，始终不得其妙，但他知道这本书一定有很大的用处，就日夜带在身边。

　　船上还有个洋人，和金尼阁一样，在中国待了好几年，见到金尼阁，就拉起了家常，说起他们还是半个老乡，"你阿尔卑斯山东啊，我阿尔卑斯山西"之类"山东、山西"的话……金尼阁请那家伙吃委托船员蒸熟的铁棍山药，那家伙请金尼阁吃他带的杭州麻球，两个人无话不谈。那家伙注意到金尼阁的书，很感兴趣，几次想要问起，但金尼阁总是岔开话题，谈起普罗旺斯的薰衣草和地中海花园，那家伙似乎明白那本书很秘密，就不再提起。

那家伙住金尼阁隔壁包厢，金尼阁不爱串门，那家伙却常来金尼阁这里。金尼阁每次听到敲门声就把书藏好，但有一回，那家伙还是在金尼阁枕头下瞅见了书的一角，这越发让他感到神秘。

为了客人睡觉安全，船上包厢门里面都有挂钩，外面打不开。金尼阁一天早上醒来后，发现那本乐理书不见了，门上挂着挂钩，无人能进来，会不会从窗口掉到海里了？

书丢了之后，金尼阁惆怅了好多天，隔壁那家伙看到他不开心，就递给他那时刚流行的雪茄。金尼阁从来不抽烟，此刻也点上一支抽了起来，可见他有多么惆怅失落！

"我丢了一本书。"许久，金尼阁对那家伙说道。

"是一本什么书？很难得吗？"那家伙问道。

"也不一定多难得，我只是珍惜友情罢了。"金尼阁突然轻描淡写地说。

那家伙回到自己包厢，挂好门钩，拿起那本书，轻轻翻看着，精美的蓝色书皮上用隶书写着六个大字：忘物公子诗集。他得意地笑了起来，这一定是一本畅销书，回头翻译一下在法国出版，一定赚大钱！

下船前收拾东西，金尼阁才在包厢的小床下木板缝隙里找到那本朝思暮想的书。金尼阁有一位搞音乐的朋友，他曾经欠那音乐家一个人情，他决定把这本乐理书作为礼物送过去。

果然，那个一头卷发的年轻音乐家看到从东方来的乐理书，给金尼阁说了一百声谢谢！

那个一头卷发的音乐家，几十年后有一个孙子，叫约翰·塞巴斯蒂安·巴赫。一天，巴赫翻看从未谋面的爷爷留下的东西时，发现了一本来自东方的神秘古书，上面写了行汉字：音律王子书。据说是旅居东方的金尼阁先生赠送给他爷爷时，自己写上的。

我为什么写小小说（创作谈）

一个人只拥有今生今世是不够的，他还要有诗意的世界。

我选择了写作，写作让我进入了诗意的世界。

随着生存压力越来越大，人们距离诗意越来越远，能够静下心来看一部严肃文学类的长篇小说的人已经少之又少了——虽然能够写出一部长篇小说的人越来越多！即便喜欢读书的人，也因为快节奏的生活，往往是浅尝辄止。而小小说却开始融入人们的日常生活。

好的小小说不仅有深刻的思想，还有丰富的智慧和美妙的诗意，实在是高层次阅读和深层次阅读的首选。小小说是严肃的，也是有趣的。

我向往的好的小小说是诗意和幽默的结合。诗意与幽默是理想人生必不可少的两样。尘世难逢开口笑，诗意幽默的小小说在帮助人们抵御低俗、抵御生活中的无聊无知无奈时起到了重要作用，让人在繁忙的生活中看到一抹亮色，得到一种希望——实在是缓解疲劳、提神醒脑、修身养性、延年益寿、老少皆宜、居家旅行……生活必备之物。

写作的社会目的是让人阅读，写出来的东西没人看是写作者的悲哀。小小说在短暂的阅读过程中让人得到启迪，得到智慧，身心愉悦。所以我说：小小说融万象于一眸，纳大千于刹那！好的小小说就是小说中的核武器！

严肃文学一样可以写得更好看，严肃文学不一定要板着脸。让读者享受阅读过程，拒绝千人一面，给人耳目一新，是我的写作初心。我喜欢在小小说里创造一个崭新意境，突破审美疲劳，获得阅读享受！

　　一个写作者的精神追求一定要高。首先要知道如何写才是好，读到一篇好的小小说要明白好在哪里，弄清楚作者是如何写这么好的，拥有了正确的审美就掌握了正确方向，就会把小小说越写越好。

　　写作者要不断地反抗自己的固有思维，不断突破局限挑战极限，不断让思维去冒险，让语言去冒险，无限风光在险峰。有些文字在绝壁处呈现的美，会令作者自己都惊叹。作家要有虚构的能力，虚构是小说能够成为一门手艺的基础。虚构最主要是依靠想象力。每个人的个体体验非常有限，生活大多数时候都千篇一律，很多人会在面对这种重复的生活时麻木起来，产生审美疲劳，觉得自己已经资源耗尽，无物可写了。所以说，要多读书，在书中汲取营养，展开想象，激发灵感，思接千载，神游万里。不要让一种表达方式束缚住自己的思想。要认真写一些有烟火气接地气的东西，也要认真写一些接近星空接近梦境的东西。

　　我希望有一天，有人对我说：喜欢你，不是因为你有车有房，不是因为你长得帅，而是因为，那天阳光很好，你穿了件白衬衣，兜里揣了本小小说集！

灵感与想象力（评论）

杨晓敏

　　幽默风趣的语言，想落天外的佳构，妙手偶得的灵感，古今题材荒诞式的穿越，加上无缝衔接的悬念，似乎构成了陈小庆的小小说标签。即使遮去作者的名字，也能读出这种标志性的陈氏风格。旧时公子小姐，今日小商小贩，爱情友情，世态百相，能将故事讲得妙趣横生、引人入胜，体现了扎实的基本功。在众多小小说作家中，陈小庆的创作自有其独特魅力。

　　仙侠小说，最早可追溯到魏晋、六朝时期盛行的神话、志怪小说，是武侠小说的源头之一。仙侠作品与武学、道学融合，渐成仙侠文学。民国时由于报刊的兴起，仙侠作品逐渐兴盛。与传统的武侠小说相比，仙侠作品中融入了神、仙、人、妖、魔、鬼等元素，写作过程中天马行空，尤见虚幻缥缈。由于网络文化的勃兴，神奇玄幻的小说创作应运而生，因此也受到青年读者的喜爱。

　　陈小庆的《飞仙记》，乍读似乎就是一篇纯粹的古典仙侠作品。在这篇小小说中，作家融仙侠元素和爱情故事于一体，将一段爱恨情仇写得荡气回肠。主人公是被誉为飞仙的蝙蝠侠苏炽，为了寻找自己的心上人小慧，苏炽不惜与恶魔首领进行了一场恶战，冲破重重艰险取胜，将恶魔首领封印于火鼎之内。极有意味的是，苏炽打败了万恶的恶魔首领，最终却被人类轻易捕捉，最后，他和心上人及他的同类在人类的餐桌上木然相见，而被人类在无意中放出的恶魔首领，却在得意扬扬，摩拳擦掌……

人为万物灵长，与大自然中的万物到底该如何相处？有责任感的作家，都曾为此思索探讨。人类面对大自然缺乏敬畏之心，滥捕滥杀，无度地掠夺破坏大自然，已多受惩罚与报应。作者将一个严肃而沉重的主题，借一篇趣味横生的仙侠作品来表现，让读者在享受故事带来的刺激之时，引发诸多思考。

《幸福的瓷器》的灵感之源，或许就来自一件博物馆的宋代瓷器。时隔千余年，当初烧制它的松明大师早已走进历史深处，它呈现给后世的也不过一副冰冷的面孔。讲解员的简单解读，无异于牵强附会的照本宣科。但这一切却似一道闪电，刹那间照亮了作家创作的视野，令其脑洞大开，循着瓷器上漫漶不清的图案——"穿红围裙，系着绿飘带的女子"和一束野花，作家慢慢回溯，渐渐地将一段沉睡了千余年的故事用诗意之笔复原开来。作品通篇弥漫着一份淡淡的诗意与感伤。松明在与师父找瓷石的途中邂逅了美丽的少女，少女如惊鸿一瞥铭刻进松明的生命，从此再也难以忘怀。松明把所有的情愫倾注于手中的瓷器，用一生的心血与守护，终于等来了瓷画少女千年沉默之后的一声美丽尖叫，那一定是今人与古人心意豁然相通，所发出的感天动地的爱情绝唱。"世间好物不坚牢，彩云易散琉璃脆"，唐代大诗人白居易的慨叹令人落寞怅然。故事扑朔迷离，唯美的语言，巧妙的构思，恰到好处的留白，朦胧华美的意蕴饱含人生况味，读来心旷神怡，余韵悠长。

《避雨开封府》写的是旧时考生孙山带书童王九进京赶考，中途遇雨避雨，与一大家小姐相识并受其资助的故事。才子赶考落魄，佳人倾囊相助，然后演绎一出悲欢离合的爱恨情愁。此类题材，自古至今长写不衰。难能可贵的是，陈小庆把眼下的世态人情植入古典的故事模子，以才子艳遇佳人的传统故事，来揭露讽刺现代人爱情世界的拜金实用主义。在作品形式上已让人眼前一亮。行文中，语言或文或白，文白夹杂，时而古意盎然，时面穿插现代流行语，插科打诨，幽默丛生，读来让人忍俊不禁。

《寻找小三》也是一篇形式新颖的幽默讽刺小品。"爱末恨初年间，我到长安找小三。"作品一开头，就为读者设置一个新奇意境，"爱末恨初""长安""小三"，无疑都是吸引读者眼球、能勾起读者阅读兴趣的词汇元素。在这篇小小说中，陈二"骑着瘦驴，扛着一枝从灞桥折来的梅花"到长安城去寻找小三，只为小三欠他五两银子。在这个过程中，陈二不但没有找到小三，反而接连遭受老鞋匠、锁匠、木匠的欺骗与抢劫，最终连自己也迷失，找不到自我与归路。

该文的每一个道具，每一个人名、地名，每一个情节、细节的设置，都是作家匠心所在，都有深刻的内涵隐匿其中。譬如文中陈二肩扛一枝灞桥梅花，可追溯至南北朝诗人陆凯的《赠范晔》："折花逢驿使，寄与陇头人。江南无所有，聊赠一枝春。"古人折梅寄友，以递绵绵真情。作家笔下的朋友却为五两银子而销声匿迹断绝往来，不正是对现实中某些人际关系的一份无情影射吗？文中的"长安"则是眼下这个光怪陆离的大千世界的一个缩影。鞋匠、锁匠、木匠这些传统的手艺人在人们的观念中常常代表着朴实、忠厚、诚恳、善良，在这篇小小说中却都摇身一变，变成骗子或者抢劫者，就更让人觉得世风日下、人心不古。以幽默甚至有些荒诞不经的故事外壳，来寄予作家对社会的深刻洞察与隐忧，这其实是一篇笑里带泪的小小说作品。

《宋代屋檐》是一篇写得极富诗意的小小说，当然也不脱作家的幽默本色。这里却是一份善意的幽默，其中更多的是作家对主人公的怜惜与悲悯之情。故事围绕一对在亭子下避雨的年轻恋人展开，以对话的形式慢慢铺展情节。这对年轻人对爱情与未来的婚姻充满美好的憧憬，渴望在那一排宋代屋檐下生儿育女，过一份平凡又幸福的日子。"下雨了听雨，下雪时赏雪，不用去机关里看领导脸色，不用愁还房贷……"在一对现代都市年轻人的眼中，屋檐是一个充满诗意的词汇，是他们逃避现实风沙的避风港，小小说的结尾却来了一个惊天逆转，那样诗意的所在，竟然是仿古街上的一个公共厕所。作品至此戛然而止，风趣之中暗含辛酸。余味却让人咂摸不尽。现代都市年轻人生活的艰辛与无奈，理想与现实的巨大落差，从此可窥一斑。

在《可爱的豆腐》中，作家对人性的刻画可谓入木三分。作品采用传统写作中的误会法，由一篇新闻报道，自然而然引发后面的故事：两位出身、经历全然不同的老同学，十几年后收获了不同的人生——少时家境贫寒以卖豆腐为生的宋云，摇身一变成为把豆制品生意做到海外的大老板，家境不错的苏文却沦为小富即安的普通职员。作家巧妙避开这一类略显套路的写法，悄然扭转故事走向——当得知报纸上的宋云并非自己的老同学时，苏文如释重负，心安理得地回归自己的旧生活。这样的结尾，如针尖蜜刺，直刺人的心窝。苏文非个例，社会上如苏文心怀妒忌、盲目攀比又不肯脚踏实地努力者，比比皆是。

《碗底香》关注眼下农民工的命运，从一顿午餐上的一碗牛肉面说开去，切入点极细小，却通过细腻的心理描写与细节刻画，将一位老农民工的苦乐悲欢融入其中。全篇以一碗牛肉面为线索，情节在现实与主人公的回忆中自如转换推进，完成对人物的塑造与刻画。写的是小人物，小人物过的是平凡的底层生活，小时候吃饭会把最好的留在最后，成年后也勤勤恳恳、乐观向上，努力为儿女的幸福而奋斗。结尾处的包袱，有点让人哭笑不得，主人公一直舍不得吃留在最后的一块"牛肉"竟然是一块方方正正的姜，主人公五味杂陈……作家对农民工的同情与敬重，通过一碗面中的一块肉来体现，可谓以小见大，言近旨远。文学写作离不开对人性的展现，或美或丑，或褒或贬，对人性抒写的深度，体现着一位作家对社会与人生、人性的洞察力。

灵感于写作者不仅是一种意趣骤起的冲动，还是一种本质上的创新元素，既是心理现象，也是行为方式。积累的生活素材在作家笔下，因触动灵感常有神来之笔，而艺术的空间一旦打开，想象力则会让思绪飞翔为七彩霓虹。陈小庆的创作风格和艺术追求，可谓互为印证。

胡天翔

　　胡天翔，1978 年生，河南新蔡人，河南省作家协会会员。作品散见于《百花园》《阳光》《安徽文学》《鹿鸣》《四川文学》等，多篇被《小小说选刊》《微型小说选刊》等刊物转载。出版长篇小说《避雷针》。乡村字典系列小小说获得《百花园》优秀原创作品奖、《小小说选刊》优秀作品奖、河南省小小说学会双年奖。

书

"石头，去把书送给曹秀秀！"

自行车停在池塘边，田大伟从提兜里掏出本书递给我。

一入高中，田大伟如秋天的高粱，越蹿越高；我却像棵哑巴杆，同样风吹日晒，个子总不见长。高大壮实的田大伟总把又瘦又矮的我当作他的跟班。田大伟让我去给曹秀秀送《一帘幽梦》，我只得屁颠屁颠地拿着书沿池塘向西走。

走过池塘往北拐，就是曹秀秀家。曹秀秀中师毕业，刚刚分配到陈店中学。院门开着，曹秀秀和她母亲在捯花生。院子的东墙下有一垛花生秧子。曹秀秀的母亲坐在马扎上，曹秀秀坐在小凳子上，两人中间搁个细筐，身后扔一堆捯过的秧子。我抖抖大门的锁链，曹秀秀才看到我："小石，咋没去上学？来帮俺捯花生吗？"

"去上学哩，田大伟让俺给你送本书。"

从筐里捧把花生，曹秀秀走到门口。"给！"曹秀秀把花生递给我。左手有书，我用右手抓了几颗。曹秀秀却让我支开左侧的裤兜，把花生都塞了进去。接过书，曹秀秀翻起来，书里掉下一封信。粉色的纸，叠成心形，是田大伟写的情书？我捡起信递给曹秀秀。曹秀秀又将信夹进书里塞给我："小石，我不看田大伟的信，不准你替他送书！"

曹秀秀转身进了院子。坐到凳子上，曹秀秀捯下一把花生，用力扔进筐里。一颗颗花生在筐里跳跃。曹秀秀的母亲看看女儿，又看看我，目光如刀。我拿着书愣愣地站在门口，曹秀秀大声说："杨小石，你还不走？木头人哪！"

我像听见枪声的兔子一样跑了。气喘吁吁地跑到池塘边，我把书还给田大伟："你的情书掉了，曹秀秀不收！"

"书给她你就走呗！真够笨的！"

"你没说书里有情书啊，她娘在哩！"

曹秀秀吵我，田大伟说我笨，我招谁惹谁啦。我骑上自行车走了。出了村，田大伟说曹秀秀要端上铁饭碗了，眼光高看不上他！我说曹秀秀读两年中师，也许有男朋友。哎！哎！两个人慢慢蹬着车子向前走。裤兜里的花生鼓鼓囊囊地硌人，我右手扶着车把，左手伸进裤兜掏出一颗花生，捏烂壳子把花生仁扔进嘴里。新花生滚圆饱满，嚼起来微甜有汁……

又一个周六的黄昏，我躲在池塘西边的树林里，坐在一棵皂角树下看温瑞安。看了三分之一，手中的《温柔一刀》却被人抢走了。谁？我惊慌地站起来。抢书的曹秀秀笑得弯着腰说："小石，藏起来看武侠小说呀！"

"没事瞎看，不用你管！"

"没事？马晓丽说你英语偏科，你咋不补补哩？"

"马晓丽还说啥？她的数学也不好！"

"马晓丽说你给女生写情书！"

"俺给谁写情书啦?！她瞎说！"

"看你紧张哩，姐诈你哩。"

"你又不姓杨，不是俺姐！"

"你小时候想看俺哥的画本，没少喊姐哩！小石，喊声姐！"

"……"

"小石，你不喊姐，书不给你。"

"租的书，三天一毛钱啊！"

"不喊姐，明天中午还你！"

"你……哎！"

第二天中午，我正端着碗喝面条，曹秀秀来还书了。村委曹会计的千金来了，母亲忙着搬椅子，冲红糖茶。三两口吞完面条，我接过曹秀秀拿来的书：《温柔一刀》和《英语词典》。曹秀秀还给我十块钱，让我替她买路遥的《人生》。

下午进城，我拐到新华书店买《人生》。夜自习，我捧着《人生》正看呢，班主任王萍从教室后门进来了。我看得太入迷了，连王老师高跟鞋踩出的嗒嗒声都没听见。王老师伸手抽书，我拽着书不丢。田大伟用胳膊肘捣我，用脚踢我，我才抬头看见是王老师。上周三，因看《温柔一刀》，我刚写过保证书哩。我低着头等着挨训，王老师却将书轻轻地搁在桌子上说："《人生》可以看，比武侠小说好！"王老师都说好，那就接着看吧。看到夜自习放学，看到寝室熄灯，看到巧珍出嫁，看到高加林抓两把黄土跪在地上痛哭，我摁灭手电筒，躺在被窝里流泪……

星期五吃过晚饭，我给曹秀秀送书。在池塘边的柳树下，我讲了看小说被老师抓着的事。曹秀秀说得感谢《人生》，要是还看武侠小说，又得写检查。曹秀秀还说英语阅读主要靠词汇量，让我多背单词，别辜负她的《英语词典》。也许是月照池水清，也许是夜静轻风柔，曹秀秀的话听来是句句顺耳，字字入心。

听曹秀秀的话，我不但记课本上的单词，还背《英语词典》，不会的难题回家向曹秀秀请教。高二期末考试，我的英语第一次考了一百分。田大伟的成绩倒是很稳定，语数外政史没有一门及格。高三会考结束，田大伟跟着亲戚去深圳打工了。他的高中毕业证还是我代领的。

一九九五年的秋天，我考上 Y 城师专，马晓丽被 Z 城财院录取。开学前一天的中午，曹秀秀请我和马晓丽在陈店西街的老闫面馆吃饭。十瓶啤酒聊着喝着，三个人喝到了下午三点。曹秀秀去结账，马晓丽对我说："杨小石，秀秀是俺最好的朋友，你要欺负她，俺可不饶你！"

我会欺负曹秀秀？看来马晓丽是真喝醉了。马晓丽家在北街，也不让我们送，她推着自行车走了。我骑自行车带曹秀秀回杨楼。喝了酒，公路上车又少，我蹬着车子向前飞。曹秀秀不停地捶我的背，让我骑慢一点。不一会儿，我们就进村了。到了池塘边，曹秀秀跳下自行车，从挎包里掏出本书递给我，低着头快步走了。曹秀秀的脸红得真像熟透的苹果。

那本书是《人生》。翻开书，我看到一张红色的贺卡。贺卡上有一行清秀的小字：小石，祝贺你，记得给姐写信……

琴

麦忙不算忙，就怕豆叶黄。

秋天的田野色彩斑斓。红的辣椒、高粱穗，绿的玉米叶、红薯秧，黄的豆秧、花生秧，黑的芝麻秆，还有盛开的白棉花。收秋都是慢活儿，得按顺序一样一样地干。芝麻、黄豆先熟，拿镰刀把它们一棵棵割倒，芝麻秆捆成把立在晒场上，黄豆秧在晒场上摊开、铺平，让日头烤它，让热风吹它。高粱穗、玉米棒、红薯熟得晚，让它们再晒点阳光，吸收点水分。秋庄稼缠人，要耐着性子，忍着劳累，想着给老人看病，给儿子盖楼房，给孙子买奶粉，弯着腰、蹲着腿甚至坐着跪着，也要用手、用镰刀"擦掉"一块块的"色彩"。

二亩地的芝麻割了，二亩地的黄豆割了，花生秧子黄了，他跟着父母去东地里薅花生。半天薅个地头，屁大点的地方。晒场里有芝麻要打，豆秧也要拢起来，父亲和母亲去了晒场。他站起来扭扭身子，捶捶腰，揉揉腿，赌气似的拽着一墩墩花生秧子拔出花生果，抖抖泥土，在地上摆成一溜。

天黑了，他才回晒场。母亲已回家做饭，父亲头上戴着矿灯，在灯光里垛芝麻秆。芝麻已打过了，厚厚的布毯子上落满了芝麻和梭子，他和父亲抬着毯子放进麦秸垛后的小棚子里。芝麻秆垛好，豆秧拢成堆，晒场里的活儿不多了，他先回家吃饭。

吃过晚饭，他从套间书桌上拿起一个小盒子装进裤兜，抱着被子去了晒场。交代他夜里睡觉警醒些，父亲就回去了。摁灭矿灯，他斜躺在豆秧堆上，看天上的星星。夜空高远，星星像芝麻粒一样从天幕里挤出来，越闪越密。大地寂然，近处草棵子里有几只蛐蛐低吟，远处红薯地里有蝈蝈高歌。他掏出裤兜里的小盒子，掀开盒盖，拿出一把口琴。他轻轻地噙住琴孔，缓缓地吹起来。躺着吹累了，他就坐起来吹、站起来吹、来回走着吹。琴声吓得蛐蛐静了音，他还循着蝈蝈的叫声，到红薯地里去吹，吹得蝈蝈闭了嘴，吹得露水湿了头发，他才钻进棚子里。把口琴塞进盒子里，他脱掉外衣，用被子裹着自己，沉沉睡去……

九月的夜晚，只要不落雨，他就来看晒场。

收罢秋，耩下麦，父亲闲了，乡亲们也闲了，他们来找父亲剃头。来早的坐在高条凳上剃头，来晚的坐在小椅子上等着，再来的抓把花生秧子垫着坐在地上。乡亲们来了，剃头的剃头，吸烟的吸烟，不吸烟的聊天，剃头的和吸烟的也插话，院子里很热闹。

吱——他拉开套间的门出来了。院子里安静了。大家都盯着他，没人说话，连正刮脸的人也扭头看，要不是父亲收刀快，这个人的脸上就划个刀口。来剃头的人，和父亲年龄差不多，大多数不认识，他就对着认识的人喊：邢老师、白爷爷、曹大爷，您来剃头啊！打过招呼，他奔向屋后的厕所。放完水，他回到屋里，听见他们和父亲的对话：

一民，亮子大学毕业了？

唉，毕业啦！

一民，亮子找工作了吗？

唉，不好找啊！

一民，让亮子先去村小学代课嘛。

唉，不听话啊，小学缺老师时不愿意回来。

…………

父亲叹一声，他的心揪一下。邢老师是他读小学的老师，教他两年语文课。曹大爷是村委的老会计，教他下过象棋。白爷爷是会算命的盲人，握一根竹竿走遍十里八村，给他摸过手相，说他能考上大学。一九九八年的秋天，他收到大学录取通知书，父亲还放电影庆贺，请他们来喝喜酒。他们夸他聪明好学，羡慕父亲供养出村里的第一个大学生。大学毕业实习，父亲打电话让他回家，去村小学代课。那时，他想当记者，在《Y城晚报》实习，不愿回家。三个月的实习期过了，报社领导对他说不招人，带他的石平老师鼓励他考公务员。准备一个月，他考过笔试，背着被子回了杨楼。

他不愿见村里人。他不想听父亲的叹息，他想躲到没人的地方。

白天，走过干枯的池塘，他躲进村后的树林里看书。树林后面有菜园，有人来菜园里摘菜看到他，也问，毕业了吗？找到工作了吗？他胡乱搪塞。小孩子也问，大城市的楼真有大树高吗？火车真像电视里的那么长吗？他不知道孩子们的名字，也不知道谁是他们的父母。他鼓励他们好好学习，考上大学就能进城了。考上大学也不分配工作，俺爹说净浪费钱，还不如打工哩！一个读初中的孩子说。他竟无言以对。

夜晚，拿着公务员面试书翻了几页，他拿着口琴出了门。他先是在自家屋后吹。口琴一响，杨小镰家的黄狗便汪汪地叫起来。乡村的夜晚，狗叫声是会传染的。一条狗叫，一个村子的狗都叫。狗叫声此起彼伏，他吹不下去了。走过干枯的池塘，走过一小片竹林，他来到村后的树林里。口琴声被树林一挡就散了，被风吹到竹林就消失了，不干扰狗耳朵了。他握着那把二十四孔的敦煌牌口琴，轻轻地吹起来。吹种种旋律，忧伤的、低沉的、激越的；吹一首首歌，《梁祝》《大海》《新鸳鸯蝴蝶梦》……

吹口琴真好。哆咪唆是吹气、唻发拉西是吸气。一吹一吸，吐气吸气，他的忧伤、他的烦闷、他的迷惑，都随琴声流淌而去。吹累了，他靠着高大的白杨树，什么也不想，仰望着天上的月亮发呆……

没人来剃头，父亲有时会去杨小镰家打牌。杨小镰开个小卖部，村里的青壮年都出去打工了，只有老人们会去小卖部打扑克、打麻将。输赢不大，一块两块，熬个时间。一天下午，邢大国、杨大响和父亲等人哩，邢豁子叼着烟卷来了。邢豁子嚷着打麻将。邢豁子嘴不豁，嘴碎，爱吹爱谝，嘴不把门。连和了两把，邢豁子吐出一口口烟雾，又吹开了。

一民，别让你儿子晚上在树林里吹口琴啦。

嗯，咋啦？

昨晚俺去菜园掐菜，以为女鬼在哭哩，吓死人啦。

他心情不好，你个大男人怕啥。

一民，你给儿子找份工作嘛！要不你给俺买两条好烟，俺给你介绍个门路？

中！中！你操心啦，改天请你喝两杯。

邢豁子快五十了，光棍一条，整天混吃混喝的，父亲才不信他。不过，邢豁子的闲话，挠拨得父亲心烦。有人来了，父亲就把位子让给人家，甩着两只手，气呼呼地走了。去庄稼地里转一圈，父亲回家进了套间。他坐在书桌边看书。他看看父亲，父亲看看他。父亲盯着桌子上的口琴说："夜里别去树林里吹了，人家说闲话。"

他看着父亲，父亲黑着脸看着口琴。放下书，他拿起桌子上的口琴塞进抽屉。

明天或者后天，笔试成绩该出来了吧？

棋

过了腊八，打工的人陆续回家了，杨小镰的院子里也日益热闹起来。

杨小镰开个小卖部，卖油盐酱醋糖果，也卖鞭炮烟酒礼品。一到年底，村里人来玩扑克打麻将推牌九，赌钱赌烟赌瓜子。打牌的人围着桌子坐一圈，看牌的人挨着打牌的人又站一圈，从杨小镰家的二楼向下看，院子里就像长了四五个大蘑菇。打牌的人爱吸烟，看牌的人爱起哄，蒸腾的烟雾和热闹的欢笑声在院子里飘荡。

他知道杨小镰家很热闹。半个村子的人都能听见一阵高过一阵的哄笑声。腊月二十二上午十点，他掂着一塑料杯开水出门了。他不去杨小镰家凑热闹，是去找老曹下象棋。天空雾蒙蒙的，脸冷手冷，风还像蛇一样从领口、裤脚往身上钻。走过干枯的池塘，穿过竹林，向西走五十米，就到了老曹家。

杨树已经来了，正在堂屋里和老曹下象棋。两人脚边烤着一个枯树根，红红的火焰噼噼啪啪地响着。屋子里挺暖和，有烟并不呛人。看了一眼，他知道杨树要输了。老曹执黑，一车领着两个过河卒在进攻，杨树只有一马一炮一士在防守。老曹下棋善用小卒，过河卒横排前拱，如车般威猛。果然，走了三四步棋，黑车站底线，双卒破士又逼宫，杨树收棋认输，让他和老曹较量。

杨楼有五个人会下象棋，曹永军、杨树、杨小石和他，他们的象棋都是跟老曹学的。曹永军是老曹的儿子，杨小石后来成了老曹的女婿。杨树和曹永军是童年的伙伴，老曹夸他比自己儿子聪明。初中没读完，杨树因家贫辍学，从掂泥兜子到掂瓦刀到建筑队的小工头。曹永军没考上大学，去陕西当兵考军校，会开坦克呢。两年前，曹永军转业到县武装部，现在是古吕镇武装部部长。

老曹叫曹红志，今年七十了，不爱串门不去打牌，爱看报纸杂志听收音机，没事在庄稼地里转转，逢集就到陈店街上看看。十四年前，老曹是王庙村委的会计，戴副老花镜，胳膊弯夹一个黑色的公文包，常常一个人走在王寨和杨楼间的小路上。

老曹不爱和大人说话，喜欢爱学习的孩子。发新书了，他去村委找老曹要报纸包书皮，老曹放下手中的钢笔，拿刚看过的报纸给他。村委有个小食堂，老曹中午有时不回家。中午去校早了，校门没开，他去村委跟老曹学下棋。小学学了三年，老曹让他车马炮。初中，老曹让他一个车。高中，老曹让他个炮。老曹还教他下残棋。九宫格里，老帅位中间，对手对角两个车、两匹马，步步都要将军，六步之内将死老帅。老曹教他的这个残棋，中文系的象棋冠军范洪峰演练半夜才破解。

"亮子，邢豁子在牌场说面试时人家问你树上有七只鸟，一枪打死了三只鸟，问你树上还有几只鸟？你回答说还有四只。是真的吗？"杨树问。

"面试不考脑筋急转弯，邢豁子不懂瞎说。"他说。

"邢豁子嘴里能跑火车，他是谝自己能哩。"老曹说。

"找工作恁难啊，等俺大福毕业后找工作不是更难？"杨树说。

"车到山前必有路，杨树你别担心，大福总比你掂瓦刀强哩！"老曹说。

"亮子也别灰心，一会儿永军回来了，你俩聊聊！"老曹说。

嘟——老曹话音刚落，院子外面传来汽车喇叭响。院门打开，曹永军回来了。院门口停一辆黑色的轿车。"曹部长回来了，咋没带司机哩！"杨树笑着说。曹永军从兜里掏出帝豪烟，抽一根递给杨树说："明天就是小年，接俺大进城哩。"曹永军给他递烟。他没有接，摇头说不会吸烟。

曹永军来接老曹了。看看棋面，老曹是一车一马两小卒、士象双全，他是一炮双马，仕相各一。他收棋认输。"棋没有下完，算是和局吧！"老曹淡淡地说。收好棋子，老曹进西间收拾东西。他把燃烧的树根搬到院子里，杨树浇上一瓢瓢井水，升起一股股蒸腾的烟雾。

"亮子，你的事俺大给我说了，你在报社干过，镇里也缺个写稿子的人，镇长说一个月五百块钱，你回家和一民叔说说，中的话，过了年去县城找我吧。"曹永军说。

"有啥商量的，有活儿先干着，骑驴找马嘛！"杨树用脚踢他。

"谢谢永军哥，俺爹正发愁哩，俺就怕干不好。"他说。

"亮子，现在都是逢进必考，学习不能丢啊！"曹永军说。

"亮子，要有小卒一步步往前走的韧劲儿，接着考嘛。"老曹说。

他和杨树频频点头。老曹的衣物收拾好了，曹永军掂着一个大包袱装进了车里。老曹拿起桌子上的象棋说："象棋也带上吧，过了年，你娘不会让我回来了。"

"俺娘不放心你！你去了，俺娘也有伴儿说话啊！"曹永军说。

"曹叔，您去正好教孙子下棋，您的棋艺得往下传啊！"杨树说。

"人家打牌咱下棋，都是玩的。杨树、亮子，进城别忘去看我，咱还下棋！"老曹说。

站在堂屋门口，老曹的目光在院子里扫一圈，走出了院子。锁上院门，曹永军发动车子。老曹拿着象棋坐进车里，对他和杨树摆摆手。他和杨树静静地站着，看着车子缓缓地驶出村子……

二○○二年的冬天，杨楼最后一个知青回城了。

故乡：一个叫杨楼的村子（创作谈）

一个叫杨楼的村子，村里有一口水井。那清清的井水，滋润过男人的喉咙，洗净过女人的泪水。后来，井水越来越浅，越来越浑，深深的井坑被填上土，栽上一棵白杨树，长得枝繁叶茂。

一个叫杨楼的村子，村里有一片池塘。植藕栽荷，清清碧波是鹅鸭鱼虾蚌螺的家园，是孩子们夏日的洗浴场、冬日的滑冰场；后来，池塘的水干了，干枯的荒草举着五颜六色的塑料垃圾，在风中摇摆。

一个叫杨楼的村子，村前有一条河。河小得没有自己的名字。河水静静地流淌，流进汝河，流进淮河，流进大海。这缓缓流淌的河水曾带着无数少年的梦想奔向远方。逝者如斯，风在河底盘旋，它吹不动一粒水珠，却在冬日搅起一条火龙沿着河沟蔓延。

这个叫杨楼的村子，曾经竹林茂密，杂树绕屋，牛羊成群，在从牛耕田镰割麦到机器轰鸣麦粒归仓的时代变迁中，生活着崔秀秀、崔猴子、田小花、杨大树、杨铁头、杨红旗、亮子、丽子、麻子爷爷等普普通通的村民，他们体会着生活的艰辛与沉重，品味着生活的欢乐和忧伤，他们的言行举止闪烁着坚忍、勤劳和善良的品格！

是的，这个叫杨楼的村子就是我的故乡。杨楼，豫南平原上一个默默无闻的村庄，只在以新蔡县城为中心的地图上，才有那么小小的一点。而我之所以一而再，再而三地写到杨楼这个村子，是因为相信文学创作中的一个观点：熟悉的地方有风景。

　　是啊，对不善于虚构故事的我来说，很多作品都是由自己熟悉的人和事"变形"来的。而我最熟悉的莫过于杨楼这个村子了。每当我写到杨楼时，那些踩着鸡屎喂豆子的鸡，在大锅中冒着热气的蒸红薯，夕阳下缓缓走着的老黄牛，铡刀下四散的青草香，浮在池塘水面上吸氧的鱼，乡间小路上骑自行车的人，如蘑菇一般聚集的打牌人……他们挟着杨楼特有的声音、动作、气味拥来，牢牢地吸引着我的目光。

　　而选择以一个字做标题，我最初是想借助"一个道具"来怀念难忘的人和物。《犁》《耧》《耙》是纪念乡村消失的农具，《井》《塘》《河》是写滋润村庄的清水，而《锅》《夯》《梁》则是我对故乡消逝的生活情景的还原。这些作品总体上是记述，是回望，它们虽能唤起熟悉农村题材的读者共振和回忆，却不能让读者对乡村生活有更深刻的回味，带来形而上的思索。关于创作，我也不想沿着模式复制下去。以后怎样写，我在思索后尝试着进行改变。《猪》《牛》《羊》写了人跟家畜之间的关系，在靠几亩地自给自足的年代，家畜让乡亲们能抵抗不大不小的灾祸，免于悲观绝望。《麦》《豆》写了人和人之间的关系、人和粮食之间的关系，麦子的重量让乡邻超越隔阂互谅互助，豆子的珍贵更显姐妹亲情无价。《雾》《雪》主要想写一个少年如何面对人生的迷雾，在岁月的风雪中成长。《书》《琴》《棋》写读书人在乡村的生活：下乡知青、20 世纪 90 年代毕业的中专生、21 世纪的大学生，他们在不同时期，有着不同的经历和命运，而面对困难的坚韧则是他们共有的秉性。

　　穿梭在城市的街巷，凝视故乡的草木，让我更清晰地"看见"故乡的变与不变。人和土地的关系，时代变革对村民的影响，我会继续思索，将用笨拙的笔记下杨楼的故事和传奇。

　　这个叫杨楼的村子，她是我的故乡，也是你的故乡……

化开时光的颜粒，复活故乡远去的"日子"（评论）

余诗君

　　十二年前吧，我还在某大学读研，偶然翻到胡天翔的博客，读到他发在《阳光》上的短篇小说《月光白羊》，里面写到喝红薯稀饭、刷锅，还有杀鸡的情景。这不就是我故乡的生活场景嘛？忍不住留言，后又加他为QQ好友，知道对方真是驻马店人，还和我一个县，乡挨着乡呢，妥妥儿"纯老乡"啊！因为"纯老乡"，我也断断续续地阅读了他的"乡村字典"系列小小说。

　　我很羡慕那些拥有代言人的地域。如贾平凹之于陕西，池莉之于武汉，毕飞宇之于苏南地区。我也曾有书写故乡的作家梦。听老人们讲过千奇百怪的故事，阅读过志怪小说鼻祖干宝（新蔡人）的《搜神记》，可是我的梦因没有坚持或没有找到方向而作罢。但这种遗憾却因阅读胡天翔的"乡村字典"系列小小说而得以弥补。"乡村字典"系列小小说是豫南平原上生长出来的，带着故乡独有的声色气味、人情世故。作者就地拾一块土坷垃，用手指捏碎，吹吹故乡的风、喝喝故乡的水，就写出一篇篇带着土腥味、草鲜香的小小说。每位作家呈现的方式是不能效仿的，"乡村字典"系列小小说形式上像韩少功的《马桥词典》，却没有深山峡谷里那种妄惶鬼魅的气氛，而是带着平原土地的温厚与坦阔：情景化地描摹故乡土地上的井塘河，人情化地讲述故乡人的锅夯梁，甚至有时只用淡淡的笔触就勾勒出故乡的雨雾雪……

　　犹记得读《井》《塘》《河》，我在图书馆自习室里激动地敲着键盘，向老乡谈论着感受："从水到火，你写出了那个生机氤氲的乡村的灵性渐死的过程……"那时，我对故乡正充满绝望。村民的日子富裕了，物资也丰富起来，靠自然生态循环的乡村没有垃圾处理设施，加上地下水位下降，干枯的沟沟塘塘成了农村天然"顺手儿"的垃圾场，往村外走一走，满眼是旧衣服、烂鞋子、塑料袋、农药瓶，还有新建起的养猪场、养鸡场，排入的粪水塞满了故乡的小河，那曾经流淌着清澈溪水的小河，变成平原上一个个腐臭的伤口。

曾经的乡村，水是什么样子的呢？在《塘》中，会吹口琴的四叔高考落榜了，他借着月光跳进清冷的水塘里扎几个猛子，就洗掉了心底的愁闷；在《河》里，映着水草的清流中曾有过多少生灵啊！那条游得悠然、神秘的大鲇鱼，就像是乡村自然之魂的化身。在结尾，看到作者用一把火烧掉这条令人绝望的故乡的河，我大感畅快。

而《猪》《牛》则让我看清了故乡的肌理。我总觉得费孝通的《乡土中国》写的就是我的故乡。在广阔平原上生活的乡亲们是一群勤劳而安生的人。他们仅靠几亩地一辈辈自给自足地过到今天。他们的命运是上天限定的，无论他们多么费心费神，劳手劳脚，一亩地产出的粮食是有限的，就算他们肯多出体力，在繁重的庄稼活儿之余养点家禽家畜，但谁能没有个大灾小祸？日子就像是天上的月亮，总有盈亏轮回。好不容易靠副业攒下两个钱，眉毛上的喜气还没散去，碰上事儿就得救急。他们不勤劳，那日子就不成个日子，日子就不能哗啦啦地流几千年。日子啊！没有谁比靠土地吃饭的人懂得日子，庄稼人有句话叫"日子稠得很呢！"，言下之意，过日子要懂得未雨绸缪，同时也坦然面对祸福。庄稼人日子越不好过，越要好好过；好日子要过，赖日子也要过下去。日子有耐性，人更有耐性，日子漫长，人要和日子比比谁更长。因此，他们不会遇到大灾小祸就悲观绝望、自暴自弃，尥蹶子不干。人从土地上盘算出了自己的口粮，从口粮里盘算出了土坯房子，从土坯房子里盘算出了红瓦房，从红瓦房里盘算出了识字儿的人，这日子就从乡下盘算到城里，还能从城里盘算到国外，从地球上盘算到太空里……再高级的东西不都是人从漫长的日子里一点点盘算出来的？

在异乡为生活奔忙，为未来操心，人就很容易感到焦虑。读到《书》时，我在蜗居里禁不住泪流满面。谁说时光无法复制？普鲁斯特做到了，我认为老乡也做到了，他复活了这片土地上成长起来又离开的人的青春时光。随着时光的远去，那些物质简单、心思单纯的悠缓时光，早已结晶成了记忆的颜粒，滚落进生活的缝隙里。老乡的小小说却如一瓢水洒到地上，化开了这些缝隙里的时光颜粒，让一些远去的瞬间又丰满和生动起来。那时读过的书，唱过的曲儿，吃过的食物，做过的梦；村里的饭场子、小卖部，故乡人的话语和语气一下子就带出了鼻子、眼睛、眉毛和神情。这些场景、事物和人，还有人的欢喜与困扰，可以打包票说，我都亲眼见到过或亲身经历过。

身在故乡的少年，就像孩童依赖在妈妈的怀抱中，只在乎那怀抱的宽厚、温暖和安全，而无心去注意母亲的形象是粗糙还是精致；成年的我站在异乡的土地上，遥望故乡时就像是对待初恋的女孩，总苛求她远远的身影更完美；饱尝人生酸楚，中年的我再遥望故乡时，不再需要她的庇护，也不再苛求她的精致，只渴望一个生命归属，而故乡那看得见摸得着的声音、气味、颜色、温度就日日喧腾在那里。

远方的"城"——当年我们向往和追求的远方，此刻就在脚下，而我的内心却只剩下焦虑。故乡简朴、明朗、纯真、悠缓的美好时光却在记忆深处向我闪耀着"远方"魅人的异彩。"乡村字典"系列小小说撇开故乡平原上浮荡着的青幽幽的晨气和暮色，令我重新"看见"了故乡，我才意识到它对我有多么重要，故乡的水土风情塑造了我的性格习气，赐给我独有的一片领地，是我人生的起点，出生在那片土地上是我的幸运。

当我面对生活的无奈感到不幸、不顺、不满时，只要想起故乡，想起它的碧波万顷、金色燎原、雨雾茫茫和泥草混香，想起那玩耍过的池塘、捋过的槐花和伙伴的欢笑，邻人的善良和亲人的爱护，乡民勤劳的脊梁在夕阳中反射着古铜色的光辉，我便想起故乡教给我的生活智慧和面对苦难的人生哲学以及对物的珍惜与慷慨对人的善意和宽容。它们在我心中铸成一个坚实的力量基底，足以使我凭慰一生。

　　我有一个期待：等到"乡村字典"汇集成册的那一天，那片我所熟悉的乡土，终将拥有一本带着体温的真实自传。

1980年代

莫小谈

　　莫小谈，本名李涛，全国公安文学艺术联合会会员，河南省作家协会理事。作品散见于《小说选刊》《小小说选刊》《山西文学》《啄木鸟》等。有作品被评为中国小说学会2021年度、2022年度好小说，曾获《小小说选刊》年度优秀作品奖、全国多个征文大赛奖项等。出版小说集《一个人的梦游》。

蝉鸣

安化寺很小，在西山，一溜儿三间禅房，隐于郁郁葱葱的树木里。寺的正殿前栽有两排银杏，倒有些年头，生得枝繁叶茂。盛夏时节，这里蝉多。

我与伙伴们常在山脚下马棚里拔一根马鬃做套子，来到寺庙前的树林中套蝉。其实蝉也没什么好玩儿的，不过半日就死掉了，偶尔有不死的，也被哪个顽童掐掉它的口器放飞，还说："去吧，判你饿死，再吸不了树汁儿。"

这日，我守在银杏树下举着套蝉的杆儿，瞄准一只鸣蝉下套。马鬃是棕黄色的，映着枝叶间的阳光，影影绰绰。蝉不知就里，好奇，用前爪试探着触碰马鬃套环，只在恰到好处的时机里，一顿，就得手了。但这次，在我将顿未顿时，无意间回头望见端坐在正殿当中的慧明和尚，他冲我招了招手。

慧明和尚很和善，经常下西山，偏衫的外面斜挎着一个土灰色的布兜，里面装着一沓鏊饼，薄薄的，酥酥的，还带有一丝丝的甜。看到我们在山坡下玩耍，慧明和尚就招手说："过来、过来，孩子们，发饼了，发饼了。"一帮孩童围将过来，伸手讨要，一人一张，不偏不向。有不懂事的吵闹着让他再发，慧明和尚就俯下身子轻声说："不多了、不多了，回家让奶奶烙给你吃。"孩子仰着脸，口中说"奶奶不会呢"，慧明和尚倒认真起来，说："告诉奶奶，调些玉米糊糊，再支起一张鏊子生起火，将黄糊糊薄薄地摊在鏊子上，烙，四周翘起皮儿了，翻个面，再烙，两面焦黄就成了。"孩子不听，还嚷嚷着要吃。无奈之下，他又一人发了一张，还说："幸亏今儿烙得多，才不至于辜负了后街的那些孩子。"

慧明和尚喜爱孩子，会忽而抱起一个顽童驮在脖子上。顽童玩弄着他那颗光溜溜的脑袋，还指着戒疤说"疤癞子，坡脚子"，他也不生气，嘿嘿一笑，说："别闹、别闹，再闹就没鏊饼吃了。"这么一说，顽童便立即止住了淘气，不闹了。周边村子里老人们迷信，常说，向慧明和尚讨一张饼，不仅是讨口食，更是讨吉祥，保人平安。

我曾错过好几次慧明和尚发鏊饼的时机。前日在慧明和尚返寺时，我拦住他，说："再不给饼吃，就不与奶奶到寺里捐香火了。"慧明和尚笑着唤我为"小施主"，还撑开偏衫上的布兜给我看，打一声佛号："阿弥陀佛，没了，确实没了，哪天小施主上山来，我做给你吃。"

今儿在套蝉的当儿，慧明和尚冲我招了招手，我想他定是要施我鏊饼，就放下套杆走向大殿。我站在殿外，依在殿门旁的柱子上注视着他。慧明和尚双目微闭，端坐在蒲团上，手持念珠，口中念念有词，诵经。站了一会儿，慧明和尚依然在打坐，在诵经，不理我。我觉得奇怪，既然招手让我过来，这会儿却又偏不理我了。

我不敢打扰，轻轻走进殿内，在他对面的蒲团上坐下，又故意弄出些声响来，引他注意。慧明和尚还在打坐，还在诵经，还不理我。我等得无聊，无事可做，就四周打量殿内的陈设。殿内规规正正干干净净，到处一尘不染，那条他常斜挎在肩的土灰色布兜就陈在香案旁边，半敞着口，还依稀散发出丝丝香甜。

布兜里面一定装有烙好的鏊饼。

我想，既然慧明和尚说了"上山来，我做给你吃"，既然适才在套蝉的当儿还向我招手示意，此刻讨一张解馋，也算了了心愿。我不由得站起身来，向布袋走去，刚伸出手触及布袋，却听见慧明和尚"嗯"了一声，还拖了一个长音。这声音在大殿内荡了一下，异常庄重，不及他平时与我们玩耍时那样亲切。他彼时也会发出类似"嗯"的一声，但听起来无比可亲可暖。我只好又返回蒲团上，坐下，等待着慧明和尚诵经完毕。

时间慢慢滑过，香案上始终青烟袅袅，布袋里始终散发着香甜，大殿外不时传来阵阵蝉鸣。慧明和尚依然双目微闭，手捻着念珠诵经，纹丝未动。久了，我便无聊得窘迫，于是便起身走出大殿。慧明和尚没有挽留，也没有说一句"小施主慢走"，好像我根本不曾来过。

伴着一阵阵蝉鸣，我下了西山。

此后，我时常回味那次与慧明和尚的相见。出家人不打诳语，既然答应了上山后给我鏊饼，还在大殿内向我招手，我进去了，不给，不理我，是何用意呢？多年来，我好像落下了病根儿，每每听到蝉鸣，就会回想起那次捕蝉之景，就会冥想着那日慧明和尚的种种举止，却终探不出一个究竟。

现在更不可能了，慧明和尚圆寂了。

72 层砖的墙

"1、2、3、4……"猴子盯着面前的那一堵墙，数墙砖，总共 72 层砖。再往上是电网，交错着几条高压线。

耳目发现了猴子的异常，转头向我报告，说："猴子有阴谋。"我请耳目坐下说话，他咽了一口唾沫说："队长，我怀疑猴子有阴谋，他要越狱。"

"越狱？"我不禁惊出一身冷汗。

"是的，猴子要越狱。"耳目怕我不信，又说，"队长，猴子每天放风时，都会盯着院墙看，嘴里还不停地数着数。"

"数什么？"

"数墙上的砖。"耳目说，他特意留意了一段时间，并随着猴子的目光转换着视角，结合猴子的口型，他断定是在数墙上的砖层。

我随即查阅了猴子的档案——故意伤害罪，刑期两年半。

猴子伤害的是梁大佐，他的邻居。梁大佐家建房，将一溜儿院墙垒到猴子家的宅基地上，他哪儿肯让步，一来二去，两人就杠上了。族里人出面调停，梁大佐就胡搅蛮缠，前三皇后五帝地往前翻旧账，把祖上八辈的破事儿都抖搂出来，歪理摘下一箩筐。族人们一时也将不出眉目，只好撂下。难怪，当事人都化骨成灰了，谁还能说得清。

案发当日，梁大佐酒后装醉，跑到村头跳脚骂娘。猴子是孝子，听不得这话，于是冲出去朝梁大佐头上擂了一拳，耳膜穿孔，是轻伤。梁大佐这回可逮住了理："我梁某人被猴子开了瓢，以后还咋在溱水河一带混？"横竖就那一句话："不和解，公事公办，判他几年是几年。"

猴子憋着一肚子气，悻悻地进了监狱。

按说担这罪名的人不会干出啥大事儿，用"过来人"的话说，"三两场雪的事儿，打几个激灵就过去了"。但既然得了线报，作为监区队长，我还是提起万分警惕，于是打电话向猴子所在村的村主任了解情况。村主任说："猴子是泥瓦匠，常年垒房砌墙，前段时间右脚还在工地上受了伤，平时走路看不出来，就是掏不了大力气。"村主任以为是为猴子减刑，就使劲儿美言，说猴子是个老实人，被捕时说的"出来就给姓梁的放血"那句话是气话，不能当真。

听完村主任的介绍，我心中大体有了尺寸，但村主任口中的"老实人"不能当作排除他预谋越狱的依据，老实人往往办大事儿，何况他还说过"给姓梁的放血"的话。

我想，是时候会会这个"老实人"了。于是，我把猴子叫到办公室，开门见山地问他会啥手艺，他嘟哝半晌才说会砌墙。我压着嗓子，故作深沉地问他会不会爬墙，他不假思索地说："会，从小就会，村里人谁还不会爬树翻墙？"

"你是泥瓦匠？"

"是。"

"砌过墙？"

"是。"

"砌墙用砖不？"

"用。"

"一块砖有多厚？"

"五分半吧。"

"那砌一堵 72 层砖的墙，有多高？"

"加上沙灰，差不多 4 米吧。"

"加上电网呢？"我追问他。

猴子好像意识到什么，头上一下子沁出汗珠。我又问他："想家不？"他说："想。"紧接着就使劲儿摇头，像拨浪鼓似的："不，不想，不想家。"

我起身离座，故意在他面前踱步，找一个恰当的时机，抬手指着窗外的高墙问他："你想没想过，不走大门，从那里爬墙出去？"猴子急了，他一边擦汗，一边不住地赌咒发誓，说自己从没动过翻墙的念头，否则天打五雷轰。或许，他认为赌咒是自证清白最好的方式。他终究是个"老实人"，绕了一百圈也没有卡到正点上，无法证明自己不具备越狱的基础。其实，我内心早已有了基本的判断，村主任不是说了吗，猴子的右脚因伤掏不了大力气，连走远路都费劲，怎么可能会越狱？但我需要他给我一个合理的解释，为什么每天要数墙砖。

"我不是在数砖。"猴子说，"我是在数天。"

"数天？"

"是的，在数天。"猴子说，他是泥瓦匠，当然对墙砖很敏感，刚转到我监区的那天，他就发现高墙上的砖共有 72 层。从那天算起，离他刑满释放整 720 天。"我就天天数砖，每隔十天就用目光在一层砖上刻个印记。"猴子说，等把 72 层砖全"刻"完了，他就可以晒大墙外的太阳了。

这次谈话使我彻底排除了猴子的越狱嫌疑，但也同时发现了他的另一个心结，令猴子始终耿耿于怀的还是梁大佐，说他姓梁的侵犯我家宅子，还跳脚骂娘，兴他欺负人，就不兴我反抗？"盖在我家的那一堵墙还在，堵心，咽不下这口气。"猴子说这话时，满眼仇恨。

从那日起，我觉得如何让猴子顺下这口气，非常重要。当然，这难免会费一番周折，不过没关系，我已经交给村主任操办了。具体操办的细节如何，村主任没说，我也没有问，只知道猴子出狱时是梁大佐过来接的，他还为猴子准备了一身新行头，从头到脚，全套都是新的。猴子起初不要，大步朝前走着，梁大佐就一路小跑紧随其后，一直哈腰追在他的屁股后面。两人拐了个弯儿，走出了我的视线。

后来，我曾偶遇过一次猴子，问他现在忙啥呢，他说岁数大了，早干不动泥瓦匠了。聊到健康状况，他说现在身体不错，脚伤也慢慢好了。我打趣他，能爬墙不？他咧嘴嘿嘿一笑说："能爬也没墙爬了，大佐在我回家之前就把那堵墙拆了，如今两家小院拢成一个大院落，孙辈们满院打圈跑，敞亮得很呢。"

作品的结尾和故事的结局（创作谈）

　　我曾求教过多位业界名家，如何写出更好的小说来。答案是一致的——好小说一定是具有"小说性"的。

　　那么，如何才能写出具有"小说性"的小说呢？到底是先谋篇全局才能下笔有神，还是笔随心走方为至高境界呢？这困扰了我很长时间。

　　直到一个夜晚，我独自躺在床上思索，突然脑海中灵光闪现，一下子恍悟了：哦，原来如此——

　　其实，不乏如我一样的写作者，混淆了两个概念——"作品的结尾"和"故事的结局"，认为一篇作品收尾了，这篇作品中的故事也该落幕了。换言之，写作者在行文之前，已经为自己下达了任务，要详尽、曲折、扣人心弦地将心中的故事表述完整，然后大功告成。其实这是一个误会。

　　美国作家罗伯特·奥弗斯如此概况小小说（亦称微型小说）："不超过一千五百字，却要具有小说的一切要素。"既然小小说是小说，那就要有故事核；既然有故事核，那首先要有故事；既然有故事，就必须分个起因、高潮、结局？

　　这倒未必。

　　小小说事业倡导者与推动者杨晓敏先生曾说："好小说离不开一个故事核，然而写作质量的高下，则体现在作者能否调动出具有合理密度的小说艺术手段。"这句话，本身就奥妙无穷。正所谓"作品结尾之处，就是读者思考之时"。

　　小小说圈内人士常把长篇、中篇及短篇小说统称为长小说，将小小说独归一类。在长小说的创作中，作者通常更注重"故事的结局"，或悲或喜，用跌宕起伏的故事情节引人入胜。但小小说不一样，小小说的写作者如果一味追求故事的完整性，势必会弱化作品的"小说性"。领悟到其中精妙之后，我的创作思想也有了很大的转变，故意犹抱琵琶，"含羞"遮面，留些空白给读者。

　　我在《蝉鸣》的创作过程中，是动了很大心思的，文中的道具皆有所指：整饼对应诱惑；捕蝉对应施恶；慧明和尚的召唤代表善与挽救；布兜的一头连着"取"，另一头连着"施"；而蝉鸣则隐喻着大千世界中的纷纷扰扰。当然，这些都是表象。实际上，我的创作初衷就一个字——空。正如吴万夫老师说的那样："《蝉鸣》的作者说了什么？他什么也没说。他真的什么也没说？又好像说了什么。文本中不仅有'取'，有'舍'，有不窃物的自律，更有不杀生的善良，包罗万象。"

　　说点题外话，在未完成《蝉鸣》创作之前的一段时间里，我一直想用文学意境来营造一种中华传统文化的"空"，当然这个"空"并非物理意义上的"无"，而是像"万般皆空"与"万般皆有"之间辩证的"空"。直到《蝉鸣》发表以后，我才遂此心愿。果不负所期，《蝉鸣》一文连续获得了包括中国小说学会2021年度好小说在内的好几个奖项，还先后入选天津、安徽、黑龙江等多地的高中语文模拟试卷，而文中的"留白"艺术正是阅读理解的考点之一。

　　《72层砖的墙》亦如此。"墙"是这篇作品的文眼。一个砌墙匠，被别人砌了两堵墙，一堵是院墙，一堵是心墙。还有一堵墙，是主人公亲手为自己砌的牢狱的围墙（毕竟冲动是魔鬼）。行文中，我把精力放在对"墙"的描写上，专门设计了主人公每日数墙砖并用目光在砖上刻记号的文学细节，有意忽略了梁大佐与"猴子"之间"仇恨的消失"，至于村主任背后的斡旋奔波，故意隐而不发，将本该大书特书的"矛盾化解"之曲折隐于文本之外，留给读者去想象。

　　美术界有一句话：只有把欣赏者潜在的创造性充分调动起来，艺术的任务才能完成。这种理论运用在文学创作与赏析上，亦然。鲁迅先生亦曾指出，将全篇的意义说得太清楚，那必使作品失去光彩。

　　作为一名小小说的写作者，我们在构思一件"有意思"的故事、设计一段"有意义"的情节之时，更应该去追求那一种"有意味"的文学气息，使得"作品的结尾"与"故事的结局"之间相互促进，相得益彰。

从尘埃里开出花朵（评论）

秦　俑

　　莫小谈是小小说创作领域风头正盛的新锐作家。短短三四年的时间，他创作发表小小说近百篇，结集出版小小说作品集《一个人的梦游》，并接连荣获扬辉小小说奖、河南省小小说学会双年奖、《小小说选刊》优秀作品奖等多个业界重要奖项，《蝉鸣》《72层砖的墙》更是连续入选中国小说学会评选的2021年度、2022年度好小说，一时间可谓风光无两。

　　我与小谈相识，就是缘于小小说。与我一样，小谈也是"新郑州人"。我们处在"半小时交际圈"——不管开车还是坐地铁，只要愿意，半小时内就能产生交集，但我与小谈不常见面，这与大多数的同学、亲戚、朋友一样，生活在同一座城市，直线距离不足十公里，平日里各忙各的，管好自己那一亩三分地，有事了发发微信，打打电话，最多的交往是在朋友圈互相点赞。

　　算起来我与小谈见面还算多的。因为小小说，因为文学，我们会在各种各样的活动上碰面。有时是我邀请他，有时是他邀请我，有时是在朋友的新书发布会上，彼此都不知道对方也在被邀请之列，那便算得上是意外的惊喜了。见面之后，握一握手，相视一笑，偶尔也说说话，说得最多的自然是小小说。

　　小小说几乎是我们唯一的共同话题。

　　有好几次，小谈说，你给我的小小说写个评论吧。我都随口应了。谁知道，真的不好评。可能是离得太近，处得太熟，违背"距离美学"的基本规则。但是，不管在任何场合，我都毫不避讳地表达我对小谈小小说的喜欢。它们好读，耐读，诗意而明亮，还带有些许野蛮生长的青春气息。

我觉得，小谈是懂小小说的。在隐入警营重新拾笔之后，他对生活的厚重与轻盈，对人性的复杂与单纯，对小小说创作观念的"新"与"旧"，有了更加独到而清醒的认识。而我是懂小谈的。同样作为一名写作者，或者作为一名编辑型阅读者，面对小谈的小小说，我会更多地关注他的题材处理、叙述视角与叙事策略。在小谈的小小说世界里，我感受到了拒绝平庸、追求难度的创作态度，感受到了探索、创新与冒险，也感受到了小小说本该呈现出的美学面貌——用小谈自己的话讲，就是要"从尘埃里开出花朵"来。

一、题材处理：日常经验的诗性与哲思表达

小谈的小小说创作题材涉猎甚广，我们很难将其定位为某个类型题材的写作者。就我的阅读视野而言，他写过乡村小镇的芸芸众生，写过城楼都市的灯红酒绿，也写过城乡接合部的梦想与奋斗；他写过青春成长的焦虑迷惘，写过爱情婚恋的浪漫苦涩，也写过家庭亲情的欢喜忧愁；他写过乡邻亲友的家长里短，写过警营生活的正邪对决，也写过官场职场的蝇营狗苟；他写过传奇武侠，写过科幻奇幻，甚至还尝试过先锋探索的路子。

但是，也不难看出，小谈的创作素材大多来源于他的生活经验。而且，他对日常经验类生活素材的处理，都基本遵循诗性表达与哲思表达两个方向。

日常经验是我们每个人都需要面对的现实。真实的生活往往是庸常的，是琐碎的，是重复的，是无趣的，是柴米油盐酱醋茶，是一日三餐四季，是五味六欲七情。在作家的眼中笔下，日常经验的表达要么是做减法，删掉那些污浊的上不得台面的物事，隐去生活中的戾气与絮叨，让生活变干净，变轻盈，变得更有质地；要么是做加法，通过理性的思考，用

认识照亮生活，有意识地从文字中去发掘生活的意义、生存的意义、生命的意义，以及人与自然之间、人与社会之间、人与人之间深层次的关系。

小谈的小小说，我个人比较偏爱他关于过往青春回忆的一系列作品，《时光罐头》《遥远的汴京》《听王小郑讲故事》《写在五里堡街的诗》《天桥下》《后来》等，篇篇堪称佳作。我们每个人都有一段再也回不去的青春时光，在小谈的文字中，他的青春是诗意的——哪怕是忧伤，是迷茫，是疼痛，是苦难，也都早已被时间打磨得只剩下一阵风，一首诗，一句歌词，一盒罐头。

"等我长大了，有钱了，我请你吃遍厂里所有味儿的罐头。"这是少年王小郑对"我"的承诺。而若干年之后，"我"赴约而来，王小郑已不知身在何处，罐头厂也面临倒闭。"橘子苹果黄桃梨，本身都是甜的，为什么还要做成罐头？"这是长大后的"我"向罐头厂守夜大爷发出的灵魂的拷问。在《时光罐头》里，充斥着罐头、烧饼、毛豆等色彩鲜明的意象，再配以有着诗歌般韵律和节奏感的叙述语言，通过诗性表达，小谈可以更准确、更直接地向我们传递人物角色的情感体验，从而将复杂的情感感受变得简洁而深刻。

而另外一部分被反复转载、流传较广的作品，《买米的钱不能买布》《明天升起的，不是今天的太阳》《蝉鸣》《稻草》《石头剪刀布》《72层砖的墙》等，则有着更为明显的理性思考。在这些作品中，小谈尝试融入了更多的哲学思想，并通过故事情节的发展、人物对话与人物命运的展开、特定氛围和情感的营造，以思辨批判与象征隐喻等方式，来表达和探讨人生意义、道德困境、伦理选择等相对深刻的问题。

诗性与哲思表达，已经成为小谈小小说创作题材处理的一种惯性。当然，在日常经验的题材处理中，诗性与哲思表达并不是矛盾对立的，而是相互融合、相互依存的一种关系。诗性表达使我们对生活更加敏感和热爱，从而促使我们更加深入地思索一些深层次的问题；而哲思表达也可以通过诗性的方式来展现，让作品更具有美感和艺术性。

二、叙述视角：打量历史和现实的另一面

叙述视角的选择是小小说创作至关重要的一环，它决定了故事的叙述方式和读者对故事的认知方式。选择不同的叙述视角能产生不同的审美效果。通过选择合适的叙述视角，作者可以传递不同的情感、观点和经验，从而让读者更深入地理解故事和人物。

小谈的小小说作品，特别多地运用了第一人称叙述视角，这是一种由作品的主角或旁观者以"我"的身份直接进入故事进行叙述的视角。这种叙述方式能够提供更加直接、身临其境的体验，面对面地将读者带入人物的思想和感受中，使读者能够深入了解人物的内心世界和感受，从而更容易产生代入感和情感共鸣。同时，第一人称视角也有助于展示人物的个人成长和内心变化，让读者更好地了解他们的动机和冲突。

《抓药》是小谈为数不多的主旋律题材的作品，它讲的是在革命年代，一家三代人通过抓药来传递消息，为革命事业而牺牲的故事。这样的故事编排与人物设定并不新鲜，在各类革命题材的影视剧中经常会"撞车"甚至"翻车"。小谈的高明之处在于，他选择了第一人称叙述视角，而且是以儿童的视角来讲述故事。于是，在天真无邪的目光跟踪中，一段惊心动魄、斗智斗勇的革命故事悄然上演。作者对故事的走向是心知肚明的，读者在阅读过程中也心照不宣，但作品中的"我"对这一切是懵懂的，"我"隐约知道接下来要做的事情不太寻常，但又说不清到底是哪里不对。在阅读中，我们也会跟作品中的"我"一起悬着心，直到情报传递成功，任务完成，才跟着松了一口气。

在小谈的小小说作品中，类似的巧思还有很多，通过叙述视角的选择或转换，换个角度来打量历史与现实的另一面。《猫的眼》讲的是梨园旧事，文章以第三人称全知视角来展开故事。这种视角给予了作者更多的自由度，可以切换场景和时间，同时也能够探索更多的情感、思考和动机。

但不同的人物对同一个故事同一段命运，会产生完全不同的认知与理解，也会有完全不同的立场。这样的视角选择，让原本在"猫的眼"里简单明了的故事变得宏大开阔，故事情节也相应地趋于模糊与扑朔迷离起来。猫作为故事亲历者可以洞悉一切，猫就是上帝，或者说猫就是作者本人，但猫不能说话，也不会说话，它躲在暗处，窥探着所有人物内心隐秘的角落。而作为读者，可能需要小心翼翼地仔细揣摩作者有意无意设置的细节和潜台词，才能真正把握故事的真相是什么。

《灯知道》与《猫的眼》是姊妹篇，同样运用的是第三人称全知视角。故事从夜间路灯亮起开始，到第二天路灯熄灭结束，以一位不知名的中年男人为聚焦点，说情话的恋人、骑车的妇女、喝醉酒的职场打工人、觅食的流浪狗、骑三轮车的环卫大姐、晨跑的大爷、早起的小商贩、打哈欠的公交车司机、横穿马路的小青年等一众人等相继粉墨登场，男人的命运线像是隔着雨雾，若隐若现，朦朦胧胧，看不真切，或许背后的真实只有"灯知道"，但那种"人到中年，一地鸡毛"的无奈与抗争，就像是我们每个人的缩影，也像是一个时代的映像。

三、叙事策略：陌生化叙事化腐朽为神奇

叙事策略，可以简单理解为讲故事的方法与切入点。从某种意义上讲，作者采用什么样的叙事策略，往往能决定一部作品具有何种艺术气质。比如说同样写清宫历史题材，一部是凌力的《少年天子》，一部是二月河的《康熙大帝》，因为作者采取了不同的叙事策略，便呈现出完全不一样的艺术风貌。

叙事策略是一个大概念，它包括我前面谈到的叙述视角（全知视角、有限视角、视角转换等），还包括基本的叙事手法（顺叙、倒叙、插叙等）以及叙事方法的运用（先抑后扬、虚实结合、伏笔铺垫照应、渲染烘托闲笔等）。小谈的古典文学功底不浅，在一千多字的篇幅里，能玩转各类叙

事策略，腾挪运转，得心应手。读他近年来更趋成熟的作品，我发现，他一直在有意无意地追求陌生化叙事，以期能达到化腐朽为神奇的艺术效果。

总体而言，陌生化叙事是一种使故事或情节显得陌生、奇特的叙事手法。它能够创造出独特的氛围和效果，让读者对作品产生更深入的思考和体验。在小说创作中，作家可以通过运用陌生化叙事来打破常规。比如说，可以用非常规的叙述视角、不寻常的叙述方式来呈现故事。《红楼梦》中刘姥姥的视角让大观园的一切都变得陌生而新奇；《抓药》里的儿童视角创造出了特殊的文学氛围和情感效果，让故事与人物有了陌生感和朦胧感。

再比如说，可以通过出人意料的情节转折、不合理的人物行为等手段，在情节发展上追求与常规相悖的奇特效果。在小谈的作品中，《遥远的汴京》中失业的"我"对着李清照的塑像说"你好，再见"，《听王小郑讲故事》中公园的鸽子台被戏班占领而哑巴保洁竟然喜欢唱戏，《写在五里堡街的诗》发表在一家省级刊物上但遗憾的是编辑将"我"的名字署错了，等等，不胜枚举。以陌生化的叙事来推进故事发展，人物命运的齿轮也自然而然地开始转动，想来小谈善于此道。

而且，小谈还有一种魔力，他不一定需要使用生僻、古怪的词汇和另类的表达方式，就能将读者带入一个陌生的语境。单举几例作品标题，《与比性格》《记得买一份今天的报纸》《她去过 Z 城》《不是每个候车室都有咖啡馆》《无与青树》《如果月亮是太阳》《沙漠留声机》《老师，您能帮我想个标题吗》《一次不受控制的死亡》，这样的标题，可以激发我们的好奇心和想象力，能够有效增加读者对作品的兴趣和参与度。

陌生化叙事不是一味求奇，而是在寻常中发现不寻常，在平凡中达到不平凡。作品《后来》中，有一段这样的描写：

王小郑干笑着，说："真无聊。"他站起身来，冲着长空吼道：

"王八——你为什么叫王八？

"爱情——你为什么叫爱情？

"生活——你为什么叫生活？"

喊着喊着，王小郑眼睛里就亮了起来。

王小郑面向长空的嘶吼，是他压抑在内心深处的呐喊，是他对生活现实与未来理想的诘问。非常朴素的一段话，竟然能读出来一种无望的文艺感，美丽的花朵从来都盛开在质朴的泥土里。在这一刻，王小郑就是一位诗人，是一位思想者。而在不同作品里以不同面貌出现的王小郑，可能就是作家莫小谈心灵的投影吧。